U0917911

·本书获江苏省第四期“333高层次人才培养工程”资助·

美以军事外交关系研究

基于军事援助的考察

储永正 著

时事出版社

序

军事外交的历史源远流长，无论是古希腊的“联盟外交”，古印度的“远交近攻”，还是中国春秋战国时期的“弭兵会盟”“合纵连横”，无不蕴涵着丰富的军事外交思想。随着历史的演进，孕育于战争的军事外交逐渐超越了其本源范畴，在服务于战争的同时也致力于和平，成为国家推行对外政策、维护自身利益的重要战略手段。

进入新世纪，随着全球化的日益深入，战争形态不断演变，战争的代价愈发高昂，国家之间特别是大国之间，爆发全面战争变得不可想象。在此背景下，军队的和平运用——军事外交根本内涵所在，越发受到各国的亲睐。军事外交的勃兴发展，也成为世界军事变革中的重要一环。在传统军事外交继续发展的同时，以国际维和、联合军演、海上护航、多边防务论坛、战略与安全磋商等为代表的新军事外交不断涌现并渐呈常态化趋势。

当今世界，国际格局深刻变化，世界军事变革飞速发展，中国也前所未有的接近世界舞台的中心。习近平主席准确把握世界大势，统筹国际国内两个大局，谋篇布局，纵横捭阖，经略致远。从推进大国军事关系到构建有利周边安全环境，从为提升战斗力创造军事交流合作平台到争取国际军事安全舆论斗争主动权，从全军外事工作会议的战略筹划到吉布提后勤补给基地的建设，无不展现出宏大格局和雄伟气派。在习主席的坚强领导和擘画指挥下，我军军事外交实践迎来了蓬勃发展的新局面。

实践的发展呼唤理论的创新，理论研究需要回答实践中的命题。近年来，我国军事外交取得了辉煌成就，但也应清醒地认识到我军事外交还面临着诸多困难挑战。如何维护好国家的主权、安全和发展利益，如何创造和维护好国家发展的战略机遇期，长期以来一直是中国军事外交需要解决的重大问题。作为军事外交领域的学者，要无惧困难，迎难而上，以创新理论回答实践中的命题，为我军事外交工作的更好发展做出应有的贡献。

诚然，作为一门新兴学科，军事外交目前的研究尚停留在内容、形式、作用等基础层面。要推动学科发展，有必要对较为典型的双边和多边军事外交关系进行系统研究，在此基础上，总结提炼军事外交的一般规律与特征，充实学科内容。这种针对国别军事外交的研究正是目前学科发展中的薄弱环节，本书正是着眼于此，致力于将军事外交研究向纵深推进，可谓是一次有益的探索。

从军事外交这一视角对美以特殊关系进行全面审视和诠释在国内尚属首次。这不仅有益于军事外交学理论的发展，同时对这一特殊关系的考察，也对我军事外交战略制定与实施具有重要启示和借鉴价值。

本书作者基于军队院校教员的使命担当，长期致力于军事外交教学和研究工作，取得了较为丰硕的成果。本书的研究前后经历十余年，由于工作缘故，时断时续，作者能够不忘初心，坚持前行，这种学术探索精神值得嘉许。

作者多年研究成果付梓之时，为之欣喜，并欣然作序。

王京武

中国人民解放军国际关系学院院长

2016 年 7 月于南京板桥

目 录/CONTENTS

前　言

美国与以色列之间的关系是当今世界国际关系中一个非常独特的现象。这种独特性体现于美国在政治、经济、外交和军事等各个方面对以色列的大力支持。正如以色列前外交部长阿巴·埃班所说："在生死攸关的问题上，以色列几乎都可以得到美国的帮助。"

美国对以色列的大力支持最典型的表现是军事援助。20 世纪 80 年代中期以后，美国每年对以色列军事援助款项达十几亿美元，近年来更是突破 30 亿美元。除了资金援助以外，美国还向以色列提供了大量先进武器装备和技术。正是借助美国的军事援助，以色列得以建立起中东地区最强大的军事力量。以色列国防军是当今世界军事装备技术最先进、战斗力最为强悍的军队之一，不仅拥有与世界强国军队相媲美的常规战争能力，还拥有相当规模的核打击能力。

美国的军事援助对以色列的生存具有至关重要的意义。以色列以区区几百万的人口与拥有几亿人口的阿拉伯世界长期对峙，并在几次中东战争中取得辉煌胜利，占领了大片阿拉伯领土。世人不得不惊叹以色列人创造了"神话"，以色列是一个"神奇的国家"。毫无疑问，这个"神话"是建立在美国持续的军事援助基础之上的。可以说，以强大的军事援助维护以色列国家安全，确保其生存和发展，是自杜鲁门以来美国历届政府的重要政策。正如美国总统布什 2002 年 4 月在会见沙特王储阿卜杜拉时所说的，"美国与以色列有着一种特殊的关系，美国决不会让以色列垮掉。"可以说，如果没有美国的强大支持，以色列建国是不可能实现的；如果没有美国持续一贯的支持，以色列也根本无法在群敌环伺的中东地区生存下来。

作为全球超级大国的美国为何始终如一坚定地向以色列这个中东蕞尔小国提供着巨大的军事援助呢？这种援助对美以双方及中东地区安全有何意义？随着中东及美以国内形势的发展，美国对以色列的军事援助前景如何？这些不仅是国际社会经常探讨的话题，更是国际关系、外交学、国际战略和国际安全等领域的专家学者关注和探究的议题。

军事援助是军事外交的重要形式，美国对以色列的支持主要体现为对以色列持久且数额巨大的军事援助。但是，毫无疑问，美以军事外交关系不仅限于军事援助这一种形式，还有军事演习、军事交流、战略磋商以及范围广泛的军事合作，等等。本书主要从军事援助的角度，力图较为全面地考察美以军事外交关系的历史、内容、动因、特点、影响及存在的问题，进而展望其未来发展前景，并对中、美、以三边军事外交进行了延伸分析，就美以军事外交关系对中美、中以关系的影响以及对我国军事外交的启示和借鉴意义进行了探讨。

全书分为十章：

第一章“美以军事外交关系的形成”，从以色列建国前美国与巴勒斯坦地区犹太人武装之间的联系开始，探讨美以军事外交关系的缘起，主要分析以色列建国后美国的杜鲁门和艾森豪威尔两任政府对以色列采取限制武器出售政策的原因，以及美以双方围绕出售武器问题进行的斗争。

第二章“美以军事外交关系的发展”，主要阐述肯尼迪、约翰逊两任政府对以色列军事援助政策的突破，尼克松政府对以军事援助政策的调整，以及福特、卡特两任政府内美以军事外交关系的巩固。

第三章“美以军事外交关系的提升”，主要阐述里根政府对以军事外交关系制度性提升的背景、原因及具体做法。

第四章“美以军事外交关系的再定位”，主要阐述美以双方在苏联这一共同威胁消失的情况下，着眼于冷战后共同对手——伊斯兰极端势力和恐怖主义，对彼此间军事外交关系进行重新定位，并进一步发展的过程及原因。

第五章“美以军事外交关系的动因”，主要从现实战略因素、文化和宗教因素、美国犹太人的政治影响力三个方面分析美以军事外交关系发展的动因。

第六章“美以军事外交关系的内容”，将美以之间的军事外交关系归纳为军事援助、军事交流与合作及其他合作三个方面，分别进行了较为详细的梳理和分析。

第七章“美以军事外交关系的特点”，将美以军事外交关系归纳为长期稳定性、显著的非对称性、典型的结盟性、美国对以军事援助条件极其优惠四个典型特点，并逐一进行分析。

第八章“美以军事外交关系的影响”，主要从以色列、美国以及中东地区安全与中东和平进程等三个方面分析了美以军事外交关系的影响。

第九章“美以军事外交关系的困境与前瞻”，主要从以色列、美国各自角度分析了美以军事外交关系的两难困境，在此基础上展望了美以军事外交关系的前景。

第十章“中、美、以三角军事外交关系”，主要梳理了中以军事外交关系的发展历史，分析了美国因素对中以军事外交关系的影响，最后探讨了美以军事外交关系对中国的启示。

选取军事外交这一视角来审视美以特殊关系，期望能够达到以下几个目的：

第一，有利于促进军事外交学科建设。军事外交学是一门新兴学科，目前的研究尚停留在军事外交的内容、形式、作用等基础层面，国别军事外交研究是一个薄弱环节。要推动学科发展，就有必要对较为典型的双边和多边军事外交关系进行较系统的研究，在此基础上，总结并提炼军事外交的一般规律与特征，充实学科内容。

第二，有利于我国的军事外交战略的制定和调整。当前，我军军事外交活动日益活跃，其在我军的军事战略和整体外交中的地位和作用越来越突出。深入研究美以军事外交关系，考察其具体作用与实际价值，把握美以军事外交关系的特点、动因、影响和发展趋势，分析美国军事外交的战略目标、具体做法、影响因素和地位作用，可以为我国的军事外交战略的制定和实施提供重要参考和借鉴。

第三，有利于认识美国的全球战略和整体外交方针。美以军事外交关系是美国二战后构筑的庞大军事外交体系中的重要一环。美军的军事外交是美国实施其军事和外交战略的重要手段，是维护其全球利益，维持其

“一超”地位的重要工具。对美以军事外交进行全方位、多层次的系统考察，为研究美国和美军的战略考虑和战略走向提供了一个新的角度。对美以军事外交关系的探究，可以透视出美国全球战略和整体外交方针，进而剖析美国的战略思维、战略影响因素及未来战略发展方向，为我国制定、调整外交战略和军事战略，正确处理对美关系特别是对美军事外交关系，提供新的依据和启示。

第四，有助于我国发展对以色列及其他相关国家的军事外交关系特别是军事技术合作关系。本书分析了美以军事外交关系中的问题和前景，较为详细地分析了以色列对外军事技术转让的问题，这对我国打破美国等西方国家的技术封锁，发展与以色列及其他相关国家的军事技术交流与合作具有重要启示。

第五，有助于把握世界和地区政治发展的脉动和趋势。对美以军事外交进行观察和研究，有助于我们理解美以间的“特殊关系”，也有助于从军事外交这个视角把握世界和地区政治发展的脉动和趋势，从而更为深入地理解中东问题，特别是阿以问题，为我国应对处理相关问题提供一定参考。

第一章
美以军事外交关系的形成

美以军事关系萌芽于以色列建国前巴勒斯坦地区犹太人武装建立与发展时期。在这一过程中，美国的犹太人对巴勒斯坦地区犹太人武装的发展提供了重要支持，美国政府虽然在支持犹太人武力建国方面持谨慎和保守政策，但是对犹太人武装也给予了一定帮助。

二战后，美国的中东战略目标是遏止苏联进入地中海和中东地区，削弱英国在中东的传统地位，而这一战略目标的实现需要阿拉伯国家的参与和支持。因此，以色列建国后，杜鲁门和艾森豪威尔政府时期对阿以双方奉行大致平衡的政策，在实践上，为了拉拢阿拉伯国家，甚至对其有所偏向。总体来说，美国虽然在以色列独立战争中给予以色列关键性的政治和军事支持，但是以色列建国后相当长一段时间内，美国政府对包括以色列在内的中东地区实行“武器禁运”政策，美以军事外交关系比较冷淡。

第一节　美以军事外交关系的缘起

研究美以军事外交关系，必须追溯到以色列建国前美国与犹太复国主义组织，特别是巴勒斯坦地区犹太自治机构的军事联系。这期间美国对犹太复国主义组织及巴勒斯坦自治机构发展武装的支持，蕴含着以后美以特殊关系得以形成的基本因素。

一、以色列建国前巴勒斯坦地区犹太人武装情况

犹太复国主义者很早就进行了建立民族武装的努力。为了对付阿拉伯人的袭击，1907 年，一小批锡安工人党成员成立了“巴尔 · 吉欧拉”，这是一支向一些村庄提供服务的犹太人卫队。通过这种方式，他们使民族武装的概念得以实现。1909 年，他们采用了“卫士”（Hashomer）这一名称。① 有了自己武装力量的保卫，阿拉伯人针对犹太人的暴力活动有所减弱。

在第一次世界大战中，在犹太复国主义者的努力下，英国军队中成立了犹太军团。② 大战末期，犹太自卫运动开始发展壮大，自卫运动中的各个组织也开始采取步骤，试图联合起来。1919 年和 1920 年阿拉伯人的暴力活动加速了这一进程。1920 年 6 月，劳工联盟大会③决定建立民族防卫组织——哈加纳（希伯来语意为“防务”）。④ 1920 年 12 月，犹太工总⑤成立。随后，劳工联盟将全国范围的防务行动权交给犹太工总。1929 年，阿拉伯人动乱之后，犹太人社团的公共机构开始重视防务问题，民族委员会建立了一个防务委员会，任务是将哈加纳和其他武装组织平行地纳入民族委员会的统一指挥下。经过努力，1931 年达成了新防务架构，并得到犹太

---

① 【英】诺亚 · 卢卡斯著，杜先菊、彭燕译：《以色列现代史》，商务印书馆，1997 年版，第 58 页。

② 【英】诺亚 · 卢卡斯著，杜先菊、彭燕译：《以色列现代史》，商务印书馆，1997 年版，第 68 页。

③ 1919 年年底成立的党派，目标是建立民族自卫武装的核心组织，并将工人犹太复国主义范围以外的其他组织吸引进来。参见【英】诺亚 · 卢卡斯著，杜先菊、彭燕译：《以色列现代史》，商务印书馆，1997 年版，第 168 页。

④ 【英】诺亚 · 卢卡斯著，杜先菊、彭燕译：《以色列现代史》，商务印书馆，1997 年版，第 169 页。

⑤ 全称为“犹太工人总工会”，外界一般认为它是一个工会联合会，其实这是一个包罗万象的组织，不仅涉及巴勒斯坦地区犹太人社会的生活、经济方面，甚至涉及政治、军事和外交事务，对伊休夫（Yishuv，以色列建国前巴勒斯坦地区的犹太人社团。一战后的巴黎和会上，在授予英国以治理巴勒斯坦地区权力的委任统治条款中，规定“伊休夫”作为犹太人自治机构，对内可以处理犹太人自身事务，对外可代表犹太人在经济、社会等事务上，与英国托管当局合作并提出建设性建议）的发展及以色列这个国家的建立起了重要作用。参见【美】纳达夫 · 萨弗兰：《以色列的历史和概况（上）》，北京人民出版社，1973 年版，第九章：“犹太工人总工会：国家中的劳工国家”，第 229—264 页。

人协会和民族委员会的批准。根据新防务架构安排，犹太工总和非劳工团体在平等的基础上，每一派选出三名代表组成对各民族机构负责的扩大的防务指挥部。由于劳工派具有较好的组织纪律和较丰富的防务经验，并且人数众多，劳工领袖一直承担着哈加纳的主要领导责任。这一架构一直到 1948 年都在有效地发挥着作用。[①] 1936—1939 年阿拉伯人起义，加速了哈加纳由一支地方武装发展成为犹太国民军队的核心。[②]

经过分化演变，1937 年又形成了另一个独立的武装组织——“伊尔贡”。[③] 1940 年，“伊尔贡”领导人雅博廷基死后，亚伯拉罕·斯特恩带领巴勒斯坦的大部分“伊尔贡”成员组成了一个新的持不同政见的恐怖主义组织，后来被称作“莱希”（Lehi，“以色列自由战士”，又被称为“斯特恩帮”）。[④] 以色列建国前，“哈加纳”“伊尔贡”和“莱希”是巴勒斯坦地区三支主要犹太人武装。其中，哈加纳力量最大，也是受到普遍认可的犹太人武装。

二战中，巴勒斯坦犹太人加入同盟国一方。参战加快了犹太人经济的发展，发展了地方军火工业，犹太人的军事训练水平和战斗力普遍提高。[⑤] 1944 年秋，由于犹太人的坚持和努力，英国军队成立了一个犹太旅。该旅参加了一些军事行动。许多犹太旅成员仍然保持着与“哈加纳”的地下联系。[⑥]

---

① 【英】诺亚·卢卡斯著，杜先菊、彭燕译：《以色列现代史》，商务印书馆，1997 年版，第 174 页。

② 【英】诺亚·卢卡斯著，杜先菊、彭燕译：《以色列现代史》，商务印书馆，1997 年版，第 177—184 页。

③ 1931 年春，耶路撒冷的“哈加纳”指挥官以及约 100 名追随者脱离“哈加纳”，建立了一个独立的防务组织。这些持不同政见者中大多数是非工人体系的，对防务运动中工人派的主导地位不满。这个分离出去的组织被称为“哈加纳 B”派。1937 年，“哈加纳 B”派进行一次全体表决，当时 3000 名成员中有一半投票支持重返“哈加纳”常规队伍，余下的一半投票主张保留组织的独立，这个独立的组织即是“伊尔贡”，也称“哈加纳 B”派、“伊尔贡 B”派，全称是民族军事组织（Irgun Zevai Le'-ummi）。参见【英】诺亚·卢卡斯著，杜先菊、彭燕译：《以色列现代史》，商务印书馆，1997 年版，第 171 页。

④ 【英】诺亚·卢卡斯著，杜先菊、彭燕译：《以色列现代史》，商务印书馆，1997 年版，第 212 页。

⑤ 【英】诺亚·卢卡斯著，杜先菊、彭燕译：《以色列现代史》，商务印书馆，1997 年版，第 199 页。

⑥ 【英】诺亚·卢卡斯著，杜先菊、彭燕译：《以色列现代史》，商务印书馆，1997 年版，第 200—201 页。

二战期间，哈加纳取得了长足发展，1939 年 9 月设立总参谋部。1941 年 5 月，犹太人协会执委会批准成立了一支突击队——帕尔马赫。到 1942 年年底，“哈加纳”中训练最好的年轻成员都加入了帕尔马赫。在武器方面，主要是获取叙利亚维希军队的武器，从阿拉伯人手中购买武器，也从埃及和北非得到了大量武器。这一时期，哈加纳也发展了自己的军火工业。①

1946 年 12 月，犹太复国主义大会任命本—古里安为防务委员。独立战争期间，本—古里安采取一系列措施，统一全国军事力量。1948 年 3 月与“伊尔贡”达成协议，“伊尔贡”许诺一俟国家宣布成立就自动解散，“莱希”也宣布放弃独立存在。② 1948 年 5 月 26 日，临时政府命令正式建立以色列国防军，禁止除新的国家军队之外任何武装组织存在。虽然“伊尔贡”和“莱希”宣布效忠国家，但整编工作仍未完成，而且它们的习惯、习气对政府权威是重大威胁。1948 年 6 月 21 日，本—古里安利用“阿尔塔列纳”号事件③，以处理叛军的形式把“伊尔贡”并入了“哈加纳”，但“伊尔贡”在耶路撒冷还继续存在了一段时间。④ 1948 年 9 月 17 日，一部分拒绝解散的“莱希”人员刺杀了联合国调解员瑞典人福克·伯纳多特伯爵。临时政府利用这一事件，宣布“莱希”为恐怖组织，在无情的镇压下，该组织消失了。⑤ 临时政府也向“伊尔贡”发出最后通牒，要求其成员在 24 小时内予以解散，交出武器，并以个人身份加入国家军队。“伊尔贡”接受了最后通牒，结束了与政府作对的历史。⑥ 自此，以色列国

---

① 【英】诺亚·卢卡斯著，杜先菊、彭燕译：《以色列现代史》，商务印书馆，1997 年版，第 203—210 页。

② 【英】诺亚·卢卡斯著，杜先菊、彭燕译：《以色列现代史》，商务印书馆，1997 年版，第 252 页。

③ 1948 年 6 月 20 日，有人报告临时政府内阁，“伊尔贡”独自安排了它的船只“阿尔塔列纳”号，运来了 800 名志愿人员以及大量军火。临时政府内阁认为“伊尔贡”决心公然蔑视政府权威，对抗法律，武装自己的战士。本—古里安下令部队强迫该船投降，必要时不惜动武。最终，有 16 名“伊尔贡”分子被打死，另有数十人受伤。之后数十名“伊尔贡”成员被捕，他们的领导人又像从前地下活动时期一样躲藏了起来。“伊尔贡”未能从打击中恢复过来，很快就解散了，并建立了一个新的政党——自由党，继续进行反对派活动。

④ 【英】诺亚·卢卡斯著，杜先菊、彭燕译：《以色列现代史》，商务印书馆，1997 年版，第 257—258 页。

⑤ 沈威力：《中东枭雄——以色列》，时事出版社，1997 年版，第 24 页。

⑥ 【英】诺亚·卢卡斯著，杜先菊、彭燕译：《以色列现代史》，商务印书馆，1997 年版，第 262 页。

防军成为唯一的国家军队。

二、美国犹太人对巴勒斯坦犹太人武装的支持

第一次世界大战后期，犹太复国主义领导人魏兹曼看到了英国战后控制巴勒斯坦的企图，由此得出结论，如果获得英国的支持和保护，犹太复国主义成功的可能性最大。在他的努力下，英国于1917年11月2日发布《贝尔福宣言》，宣称"国王陛下的政府赞成在巴勒斯坦为犹太人民建立一个民族家园，并且将尽最大努力使这一目标得以实现"。[①] 这是犹太复国主义获得的一次重大胜利。随着一战协约国的胜利，英国获得对巴勒斯坦地区的托管权。此后，犹太复国主义者主要是争取英国对犹太复国主义事业的支持。

但是，随着美国犹太人更为积极地参与犹太复国主义运动，以及美国犹太人社团影响力的上升。[②] 犹太复国主义者逐渐将争取支持的重心转向美国。

1935年第19次犹太复国主义大会上，本—古里安当选为犹太复国主义执委会主席和犹太代办处执委会主席。此后，本—古里安更加急迫地争取美国犹太人的支持。他写信给在美国的劳工运动中的密使说："美国是一个广阔而又巨大的活动领域……如果在美国不能开展一次强大并获得支持的运动，就不会有一次全世界范围的犹太复国主义运动。在美国有的是群众、权力和金钱。如果我们展望伟大的前景，有了美国的支持我们就有了希望。"[③] 1937年，英国放弃《皮尔报告》提出的分治方案后[④]，本—古

---

① 【英】诺亚·卢卡斯著，杜先菊、彭燕译：《以色列现代史》，商务印书馆，1997年版，第70页。

② 重要表现是罗斯福上台后，任命了一大批犹太人担任高官，其"新政"体现了犹太特征。参见汪舒明：《犹太人在美国政坛的崛起及其社会文化根源》，载潘光、汪舒明、罗爱玲主编：《犹太人在美国：一个成功族群的发展和影响》，时事出版社，2010年版，第83—85页。

③ 【以】米迦勒·巴尔—祖海尔著，刘瑞祥、杨兆文等译：《本—古里安传》，中国社会科学出版社，1994年版，第97页。

④ 1936年，阿拉伯人爆发起义。同年11月，英国派前印度事务大臣厄尔·皮尔为首的皇家委员会前往巴勒斯坦调查阿拉伯人暴乱情况。1937年夏，该委员会发表《皮尔报告》，建议在巴勒斯坦实行分治。参见【英】诺亚·卢卡斯著，杜先菊、彭燕译：《以色列现代史》，商务印书馆，1997年版，第162—163页。

里安得出结论："美国和美国的犹太人蕴含着一种巨大的未经开发的政治潜力，现在必须把他们作为犹太复国主义在国外斗争的中心。"① 二战期间，希特勒对犹太人的大屠杀，也在客观上动员了美国大众，特别是激发了美国犹太人对犹太复国主义支持的热情。

1941 年 11 月 21 日，本—古里安前往美国。在纽约，本—古里安与一个由犹太复国主义者和非犹太复国主义者组成的联合委员会建立了联系，并向他们提交了一个政治方案，要点是"把巴勒斯坦组织成为一个犹太国家，以便在战后让所有愿意或需要移居巴勒斯坦的人都能如愿以偿"。他逐一动员较大的犹太复国主义组织支持他的方案，最终获得了成功。他还开始游说美国政府有关人员。本—古里安的政治方案逐渐得到了美国绝大多数犹太复国主义组织的支持。② 1942 年 5 月 6 日至 11 日，603 名代表聚集在位于纽约比尔特莫尔饭店召开了会议，通过了《比尔特莫尔纲领》。③ 这一纲领的主要部分是宣布巴勒斯坦地区的犹太人有权建立自己的军队，即"巴勒斯坦的犹太人在战争努力中和保卫自己的国家中，有权充分发挥作用，即通过在自己旗帜下和联合国家最高司令部领导下的犹太人军队，有权作战"。并第一次宣告了它的"最后目的"就是在巴勒斯坦建立一个犹太国，即"巴勒斯坦应当建立起与新的民主世界结构相融合的犹太人联邦"。④

1943 年，全美犹太人组织在匹兹堡召开会议，并通过决议，表示赞同《比尔特莫尔纲领》。美国犹太人组织发起了为犹太复国主义事业捐献基金的运动，利用宣传机器、群众集会和递交请愿书等方式，广泛宣传支持犹太复国主义，并以此向美国国会和政府施加压力。因此，美国政府的中东政策，特别是对巴勒斯坦问题的态度，越来越受美国犹太人集团的影响。⑤

---

① 【英】诺亚·卢卡斯著，杜先菊、彭燕译：《以色列现代史》，商务印书馆，1997 年版，第 186 页。

② 【以】米迦勒·巴尔—祖海尔著，刘瑞祥、杨兆文等译：《本—古里安传》，中国社会科学出版社，1994 年版，第 128 页。

③ 【以】米迦勒·巴尔—祖海尔著，刘瑞祥、杨兆文等译：《本—古里安传》，中国社会科学出版社，1994 年版，第 129 页。

④ 尹崇敬主编：《中东问题 100 年》，新华出版社，1998 年版，第 26 页。该书中的"毕尔莫纲领"即为一般翻译的"比尔特莫尔纲领"。

⑤ 张士智、赵慧杰：《美国中东关系史》，中国社会科学出版社，1993 年版，第 95 页。

二战结束后，本—古里安看到英国不会实行分治计划，要实现建立犹太国家的目标就必然会与英国发生冲突，并且预见到新成立的犹太国家可能遭到阿拉伯邻国的攻击。因此，他认为必须设法获取大量武器以及生产武器的设备，为战争做好准备。为此目的，本—古里安于 1945 年再次前往美国。到达纽约后，本—古里安向包括其朋友鲁道夫·索南本在内的 18 位百万富翁募集了数百万美元。索南本以装运医疗设备和药品作为掩护，用这笔款项购买武器。后来他继续募集了数以百万计的美元，用于购买武器和进行非法移民所需要的船只。①

本—古里安还敦促美国的犹太领导人帮助在巴勒斯坦建立军火工业。②最后，一批经过特别挑选的 20 名美国犹太复国主义者为了这个目的汇集于纽约。这批人在短时间内就筹集了几百万美元，获得了创办军火工业所需的重型机器。海姆·斯莱文负责这项工作，他成功地避开了英国人的检查，将装备运进了巴勒斯坦，但是这些装备只有在英国人撤走后才能使用。③

建立国家需要依靠武力，而建立军队需要大量的金钱。根据以色列前总理果尔达·梅厄夫人的回忆，“伊休夫的税收已经重得不能再重了。他们可以献出生命，但他们实在拿不出更多的钱”，“只有一个途径能够得到他们所需要的钱，那就是美国犹太人”。④ 如果没有美国犹太组织大量的赠款，巴勒斯坦犹太人的生活和犹太复国主义组织的活动就将陷于困境，⑤更谈不上建立武装了。

犹太复国主义者竭尽所能从美国获取武器，他们利用一些机构，如索尼本研究所（Sonneborn Institute，后来称“Materials for Israel”），甚至很多虚构的公司，从美国政府库存中和其他一些渠道购买武器装备送往以色

---

① 【以】米迦勒·巴尔—祖海尔著，刘瑞祥、杨兆文等译：《本—古里安传》，中国社会科学出版社，1994 年版，第 152—153 页。

② 【美】乔恩·金奇、【美】戴维·金奇著，上海《国际问题资料》编辑组编译：《中东战争（上）》，上海译文出版社，1979 年版，第 30 页。

③ 【美】乔恩·金奇、【美】戴维·金奇著，上海《国际问题资料》编辑组编译：《中东战争（上）》，上海译文出版社，1979 年版，第 30 页注释 1。

④ Peggy Mann, *Golda: The Life of Israel's Prime Minister*, Vallentine, Mitchell-London, 1971, p. 141.

⑤ 张士智、赵慧杰：《美国中东关系史》，中国社会科学出版社，1993 年版，第 40 页。

列。例如，他们在巴勒斯坦虚设了一个名为“土地和劳工”（Land and Labor）的机构，这样，被撤除炮塔的坦克就可以伪装为拖拉机，撤除铜扣的军装可作为工作服，送往巴勒斯坦。一位作者描述道：“全国（美国）各地秘密举行‘周四夜聚会’（Thursday Night Meetings）。结果就是，犹太人公司捐赠了各种各样的物资，从沙袋——用来保护孤儿院和养老院……到提升哈加纳士气的古典唱片。美国犹太退伍军人故意将其保存的用于纪念的轻武器丢在武器藏匿点，这个藏匿点通常都是犹太人商店……甚至那些职业枪手也不会被忽视，成为武器的可能来源渠道之一。”①

建国前夕，由于迫在眉睫的危险，需要即刻获得大量资金以购置武器。1948 年 1 月，犹太建国协会派果尔达·梅厄夫人前往美国筹措军费。梅厄夫人在犹太联盟福利基金理事会在芝加哥召集的大会上动员美国犹太人捐款，她说：“如果我们能在两三个星期内得到 2500 万美元到 3000 万美元的现金，我们就能够生存下来……你们只需要决定一件事：在这种战斗中，是我们赢得胜利还是穆夫提赢得胜利。美国犹太人能够做出这一决定。但是必须尽快地做出决定，在几个小时内……”结果，与会的美国犹太人当场承诺捐助 2500 万美元。梅厄夫人在美国一个多月的时间内筹集到 5000 多万美元。② 在她返回后，本—古里安当面夸奖她说：“将来某一天编写历史的时候，将会写上：有一位犹太夫人筹集到了钱，才使得这个国家的诞生成为可能。”③

三、美国政府对巴勒斯坦地区的武器禁运政策

二战期间，美国政府对犹太复国主义的支持主要在于敦促英国政府放宽对犹太人进入巴勒斯坦的限制，与巴勒斯坦地区的犹太人武装基本没有什么联系。

---

① Cheryl A. Rubenberg, *Israel and the American National Interest: A Critical Examination*, Urbana and Chicago: University of Illinoi Press, 1986, pp. 35 – 36.

② Peggy Mann, *Golda: The Life of Israel's Prime Minister*, Vallentine, Mitchell-London, 1971, pp. 144 – 145.

③ Peggy Mann, *Golda: The Life of Israel's Prime Minister*, Vallentine, Mitchell-London, 1971, p. 146.

二战结束后，在犹太复国主义者要求美国政府支持他们在巴勒斯坦建立犹太国家的问题上，杜鲁门基本持消极态度。这主要表现在拒绝派军队强制执行联合国分治决议和武器禁运两个问题上。

犹太复国主义者非常希望美国能够派遣军队前往巴勒斯坦强制执行分治决议。摩西·夏里特曾说："犹太人非常希望有一支国际军事力量来援助他们对犹太国家领土的防卫。"但是华盛顿主流意见都认为，政治支持与军事援助有着根本的不同。①

1947 年年底至 1948 年年初，犹太人与阿拉伯人的战斗日趋激烈。美国政府官员再三提醒杜鲁门，如果全面战争爆发，而美国又站在以色列一边参战，那么将对美国利益造成无可挽回的损害。国务院的一份报告清楚地说明了不能派遣军队的原因：美国对强制执行分治而给予的任何援助将会导致穆斯林世界相当大的部分在很长一段时期内对美国根深蒂固的敌意，这将会使美国遭受重大损失，如丧失在中东地区的军事基地，贸易和石油利益受损等。②

与此同时，美苏关系日益紧张。华盛顿担心意大利共产党会在即将到来的选举中上台，捷克斯洛伐克危机和柏林危机也在加剧。杜鲁门担心欧洲可能爆发大冲突，所以他极力避免美国陷入一场中东战争。在 1948 年 2 月 17 日召开的国家安全委员会会议上，阿尔弗雷德·格伦瑟将军估计如要以武力执行分治决议，将需要 8 万至 16 万军队。③ 如此规模的军队陷入中东，美国在欧洲的影响力就必然大为减小。因此，杜鲁门没有拒绝国务院和参谋长联席委员会关于不向中东派遣军队的建议。④

对于犹太复国主义者要求美国给予武器援助的要求，美国政府总体也是采取消极态度，较为严格地执行对巴勒斯坦地区的武器禁运

① Cheryl A. Rubenberg, *Israel and the American National Interest*: *A Critical Examination* Urbana and Chicago : University of Illinoi Press, 1986, pp. 36 – 37.

② Cheryl A. Rubenberg, *Israel and the American National Interest*: *A Critical Examination* Urbana and Chicago : University of Illinoi Press, 1986, pp. 36 – 37.

③ Kurzman, *Genesis 1948*, pp. 84 – 86; M. Truman, *Harry S. Tuman*, p. 388. , quoted in Herbert Druks, *The Uncertain Friendship*: *The U. S. and Israel from Roosevelt to Kennedy*, Westport, Connecticut · London: Greenwood Press, 2001, p. 99.

④ Cheryl A. Rubenberg, *Israel and the American National Interest*: *A Critical Examination*. Urbana and Chicago: University of Illinoi Press, 1986, pp. 36 – 37.

政策。

犹太复国主义者一开始认为他们能够从美国购买到武器，但事情的发展并未如他们所愿。虽然杜鲁门不断被要求解除武器禁运，但最终他还是听从了国务院的意见，那就是任何单方面撤销（武器禁运政策）将表明“美国与犹太人的战争努力在事实上绑在一起”，“美国向阿拉伯国家宣战”。另一个显著的原因是公众反应。根据一项全国民意调查，82%的选民反对对武器禁运政策做任何改变。[①] 因此，美国政府于1947年12月5日正式宣布了禁运政策。美国对此的解释是：“巴勒斯坦地区内部及边境上的紧张形势”以及“阿拉伯人可能用美国的武器攻击犹太人，或者犹太人用这些武器攻击阿拉伯人。不论发生哪种情况，我们都将遭受严厉的谴责”。[②]

国务院认为武器禁运政策与很早前就已确立的政策是一致的，那就是防止冲突，或者在冲突中减少其强度和范围。阻止地区军备竞赛的努力与美国这样一种看法也是一致的，那就是安全和稳定对华盛顿追求在这一地区的其他利益是至关重要的。

尽管美国正式宣布了武器禁运政策，但是美国的犹太复国主义领导人和巴勒斯坦犹太社团领导人还是不断向美国政府提出武器要求。1947年12月8日，夏里特面见美国国务院近东司司长亨德森，要求美国施以援助，提供军事顾问和军需品，但遭到拒绝。1947年12月9日，魏兹曼在给杜鲁门的信中强调犹太社团最为严重的关切是武器的缺乏，魏兹曼表示希望“在改变这种危险处境的努力中，我们有理由依赖您的政府的善意”。[③] 在1947年12月12日给魏兹曼的回信中，杜鲁门完全回避了武器问题。[④]

联合国分治决议通过后，犹太复国主义者的目标就是有效掌握分治决议中分配给犹太国家的土地，这是他们在立国前与英国人及阿拉伯人斗争

---

① Cheryl A. Rubenberg, *Israel and the American National Interest: A Critical Examination*, Urbana and Chicago: University of Illinoi Press, 1986, pp. 42 – 43.

② Mordechai Gazit, “Israeli Military Procurement from the United States”, in Gabriel Sheffer ed., *Dynamics of Dependence: U. S. -Israeli Relations*, Boulder and London: West Press, 1987, p. 85.

③ Central Zionist Archives, December 1947 – May 1948, 40; FRUS 1947, V: 1300.

④ Cheryl A. Rubenberg, *Israel and the American National Interest: A Critical Examination*, Urbana and Chicago: University of Illinoi Press, 1986, p. 86.

的目标，也是立国后与阿拉伯国家战斗的目标。要达成这一目标，他们必须获得武器装备的保障。1948 年 1 月 6 日，犹太自治机构的信使在“美国犹太复国主义紧急委员会”（American Zionist Emergency Council，AZEC）的会议上传达自治机构的口信称，现在最重要的事情是“谋取白宫的支持”，以解除针对这一地区的武器禁运。[①]

魏兹曼在 1948 年 3 月 18 日与杜鲁门的会面中，再次要求解除武器禁运，杜鲁门没有立即予以拒绝。根据犹太人代办处在华盛顿的代表埃利亚胡·爱泼斯坦的报告，杜鲁门在谈话中引导魏兹曼相信美国的政策，特别是武器禁运政策，将会出现对犹太人有利的改变。[②]

1948 年 3 月 24 日的一次白宫会议上，杜鲁门准备解除武器禁运，但是国务卿马歇尔的观点战胜了总统特别顾问克利福德的观点。马歇尔称，现在正在努力谈判，以在巴勒斯坦地区实现停火，如果停止武器禁运政策将损害这一努力。[③] 魏兹曼也再次试图说服美国取消武器禁运政策，但杜鲁门没有改变立场。4 月 17 日，美国国务院拟订的停火决议在安理会通过。该决议呼吁政治和军事休战，要求会员国阻止“武装团伙和战斗人员（无论是团体或个人），武器和战争物资”进入巴勒斯坦。三天后，马歇尔对杜鲁门说，美国在武器禁运问题上必须非常谨慎，以避免给联合国“最后一击”。更为严重的是，如果美国向犹太人提供武器，将会“激起对美国的敌意和群体暴力反应，从而损害美阿关系”，“结果将对美国在整个近东的战术和战略层面的安全造成毁灭性影响”。[④]

---

① Zvi Ganin, “The Limits of American Jewish Political Power: America’s Retreat from Partition, November 1947 - March 1949,” *Jewish Social Strudies* (Winter-Spring, 1977), p. 25, quoted in Mitchell Geoffrey Bard, *The Water’s Edge and Beyond—Defining the Limits to Domestic Influence on United States Middle East Policy*, New Brunswick (U. S. A.) and London (U. K.): Transaction Publishers, 1991, p. 160.

② Cheryl A. Rubenberg, Israel and the American National Interest: A Critical Examination, Urbana and Chicago: University of Illinoi Press, 1986, p. 86.

③ FRUS 1948, p. 755, quoted in Mitchell Geoffrey Bard, *The Water’s Edge and Beyond: Defining the Limits to Domestic Influence on United States Middle East Policy*, New Brunswick (U. S. A.) and London (U. K.): Transaction Publishers, 1991, p. 173.

④ Foreign Relations, 1948, Volume V, Part 2, p. 581., quoted in Herbert Druks, *The Uncertain Friendship: The U. S. and Israel from Roosevelt to Kennedy*, Westport, Connecticut · London: Greenwood Press, 2001, p. 106.

1948 年 5 月 8 日马歇尔与夏里特会面，夏里特称："美国政府曾投票支持过我们，这点我们永远不会忘记。但我们是在孤军奋战，没有任何帮助。美国剥夺了我们的武器、军事指导，甚至剥夺了装甲车的钢板乃至普通公共汽车的铁片。现在我们不是在要求帮助，而是在要求（你们）停止干预。"①

美国政府虽然较为严格地执行武器禁运政策，但在犹太人武装发展过程也发挥了重要作用，主要表现在以下几个方面：

一是支持向巴勒斯坦地区移民，为犹太人武装提供最为关键的兵源。在美国支持下，犹太建国协会征募巴勒斯坦 17 岁至 25 岁的犹太青年入伍，犹太武装力量有了大的发展。② 这些被征募的犹太青年中，有相当数量是新移民。

二是提供了一定数量的军火。杜鲁门曾对犹太复国主义者说，"不用流血而使这个问题（建立犹太国家）得到解决的希望是很渺茫的。"③ 为了帮助犹太人自制军火，美国以不到 100 万美元的低价，向他们出售了价值数千万美元的制造军火的机器。④ 1948 年 3 月和 4 月，战争形势开始变得对犹太人有利。尽管有军火禁运，他们从美国得到的武器还是很多的。⑤例如，到 1949 年 7 月正式停火前，从美国运抵以色列的飞机达 68 架。⑥ 除了飞机外，以色列还从美国购买了大量布朗宁（Browning）机枪、炸弹以及制造武器的机器。布朗宁机枪非常适合于装备飞机和机动运载工具。而制造步枪的机器最终成为以色列军事工业的首批主要装备。当然，此时从美国运来的军需品主要还是服装、军靴、通讯器材和卡车。⑦

三是默许犹太人募集资金，购置军火。本—古里安后来承认，以色列

---

① 【以】米迦勒·巴尔—祖海尔著，刘瑞祥、杨兆文等译：《本—古里安传》，中国社会科学出版社，1994 年版，第 189—190 页。

② 沈威力：《中东袅雄——以色列》，时事出版社，1997 年版，第 15 页。

③ 徐向群、余崇健主编：《第三圣殿——以色列的崛起》，上海远东出版社，1995 年版，第 104—105 页。

④ 赵伟明：《中东问题与美国中东政策》，时事出版社，2006 年版，第 28 页。

⑤ 【英】理查德·艾伦著，艾玮生等译：《阿拉伯—以色列冲突的背景和前途：帝国主义和民族主义在肥沃的新月地带》，商务印书馆，1981 年版，第 378 页。

⑥ Gunther E. Rothenberg, *The Anatomy of the Israeli Army*, London: B. T. Batsford Ltd., 1979, pp. 63 - 64.

⑦ Gunther E. Rothenberg, *The Anatomy of the Israeli Army*, London: B. T. Batsford Ltd., 1979, p. 64.

之所以能够从巴黎和布拉格获得武器，那是得益于美国支持和认可的："他们都想从我们这得到美元——而美元只能从一个特定国家获得。我们从美国获得了数以百万计的美元。"①

第二节　以色列建国后杜鲁门政府期间美以军事外交关系

在美国的支持下，以色列国最终得以建立。但是杜鲁门政府没有像犹太复国主义者所期望的那样，放松对以色列的武器禁运。杜鲁门的政策是，在确保以色列安全的基础上，维持对中东地区的武器禁运。

一、美国对以色列安全的支持

1948 年 5 月 14 日下午 4 时，也就是在距英国结束对巴勒斯坦地区委任统治前 8 小时，出任以色列临时政府总理兼国防部长的本—古里安在特拉维夫艺术博物馆召开了犹太复国主义巴勒斯坦全国委员会特别会议，宣告"在巴勒斯坦地区建立的犹太人国家被称之为以色列国"。以色列国正式宣告成立。11 分钟以后，美国宣布"在事实上承认以色列临时政府"。

次日，第一次阿以战争爆发。经过几天的激战，以色列军队出现了兵员不足和武器弹药严重短缺的危急状况。本—古里安给以色列驻联合国代表埃班发出告急电报："以色列急需几个星期的喘息时间来重新组织和装备它的军事力量"，希望他在美国代表的帮助下，在联合国寻求阿以停火的安排。②

紧要关头，梅厄夫人再次飞往美国求援。她在演讲中说："……演讲、决议、宣言和掌声都不能保证以色列的生存，……你们必须做出决定……

① Cheryl A. Rubenberg, *Israel and the American National Interest: A Critical Examination*, Urbana and Chicago: University of Illinoi Press, 1986, p. 35.

② 张士智、赵慧杰：《美国中东关系史》，中国社会科学出版社，1993 年版，第 139 页。

我们需要你们的答案……我们确信，没有你们的帮助，我们就无法继续下去。"[①] 这一次，梅厄带回了7400万美元。[②]

以色列总统魏兹曼也赶赴纽约和华盛顿，要求犹太人社团和美国政府提供紧急援助、武器弹药和军事人员。5月25日，杜鲁门会晤魏兹曼时，答应美国政府将尽力援助以色列。在美国的压力下，英国出面向联合国大会提出关于在巴勒斯坦地区停火的议案，并获通过。四个星期的停火拯救了以色列。美国犹太人捐献的大批资金（1948年达1.5亿美元），使以色列得以从欧洲国家购买急需的飞机、大炮、坦克等武器装备。在美国的支持下，一条从欧洲到巴勒斯坦的航线建立了（遂行运输任务的飞机是从英国和美国购买的[③]），为以色列赶运大批武器弹药。更有甚者，在美国政府的默许下，参加过第二次世界大战的老兵，以志愿兵的形式为以色列服役，帮助建立了以色列空军和海军。为了便于美、以双方的联系，美国国务院于6月22日宣布，美国和以色列政府决定互派特别代表，其目的是能及时解决以色列的急迫要求。此外，在美国的协助下，犹太移民大批涌入以色列。到停火期满时，以色列的军事实力大为增强。[④]

7月15日，美国代表团又奉政府的训令，向安理会提出"勒令"巴勒斯坦停火的建议。7月18日开始了第二次停火。这一次的停火决议，在客观上又帮助以色列再次获得增强军事实力的机会。在美国政府和美国犹太人社团的帮助下，运入以色列的武器弹药远远超过第一次停火期间的数量，几乎每天都有运载武器的飞机在特拉维夫机场降落。以色列军队还利用停火时机进行改组和训练。到1948年的10月，以色列的兵力已达九万人，而阿拉伯联军的兵力不足七万人。[⑤]

第一次中东战争结束后，美国放松了对以色列的武器禁运。美国政府声称无意向中东地区大量出售先进武器，因为这样会导致中东地区的军备

---

① Peggy Mann, *Golda*: *The Life of Israel's Prime Minister*, Vallentine, Mitchell-London, 1971, pp. 159 – 160.

② 赵伟明：《中东问题与美国中东政策》，时事出版社，2006年版，第33页。

③ 【日】田上四郎著，军事科学院外国军事研究部译：《中东战争全史》，解放军出版社，1985年版，第9页。

④ 张士智、赵慧杰：《美国中东关系史》，中国社会科学出版社，1993年版，第140页。

⑤ 张士智、赵慧杰：《美国中东关系史》，中国社会科学出版社，1993年版，第141页。

竞赛，出售的武器将限制在“合法安全需求所需的武器范围”之内。[①]

美国宣布事实上承认以色列后，犹太院外集团把游说重点放在了寻求美国对以色列国法理上的承认以及经济援助和出售武器方面。1948 年 7 月 24 日，纽约犹太人战争老兵组织的领导人在一封给杜鲁门的公开信中要求美国向以色列提供一亿美元的贷款，并终止武器禁运政策。[②] 这些问题随即成为大选中的重要议题。1948 年 7 月 28 日，共和党总统候选人杜威及其外交政策顾问杜勒斯与犹太复国主义领袖会面，承诺了他们的所有要求，如完全承认以色列，解除武器禁运，向以色列提供贷款。所有这些只有一个目的，换取他们在竞选中对共和党的支持。[③] 共和党在竞选纲领中宣示了支持以色列的立场，这促使杜鲁门和民主党不得不在自己的竞选纲领中也明确了坚定支持以色列的政策。

1948 年 10 月 22 日，杜威发表声明抨击杜鲁门，宣称其从民主党竞选纲领中的政策立场上倒退了。10 月 24 日，杜鲁门发表声明予以驳斥。在声明中，杜鲁门再次阐述了支持以色列的政策，如：完全承认以色列、支持以色列根据联合国分治决议所享有的边界要求，这一边界非经以色列完全同意，不得变更；支持以色列加入联合国；承诺提供援助以帮助以色列发展经济；赞同修改武器禁运政策，以满足以色列自卫权利的需要；等等。[④]

1948 年 10 月 28 日，杜鲁门在纽约麦迪逊广场花园发表的竞选演说称：“……第一，我有责任使我们对以色列的政策符合我们的全球政策；第二，我想帮助犹太人在巴勒斯坦建立一个强大、繁荣、自由、独立和民主的国家。这个国家必须强大、自由到足以使他们的人民能够自给自足，

---

① Cheryl A. Rubenberg, *Israel and the American National Interest: A Critical Examination*, Urbana and Chicago: University of Illinoi Press, 1986, p. 87.

② Mitchell Geoffrey Bard, *The Water's Edge and Beyond: Defining the Limits to Domestic Influence on United States Middle East Policy*, New Brunswick (U. S. A.) and London (U. K.): Transaction Publishers, 1991, pp. 175 – 176.

③ Herbert Druks, *The Uncertain Friendship: The U. S. and Israel from Roosevelt to Kennedy*, Westport, Connecticut · London: Greenwood Press, 2001, p. 135.

④ Public Papers of the President of the United States, Harry S. Truman, Containing the Public Messages, Speeches and Statements of the President 1948 (Washington, 1964), pp. 843 – 844, quoted in Herbert Druks, *The Uncertain Friendship: The U. S. and Israel from Roosevelt to Kennedy*, Westport, Connecticut · London: Greenwood Press, 2001, p. 137.

能够保障自己的安全。"① 杜鲁门的演说几乎完全满足了犹太院外集团的要求。最终，杜鲁门以微弱多数赢得了大选。在犹太人选票举足轻重的纽约、俄亥俄、加利福尼亚和伊利诺依这四个州中，杜威仅在纽约以不到1%的优势获胜。②

二、继续武器禁运政策

杜鲁门虽然承认了以色列国，但是拒绝了国会通过的一些要求解除对以色列武器禁运的宣言。众议员约翰·J. 鲁尼（John J. Rooney）、克莱恩（Kleain），和詹姆斯·J. 霍夫曼（James J. Hefferman）等均支持解除武器禁运，认为以色列所面对的敌人比他们的装备要好得多，而且人数上远远占优势。③ 1949 年 1 月 31 日，以色列首次大选后不久，美国就予以其法理上的承认。但是在出售武器问题上，杜鲁门政府还是坚持采取限制的政策。④

1948 年七八月间，美国国务院和中央情报局在一些备忘录中较为详细地阐述了继续武器禁运的理由，其要点有：（1）向以色列运送武器，将使其能够给正在与之战斗的阿拉伯军队以严重打击。这可能导致许多阿拉伯政府的垮台和共产主义的兴起。（2）阿拉伯国家可能以对西方的石油禁运来实施报复，这会导致美国石油储备的下降，打断西欧的经济重建。（3）英国（已削减了对阿拉伯国家的武器供应）可能会考虑恢复对阿拉伯国家的武器供应。这样美国与英国之间就会出现裂痕，从而对西方在欧洲的政策造成重大影响。（4）由于大众的愤怒情绪，美国在阿拉伯国家的公

---

① 【美】哈里·杜鲁门：《杜鲁门回忆录（下卷）》，东方出版社，2007 年版，第 207 页。

② Mitchell Geoffrey Bard, *The Water's Edge and Beyond*: *Defining the Limits to Domestic Influence on United States Middle East Policy*, New Brunswick（U. S. A.）and London（U. K.）: Transaction Publishers, 1991, pp. 175 – 178.

③ Congressional Record, May 18, 19, 20, 1948, pp. A3081 – 3082, A3157 – 3158, A3188., quoted in Herbert Druks, *The Uncertain Friendship*: *The U. S. and Israel from Roosevelt to Kennedy*, Westport, Connecticut · London: Greenwood Press, 2001, p. 113.

④ Mitchell Geoffrey Bard, *The Water's Edge and Beyond*: *Defining the Limits to Domestic Influence on United States Middle East Policy*, New Brunswick（U. S. A.）and London（U. K.）: Transaction Publishers, 1991, pp. 175 – 179.

民的生命可能受到威胁。美国的财产将受到损害或被没收，一些特许权将被取消。（5）阿拉伯国家内的70万犹太人的命运将会悬而不决。[①]

杜鲁门也曾考虑过修改武器禁运政策。根据一份未签署日期的总统备忘录，杜鲁门曾要求有关中东和以色列问题的官员研究如何兑现其在总统竞选期间承诺的以色列政策。“总统要求修改武器禁运政策，他想了解‘联合国决议在多大程度上妨碍了这种修改，如果这样的话，我们能够立即采取何种行动来促成对这些决议的修改？’”[②] 但是，最终由于国务院等部门的反对，杜鲁门没有下令修改武器禁运政策。

1950年5月25日，英、法、美三国发表了一个旨在维持中东地区军备平衡的三方宣言。尽管这一宣言的部分目的在于再次向以色列保证维护其安全，但也限制了以色列获取武器。因此，美国政府继续对出售武器采取严格限制的政策。根据国务院1950年的一份备忘录，政府愿意批准“偶尔”出售“有限数量的装备”。采购将被限定为公开市场上的物资。[③]

以色列政府视三国宣言为单方面宣言，对自己没有约束力。以色列政府希望三国在武器供应问题上停止歧视以色列的政策，但是本—古里安在议会讲话中称，“仅就它的目的是增进安全与和平这一点”来说，以色列对三国宣言表示欢迎。[④]

朝鲜战争爆发后，以色列政府正式放弃了在东西方之间保持中立的政策，采取了明确的亲美路线。以色列注意到，美国计划将中东改造成一个军事行动基地，以备在这一地区可能与苏联集团之间发生的战争之需，而土耳其、伊朗和埃及为美国提供了一个防卫三角。当本—古里安获悉美国

---

① Mordechai Gazit, "Israeli Military Procurement from the United States", in Gabriel Sheffer ed., *Dynamics of Dependence*: *U. S. -Israeli Relations*, Boulder and London: Westview Press, 1987, pp. 86 - 87.

② Harry S. Truman Memorandum, undated Official File 204, Harry S. Truman Library, Independence, Missouri, quoted in Herbert Druks, *The Uncertain Friendship*: *The U. S. and Israel from Roosevelt to Kennedy*, Westport, Connecticut · London: Greenwood Press, 2001, p. 137.

③ Cheryl A. Rubenberg, *Israel and the American National Interest*: *A Critical Examination*, Urbana and Chicago: University of Illinoi Press, 1986, p. 88.

④ Walter Eytan, *The First Ten Years*: *A Diplomatic History of Israel*, Weidenfeld and Nicolson (7 Cork Street London WI), 1958, p. 131.

的这一计划时，他对未来的世界战争中以色列有可能处于无力防卫并进退两难的处境越来越感到关切。1950 年 7 月 2 日以色列召开特别内阁会议，一致通过决议，支持美国的立场。但这没有改变美国政府认为以色列实行的是“布尔什维克意识形态”的看法。[①] 1950 年 7 月底，也就是在朝鲜战争的关键时刻，同时也是西方越来越担心苏联可能在欧洲采取行动的时刻，本—古里安决定通知美国大使詹姆士·G. 麦克唐纳，如果苏联在中东采取行动，以色列准备向美国提供 20 万军队。[②] 本—古里安要求美国提供或出售武器给以色列，以使其能承担这一任务。当麦克唐纳把这一信息报回华盛顿时，美国国务卿艾奇逊的反应异常冷淡，他让麦克唐纳对本—古里安表示感谢，但不要向其做任何提供武器的承诺。不仅如此，艾奇逊还否决了以色列从菲律宾购买二战遗留坦克的要求。[③]

1950 年 8 月 3 日，在其提供 20 万军队的承诺受到冷淡回应后，本—古里安试图说服其内阁同意派遣至少是象征性的部队前往朝鲜，但这一建议遭到以夏里特为首的多数成员的反对。以色列最终为联合国军队提供了救护车和医疗用品，但并没有派遣军队。[④]

本—古里安还建议在以色列贮存原料和食物，以备在遭到海上封锁时使用。这些贮存物资在需要时也可供美国使用。在要求美国帮助其发展基础设施时，以色列还指出了其军事工业及良好的海军设施的潜在价值。[⑤]

1951 年 1 月 26 日，美国国家安全委员会报告中称，“以色列政府已经

---

① Abraham Ben-Zvi, *Decade of Transition*: *Eisenhower*, *Kennedy*, *and the Origins of the American-Israeli Alliance*, New York: Columbia University Press, 1998, p. 30.

② U. S. Department of State, FRUS, 1950, Volume V (Washington, D. C., 1978), July 31, 1950, pp. 961 – 962, qouted in Herbert Druks, *The Uncertain Friendship*: *The U. S. and Israel from Roosevelt to Kennedy*, Westport, Connecticut · London: Greenwood Press, 2001, p. 147.

③ Herbert Druks, *The Uncertain Friendship*: *The U. S. and Israel from Roosevelt to Kennedy*, Westport, Connecticut · London: Greenwood Press, 2001, p. 147.

④ Israel Documents, pp. 172 – 173, qouted in Herbert Druks, *The Uncertain Friendship*: *The U. S. and Israel from Roosevelt to Kennedy*, Westport, Connecticut · London: Greenwood Press, 2001, p. 149.

⑤ Mordechai Gazit, “Israeli Military Procurement from the United States”, in Gabriel Sheffer ed., *Dynamics of Dependence*: *U. S. -Israeli Relations*, Boulder and London: Westview Press, 1987, pp. 88 – 89.

显示出愿意放弃‘既不认同东方，也不认同西方’的政策，开始支持西方”，表现在“以色列支持了联合国对朝鲜的行动，以色列官员反共产主义言论，以及其真诚要求与美国达成互助安排”。“这种政策的转变主要由以下一些原因促成：只有美国才能施以援助的巨大经济需求，国内亲苏联实力的衰落，苏联持续拒绝其国内犹太人移居以色列”，以及“以色列意识到，如果发生重大战争，以色列主要依赖的西方武器来源就会立即被切断”。①

1951 年 3 月 14 日，美国国家安全委员会正式通过关于对阿拉伯和以色列政策的 NSC47/5 号文件。在这个旨在增强该地区各国对美国的信心、实现美国全球战略构想的文件中，以色列的地位虽然仍旧等同于周围几个阿拉伯国家，但美国决定通过经济援助和武器供应等方式，将以色列建成重要的反苏基地。② 但是这一政策只是停留在纸面上，并未付诸实施。事实上，美国仍对以色列实行严格的武器禁运政策。

1951 年 10 月 13 日，也就是土耳其加入北约后的几周，美、英、法三国通知以色列，他们决定在这一地区建立联合中东司令部，“那些有能力并愿意为本地区防卫做出贡献的国家都可以加入”。但是，对于以色列，美、英、法、土四国希望其不要加入。土耳其驻以色列公使提交的一份备忘录清楚地显示了四国的意图，土耳其政府考虑到“阿拉伯国家与以色列之间的紧张关系”，以色列已成为中东防务中的“障碍因素”。土耳其希望以色列采取“现实的态度”，也就是说以色列应该靠边站。中东司令部成立后，阿拉伯国家能够获得武器，而以色列却不能。③ 1951 年 11 月 9 日，美、英、法三国称，中东司令部将致力于“这一地区的整体防卫，抵抗外部侵略”，它不会“干预该地区内部问题和争端”，也不会影响到如 1950 年 5 月三国宣言等有关问题上的“已有安排”。④

---

① NSC 43：National Security Council Progress Report by the Under Secretary of State，January 26，1951.

② 白玉广：《美国对以色列的政策及美以关系的发展：1948—1958》，载《世界历史》2000 年第 2 期，第 33 页。

③ Walter Eytan，*The First Ten Years：A Diplomatic History of Israel*，Weidenfeld and Nicolson（7 Cork Street London WI），1958，pp. 132 – 134.

④ 参见 Walter Eytan，*The First Ten Years：A Diplomatic History of Israel*，Weidenfeld and Nicolson（7 Cork Street London WI），1958，p. 134，注释 1。

1951 年 11 月，夏里特询问艾奇逊，是否“盟军会坚定地以全部力量来保卫中东”。他们“不论在什么困难情况下，都能提供足够力量来守住中东?”艾奇逊没有给出确定答复。据在场的以色列驻美大使埃班观察，“他不会这么做”。①

魏兹曼认为，阿拉伯国家毫不隐瞒自己将会对以色列发动“第二轮”攻击。如果这种“一面倒的重振军备的形势继续更长时间，他们将会毫不犹豫地发动‘第二轮’攻击”。这将意味着“早日解决中东问题的所有希望的破灭，这对世界和平构成威胁”。魏兹曼要求美国增强以色列的能力，使其“面对阿拉伯攻击的威胁时能够支撑下去”。② 但是美国仍然拒绝援助以色列关键性防卫武器，尽管如此，美国还要求以色列向朝鲜派遣军队。1951 年 12 月，美国官员再次要求以色列“派遣一个旅前往朝鲜”，并称“这一行动将给以色列带来有价值的军事经验和政治声誉”。③

1952 年 4 月 7 日，美国国家安全委员会报告中称美国对中东地区的政策目标是：（1）抑制和阻止在这些国家出现威胁西方利益的不稳定状况；（2）阻止苏联势力向这一地区扩展；（3）确保美国及其盟国能够获得这一地区的资源，以加强自由世界的力量；（4）增强这些国家的意志和能力，以反抗苏联今后可能的入侵；（5）在这些国家内部建立新型关系，相互确认彼此对主权平等地位和对主权平等的尊重的愿望。④

以色列在朝鲜战争中选择与美国站在一起，但是，这并没有将自己与美国拉得更近，美国仍然拒绝提供或出售武器。以色列放弃了其在美苏之间保持中立的立场，但没有赢得所期望的美国在国防上的更多支持。杜鲁门没有解除对以色列的武器禁运，主要基于以下几个原因：首先是国务院

---

① *Abba Eban Memo regarding Moshe Sharett-Dan Acheson conversations*, November 19, 1951, Israel Foreign Office Papers, 2475/3, Israel State Archives, Jerusalem, quoted in Herbert Druks, *The Uncertain Friendship: The U. S. and Israel from Roosevelt to Kennedy*, Westport, Connecticut · London: Greenwood Press, 2001, p. 149.

② Herbert Druks, *The Uncertain Friendship: The U. S. and Israel from Roosevelt to Kennedy*, Westport, Connecticut · London: Greenwood Press, 2001, p. 149.

③ *Walter Eytan to Foreign Office Officials in Wshington and Paris*, December 2, 1951, Israel Foreign Office Papers, 2308/22, Israel State Archives, Jerusalem, quoted in Herbert Druks, *The Uncertain Friendship: The U. S. and Israel from Roosevelt to Kennedy*, Westport, Connecticut · London: Greenwood Press, 2001, p. 149.

④ NSC 56: a report to National Security Council, April 7, 1952.

的反对，国务院认为解除武器禁运将会导致一种事实上的“美以同盟关系”，这将被阿拉伯国家视为战争行动；其次，杜鲁门确定绝大部分民意是反对解除武器禁运的；[①] 第三，此时杜鲁门政府的注意力已从中东转向其他遭受共产主义威胁的地区了。1949—1952 年，杜鲁门政府主要忙于以下事务：马歇尔计划下的欧洲重建和复兴；关注冷战，美国致力于在欧洲建立遏制共产主义威胁的防卫；朝鲜战争的爆发。[②] 另外，英国和法国已成为以色列的主要武器提供者，这也削弱了以色列获取美国武器的紧迫性。[③]

第三节　艾森豪威尔政府期间美以军事外交关系

艾森豪威尔政府任内，美国的中东政策主要是拉拢阿拉伯国家，组织反苏阵线。在此大战略背景下，美国与以色列的军事外交关系相当冷淡，甚至发生了严重对立和冲突。只是在其第二任期间，由于艾森豪威尔总统逐渐认识到阿拉伯国家的不可靠和以色列的战略价值，美以关系才出现转圜，以军售为代表的军事外交关系也出现了一定发展。

一、扶阿抑犹战略下冷淡的军事外交关系

1953 年，共和党人艾森豪威尔上台，美以军事外交关系更趋于冷淡。主要原因有以下几点：一是当时共和党受犹太人势力影响相对于民主党小得多。二是艾森豪威尔在外交上主要仰赖于国务卿杜勒斯，而杜勒斯反对亲以色列的政策。杜勒斯曾说，“不能依靠他们（以色列）来服务于我们的长期利益。”[④] 他在很多场合下多次质疑美国犹太人院外集团游说政府支

---

① John P. Miglietta, *American Alliance Policy in the Middle East, 1945 - 1992—Iran, Israel, and Saudi Arabia*, Lanham, Boulder, New York, Oxford: Lexington Books, 2002, p. 115.

② Samir Abde-Rabbo and Mohamed El-Khawas, *U. S. Aid to Israel*, Vol. 16, No. 5, December 1983.

③ Samir Abde-Rabbo and Mohamed El-Khawas, *U. S. Aid to Israel*, Vol. 16, No. 5, December 1983.

④ Norman A. Graebner, *Cold War Diplomacy: 1945 - 1960*, New York: D. Van Nostrand, 1962, p. 171. , quoted in Asaf Hussain, *The United States and Israel: Politics of a Special Relationship*, Area Study Centre for Africa, North & South America, Quaid-I-Azam University, Islamabad, 1991, p. 12.

持以色列的努力，认为这将使美国变成“以色列人的囚徒”。三是以色列政府中某些领导人的左倾意识形态也导致了美国的疑虑。例如，果尔达·梅厄夫人就不愿意采取亲美的立场，而相信在美苏之间保持中立是维护以色列利益的最佳政策。[①] 当然，最重要的原因还是艾森豪威尔政府的中东战略的需要。

艾森豪威尔上台伊始，就制定了对中东的战略：(1) 因为英国已不再能够保护美国在这一地区的利益，美国将担负起责任；(2) 美国将鼓励这一地区的一些国家组织起一个“小北约”，以阻止苏联的潜在影响；(3) 应向阿拉伯国家提供武器（特别是伊拉克，埃及也有希望）；(4) 美国将保持同以色列的距离，并将试图解决阿以纠纷。[②]

对于艾森豪威尔和杜勒斯来说，所有的国家行为者都分属两大阵营——要么是自由世界，要么是共产主义阵营。两极对抗是“零和游戏”，美国要在世界任何地方抵抗苏联的进攻。在两极格局的视野下，中东战略目标的第一步是在中东地区强国埃及、土耳其、伊拉克和巴勒斯坦间组成一个安全联盟，以加强对这些北层国家的防卫。在阿拉伯国家间组成双边和多边联盟，以抵抗苏联对中东地区的政治和军事影响，这一观点导致了艾森豪威尔政府对以色列采取了相当保守的政策。[③] 国务卿杜勒斯不希望因给予以色列军事援助而引起阿拉伯国家的敌对。只要在中东地区组建防范苏联势力入侵的联盟的机会仍然存在，他就不会向以色列提供军事援助。[④]

美国从全球格局来看待中东问题。阿拉伯国家则将阿以争端置于优先地位，几乎无一例外地将尽快并全面地解决阿以问题作为巩固阿拉伯国家间的安全联盟以抵抗苏联的先决条件。为了将阿拉伯国家融入自己的全球战略规划，美国就必须在阿以问题上支持某些阿拉伯国家的立场，并限制

---

① Ben-Zvi, Abraham, *Decade of Transition: Eisenhower, Kennedy, and the Origins of the American-Israeli Alliance*, New York: Columbia University Press, 1998, pp. 28 – 29.

② Yehuda Lukacs and Abdalla M. Battah eds. , *The Arab-Israeli Conflict: Two Decades of Change*, Boulder and London: Westview Press, 1988, p. 200.

③ Abraham Ben-Zvi, *Decade of Transition: Eisenhower, Kennedy, and the Origins of the American-Israeli Alliance*, New York: Columbia University Press, 1998, p. 28.

④ Samir Abde-Rabbo and Mohamed El-Khawas, *U. S. Aid to Israel*, Vol. 16, No. 5, December 1983.

自己采取任何亲以色列的行动和姿态。[①]

以色列政府仍在积极寻求靠拢美国，以获得其安全保证和武器援助。为此，以色列政府努力将自己阐释为对西方特别是美国有价值的伙伴。

1953 年 5 月 13 日，杜勒斯到访以色列。在为杜勒斯访问做准备时，本—古里安向巴勒斯坦工人党政治委员会阐述了一条强烈亲美路线的外交政策观点。他阐明，以色列无法在一场全球性冲突中保持中立。一旦苏联占领中东，即使是暂时的，也意味着“这个国家以及犹太复国主义的末日”。本—古里安着重强调一旦发生战争，由于其军事实力，以色列对西方有重要价值；相反，在和平时期，由于其政治实力，阿拉伯人的力量就（比以色列）更大一些。因而他要把最主要的力量放在说服美国把以色列变成中东的“基地、工厂和粮仓”。他说，“……我必须（向美国人）说明，整个以色列——在军事和工业方面都得到加强之后——就是一个基地……自由世界一旦需要，随时都可以利用它。”[②] 他的讲话归根结底就是：以色列是西方在中东的堡垒，这将成为他日后政策的基础。[③]

1953 年 5 月 14 日，杜勒斯与本—古里安在特拉维夫会晤。本—古里安竭力向其推销自己的这一观点，但没有取得成效。杜勒斯强调以下几个观点：（1）没有该地区阿拉伯人的善意和信心，美国将不可能在中东扮演一个有用角色。（2）阿拉伯人认为由于出于选举考虑，罗斯福总统和杜鲁门总统均屈服于犹太人的影响，以至于阿拉伯人的观点被忽视了。（3）新政府是由全体美国人民选举出来的，因此不欠任何群体的政治账；新政府也不相信权力是靠赢得全体国民中的部分人的好感而建立起来的。[④] 返回美国后不久，杜勒斯对参议院的一个委员会说：“我们的基本政治问题，……在于改善穆斯林国家对西方民主国家的态度，因为自从这场战争

---

① Abraham Ben-Zvi, *Decade of Transition: Eisenhower, Kennedy, and the Origins of the American-Israeli Alliance*, New York: Columbia University Press, 1998, p. 29.

② 【以】米迦勒·巴尔—祖海尔著，刘瑞祥、杨兆文等译：《本—古里安传》，中国社会科学出版社，1994 年版，第 230 页。

③ 【以】米迦勒·巴尔—祖海尔著，刘瑞祥、杨兆文等译：《本—古里安传》，中国社会科学出版社，1994 年版，第 231 页。

④ FRUS 9, pt. 1: 39, qouted in Abraham Ben-Zvi, *Decade of Transition: Eisenhower, Kennedy, and the Origins of the American-Israeli Alliance*, New York: Columbia University Press, 1998, p. 33.

（指以色列的独立战争）以来我们在那一地区的声望一直在下降。”① 这样，本—古里安寻求美国为后盾的努力再次受挫。

一个月以后，1953 年6 月9 日，美国助理国务卿白瑞德（Byroade）在与以色列驻美大使埃班的会见中，进一步阐述了这一观点：危险的是，可能丧失西方在中东地区的影响，还包括石油、空军基地等。……在这一地区保持我们的影响地位……也是符合以色列利益的。②

1953 年 8 月，以色列内阁决定，在联合国就是否将印度包括进朝鲜和平会议进行投票时弃权。一开始外交部长夏里特及其他几位内阁成员认为应该加入亚洲集团，但是本—古里安坚持认为，除非涉及以色列生死攸关的安全利益，在直接涉及美国利益、信誉和威信的任何问题上，以色列的忠诚和外交政策方向丝毫不能含糊。③

但这些表态和努力没有改变杜勒斯的看法。“我们认为，在解决因苏联向阿拉伯国家输送武器而使以色列遭受的（安全）脆弱性的问题上，向以色列输送武器不是办法。因为这将疏远阿拉伯国家，从而导致阿拉伯石油输送的中断。这随之将削弱欧洲的经济，使北约的发展停滞不前。所有马歇尔计划中的获益都将丧失。为了经济生存和进口石油，欧洲将转向苏联。这样的话，我们虽然拯救了以色列，但丧失了欧洲。”④ 因此，以色列被排除在关于本地区安全讨论之外，以色列对于武器援助、安全保证，甚至在不太敏感的友谊和同情姿态上，都遭到美国的拒绝。⑤

为了改变美国这种亲阿拉伯的倾向，1955 年，以色列决定向美国政府提出两项要求：一是要么给予以色列安全保证，要么与以色列签订防务条约；二是要求阿以之间的武器均衡，也就是说，任何一项重大的向阿拉伯

---

① 【以】米迦勒·巴尔—祖海尔著，刘瑞祥、杨兆文等译：《本—古里安传》，中国社会科学出版社，1994 年版，第 231 页。

② FRUS 9，pt. 1235 – 1236，quoted in Abraham Ben-Zvi，*Decade of Transition*：*Eisenhower*，*Kennedy*，*and the Origins of the American-Israeli Alliance*，New York：Columbia University Press，1998，p. 33.

③ Abraham Ben-Zvi，*Decade of Transition*：*Eisenhower*，*Kennedy*，*and the Origins of the American-Israeli Alliance*，New York：Columbia University Press，1998，p. 30.

④ Abraham Ben-Zvi，*Decade of Transition*：*Eisenhower*，*Kennedy*，*and the Origins of the American-Israeli Alliance*，New York：Columbia University Press，1998，p. 31.

⑤ Abraham Ben-Zvi，*Decade of Transition*：*Eisenhower*，*Kennedy*，*and the Origins of the American-Israeli Alliance*，New York：Columbia University Press，1998，p. 31.

国家的武器供应都要有同等的对以军售来平衡。这两个要求都被拒绝了。①

1955 年 2 月本—古里安回到内阁后，支持阿巴·埃班提出的与美国订立防务条约的想法。阿巴·埃班的具体建议是，以色列承诺不使用武力改变其疆界，而美国政府将保证总统“在宪法权力允许的范围内”援助以色列。4 月，夏里特带着一个建议会晤了杜勒斯。这项建议的内容是：美国保证以色列领土完整，向其提供武器装备，以与阿拉伯国家的武器供应相匹敌。杜勒斯表示在原则上接受这一请求，但同时也表明由此达成的任何协议将是有条件的。美国要求以色列改变现有边界，尤其要割出内格夫的部分领土作为解决阿以争端的前提条件。以色列认为这样获得的安全保障没有任何价值可言。② 本—古里安致力于与美国订立条约，甚至还准备向美国提供军事基地。双方的谈判持续了 1955 年的整个夏天，最终不了了之。③

埃及与捷克斯洛伐克于 1955 年 10 月签订的武器销售合同给以色列提供了一次机会。以色列随即吁请美国提供武器，以恢复军事上的均势，但再次遭到拒绝。艾森豪威尔称：“我们经过慎重考虑后做出结论，在这种情势下，美国输送武器只能加速中东的军备竞赛；因此我们决定暂时不同意这样做。”④ 虽然埃及与捷克斯洛伐克达成了武器交易，但是美国政府的外交精英仍然相信纳赛尔还有可能转向西方，美国仍然可以赢得阿拉伯人的“良好意愿”。杜勒斯在国家安全委员会上说，“美国支持以色列与阿拉伯国家的军备竞赛是徒劳的行动。一方面，以色列这样一个领土小、人口少的国家不可能吸收超过一定数量的武器装备，要比拥有大量土地和人口的阿拉伯国家所能吸收的武器装备少得多……因此，我们最好的行动方针是，假定苏联集团与埃及的武器交易是‘一次性’的，拒绝以色列的武器要求……无论如何，我们支持以色列就会输掉，因为从长期看，阿拉伯国

---

① Mordechai Gazit, “Israeli Military Procurement from the United States”, in Gabriel Sheffer ed., *Dynamics of Dependence*: *U. S. -Israeli Relations*, Boulder and London: Westview Press, 1987, p. 90.

② 白玉广：《美国对以色列的政策及美以关系的发展（1948—1958）》，《世界历史》2000 年第 2 期，第 35 页。

③ 【以】米迦勒·巴尔—祖海尔著，刘瑞祥、杨兆文等译：《本—古里安传》，中国社会科学出版社，1994 年版，第 264 页。

④ 【美】艾森豪威尔：《艾森豪威尔回忆录》（三），东方出版社，2007 年版，第 208 页。

家能够吸收更多的军火。”①

1955 年 10 月和 12 月间，以色列总理夏里特与美国国务卿杜勒斯进行了两次会面，夏里特试图影响美国改变政策的努力全都徒劳无功。杜勒斯认为捷克—埃及的武器交易没有打破埃以之间的均衡，他补充说，如果均衡真的被打破了，美国就将考虑改变其政策。但是，即使是在这种情况下，欧洲国家，而不是美国，将被考虑为中东的武器供应者。② 10 月 30 日，杜勒斯在与夏里特的会晤中指出：“美国将尽一切努力使阿拉伯国家免受苏维埃（影响）的危险”，因此，“任何有利于以色列的单方面行动将很可能有助于苏联在阿拉伯国家的扩张。”③

1955 年 11 月 9 日，埃森豪威尔总统发表声明，“在我们愿意继续考虑合法自卫目的的武器要求的同时，我们不打算加剧近东地区的武器竞赛，因为我们不认为这种竞赛对任何一方有实质益处。我们认为能最大程度促进该地区人民的利益和安全的政策就是 1950 年 5 月 25 日发表的三方宣言。这仍是我们的政策。”④

美国准备考虑以色列购买“为防卫目的”所需军火的请求，使本—古里安重新燃起获取美国武器的希望。但是，1955 年 12 月，正在夏里特全力以赴与美国就获取武器进行谈判时，本—古里安既没有通知他又没有向他咨询，就对叙利亚发动了一次报复性袭击。这就连根铲除了为获取美国武器所进行的外交活动的基础。⑤

1956 年年初，本—古里安与夏里特试图使美国总统特使罗伯特·安德森相信以色列急需军事物资以平衡苏联集团向埃及提供的武器。接着本—古里安给艾森豪威尔写了一封信，说苏联提供的武器使埃及获得优势，而

---

① FRUS 9, pt. 11235 - 1236, quoted in Abraham Ben-Zvi, *Decade of Transition*: *Eisenhower*, *Kennedy*, *and the Origins of the American-Israeli Alliance*, New York: Columbia University Press, 1998, p. 33.

② Mordechai Gazit, "Israeli Military Procurement from the United States", in Gabriel Sheffer ed., *Dynamics of Dependence*: *U. S. -Israeli Relations*, Boulder and London: Westview Press, 1987, p. 91.

③ FRUS 9, pt. 11235 - 1236, quoted in Ben-Zvi, Abraham, *Decade of Transition*: *Eisenhower*, *Kennedy*, *and the Origins of the American-Israeli Alliance*, New York: Columbia University Press, 1998, p. 34.

④ http://www.jewishvirtuallibrary.org/jsource/US-Israel/tri2.html.

⑤ 【英】诺亚·卢卡斯著，杜先菊、彭燕译：《以色列现代史》，商务印书馆，1997 年版。第 370—371 页。

以色列缺乏防卫自己的手段。他敦促艾森豪威尔“不要听任以色列缺乏足够的自卫能力”。艾森豪威尔的答复是不明朗的：“你们的要求将在以下两个条件下被考虑：保护以色列和创造一个能促进这一地区和平的环境。”3月7日，艾森豪威尔在一次新闻发布会上说：“我不相信仅仅向一个国家提供大量的武器就能保证和平，因为这个国家最多只能容纳170万人口，而另一方却拥有4000万人口。”① 1956年4月26日，美国犹太复国主义委员会主席阿巴·希勒尔·西尔弗（Abba Hillel Silver）拉比与艾森豪威尔总统会面，“强烈请求”美国政府出售武器给以色列，但仍无效果。杜勒斯对此次谈话描述道，“我说我们不希望让人觉得我们的政策是由犹太复国主义者制定的……总统说不会受到政治考虑的影响，如果做了他认为是正确的事而导致选举失败，那么他会乐于接受。”②

寻求美国出售武器遭到拒绝后，以色列只能转而向法国和英国等西欧国家求援。1956年春，法国对劝阻纳赛尔不卷入阿尔及利亚的努力已经绝望，于是决定向以色列提供现代化武器，希望这会转移纳赛尔的注意力，而不再插手阿尔及利亚叛乱。③ 法国向以色列售出了喷气式战斗机，以色列与法国结成了盟友。

这一时期，以色列政府不断努力以试图改变美国限制出售武器的政策。以色列的基本论据是中东地区需要“力量平衡”，也就是说，任何一项重大的向阿拉伯国家的武器供应都要有同等的对以军售来平衡。④ 杜勒斯所做的几个声明似乎表示美国拒绝这种平衡的观念，但也表明美国会考虑向以色列小批量提供一些武器。直到1956年，美国才软化其立场，不再反对将在其他国家生产的美国军事装备出售给以色列。第一项此种交易是美国提供资金在法国生产的12架“神秘－4”（Mystere IV）战斗机。同

---

① Mordechai Gazit，“Israeli Military Procurement from the United States”，in Gabriel Sheffer ed.，*Dynamics of Dependence*：*U. S. -Israeli Relations*，Boulder and London：Westview Press，1987，p. 91.

② FRUS 9，pt. 11235 – 1236，quoted in Abraham Ben-Zvi，*Decade of Transition*：*Eisenhower*，*Kennedy*，*and the Origins of the American-Israeli Alliance*，New York：Columbia University Press，1998，p. 33.

③ 【英】诺亚·卢卡斯著，杜先菊、彭燕译：《以色列现代史》，商务印书馆，1997年版，第372—373页。

④ Mordechai Gazit，“Israeli Military Procurement from the United States”，in Gabriel Sheffer ed.，*Dynamics of Dependence U. S. -Israeli Relations*，Boulder and London：Westview Press，1987，p. 91

年，美国政府又批准了向以色列出售20架经美国授权在加拿大生产的“佩刀”（Sabre）战斗机。总的来说，艾森豪威尔第一个任期内，美国政府对以色列的军售政策是不让以色列领导人满意的。埃班评论道：“这是唯一的一个时期，美国可以受到谴责，它弃以色列于不顾，使其独自面对暴风雨。”①

二、苏伊士运河战争中的美以冲突

1955年秋，已有大批苏制武器进入埃及，其中的装甲车和飞机比以色列的性能要好得多，这彻底改变了该地区军事力量平衡。而以色列想获得同样武器装备的努力在西方和东方都受到了挫折。军备失衡的状况使以色列更易受到攻击，这加速了以色列战争心理的形成。②

1956年10月25日，约旦、埃及和叙利亚宣布签署“安曼条约”，规定三国加强军事合作，在与以色列发生战争时，三国军队由埃及总司令统一指挥。本—古里安认为这一条约将以色列置于“直接的危险”中。③ 10月28日，以色列命令预备役总动员。艾森豪威尔打电报给本—古里安，劝告以色列“不要去做将会危及和平的事情”。④ 但是，以色列没有理会艾森豪威尔的劝告，于10月29日出兵入侵埃及的西奈半岛，第二次中东战争（苏伊士运河战争）爆发。

1956年11月1日，艾森豪威尔指示国务卿杜勒斯发表声明，宣布暂停对以色列的一切军事援助和若干政府经济援助项目。⑤ 11月8日，艾森豪威尔口授了关于苏伊士运河战争停火后美国应该采取的行动的想法，其中包括向埃及提供武器和帮助训练，以它“永不接受苏联的任何供应作为回报”；与以色列也签订类似条约，特别是在维修和训练方面提供援助；

---

① Mordechai Gazit, “Israeli Military Procurement from the United States”, in Gabriel Sheffer ed., *Dynamics of Dependence*: *U. S. -Israeli Relations*, Boulder and London: Westview Press, 1987, p. 92.

② 【英】诺亚·卢卡斯著，杜先菊、彭燕译：《以色列现代史》，商务印书馆，1997年版，第372页。

③ 【美】艾森豪威尔：《艾森豪威尔回忆录》（三），东方出版社，2007年版，第259页。

④ 【美】艾森豪威尔：《艾森豪威尔回忆录》（三），东方出版社，2007年版，第265页。

⑤ 【美】艾森豪威尔：《艾森豪威尔回忆录》（三），东方出版社，2007年版，第281页。

考虑把1950年的三国协议改成同该地区每一国家间的双边条约；探索援助伊拉克、约旦、沙特阿拉伯、黎巴嫩等阿拉伯国家的其他手段，并用各种方式方法来加强同这些国家的经济和友好联系，不管是在双边或集团的基础上。这些就是1957年"艾森豪威尔主义"的雏形。①

苏伊士运河危机后，中东局势依然混乱。美国认为："在这一混乱局面中出现了一个最大的危险：苏联的领导人像他们以前的沙皇一样，在觊觎中东。苏联追求的目的决不仅限于获得让他们的船只通过苏伊士运河的权利，因为俄国人只占运河通航量的百分之一。中东石油也不是苏联的目的，因为他们并不需要中东的石油，而且实际上他们自己还在输出石油。苏联的目标明摆着是追求强权政治：攫取中东的石油，切断运河和输油管，从而严重削弱西方的文明。"②

1957年1月5日，艾森豪威尔在国会发表了后来以"艾森豪威尔主义"而闻名的特别咨文，"我所建议的行动……首先是授权美国政府给予中东整个地区内的任何一国或国家集团以合作和援助，以发展其旨在维护民族独立的经济实力。""其更进一步的目的是授权总统对任何希望获得军事援助的国家执行军事援助与合作的计划，其中包括为对付来自任何受国际共产主义控制的武装侵略而在对方要求下给予军事支持。"同一天，政府法案（众院117号联合决议）提交给国会。③ 1月30日，众院以355票对61票通过了该决议。3月5日，参议院以72票对19票通过决议。最终于3月9日签署成为法律。④ 该法案授权总统在中东地区国家的独立受到威胁时向其提供军事和经济援助，还准许总统依据自己的判断向遭受"国际共产主义"威胁的中东国家派遣武装力量。美国这种承诺的扩展在前面提到的向约旦和黎巴嫩提供武器时就显示出来了。尽管这种援助是相对有限的，但突出了这样一个事实：美国政府向四个与以色列交恶的阿拉伯国

---

① 【美】艾森豪威尔：《艾森豪威尔回忆录》（三），东方出版社，2007年版，第299—300页。

② 【美】艾森豪威尔：《艾森豪威尔回忆录》（三），东方出版社，2007年版，第402页。

③ 【美】艾森豪威尔：《艾森豪威尔回忆录》（三），东方出版社，2007年版，第405页。

④ 【美】艾森豪威尔：《艾森豪威尔回忆录》（三），东方出版社，2007年版，第407、408页。

家提供武器，同时坚持拒绝提供武器给以色列。[①]

1957 年年初，以色列仍然拒绝从埃及领土撤出其军队。2 月 3 日，艾森豪威尔直接致电本—古里安："我殷切希望将毫不拖延地完成撤退。你知道我们国家多么珍视同贵国的密切和友好的关系，而且我们希望对以色列的民族发展做出了贡献的友好合作能继续下去……像这样继续忽视通过联合国决议体现出来的各国的裁判，几乎肯定会引起更多的联合国处置，而这将会严重地干扰以色列和其他包括美国在内的成员国的关系。"一个星期后，本—古里安回电表示拒绝：以色列将不会从加沙地带撤走，除非以色列保有加沙地带的民政管理权和警察部队以及获得自由通过亚喀巴湾的保证。2 月 11 日，美国国务院送交以色列政府的一份备忘录中指出，如果以色列愿意撤退，美国将设法使联合国部队能够保证加沙地带不再被用作武装渗透和进攻的基地。此外，美国愿意帮助保证世界各国都有权通过亚喀巴湾的国际水域。原则上，美国试图避免在阿以争端中偏袒一方，因此当阿拉伯国家试图向联合国提交一份强迫以色列撤军的决议时，艾森豪威尔指示驻联合国大使洛奇尽一切可能延迟这项决议的提出，以期以色列能够听从美国的劝告，自愿遵守联合国以前通过的各项决议。但是 2 月 15 日，以色列政府送交美国政府一份备忘录，再次拒绝撤军。2 月 16 日，艾森豪威尔与杜勒斯国务卿、洛奇大使和财政部长汉弗莱讨论了这一问题。艾森豪威尔倾向于通过一项决议要求联合国各成员国对以色列不仅停止政府的而且也停止私人的援助（据财政部副部长伦道夫·伯吉斯估计，美国给予以色列的私人赠与每年约 4000 万美元，以色列每年在美国出售的公债达五六千万美元）。[②]

1957 年 2 月 20 日，艾森豪威尔与国会两党领袖们在白宫举行一次特别会议，讨论针对以色列拒不撤军的情况下美国将采取何种制裁措施。许多与会者思想深处都在考虑竞选问题，面对美国即将对以色列采取强烈行动的问题的表态，心情相当紧张。1956 年共和党的总统候选人在纽约多得

---

① Mordechai Gazit, "Israeli Military Procurement from the United States", in Gabriel Sheffer ed., *Dynamics of Dependence*: *U. S. -Israeli Relations*, Boulder and London: Westview Press, 1987, pp. 92 - 93.

② 【美】艾森豪威尔：《艾森豪威尔回忆录》（三），东方出版社，2007 年版，第 409—410 页。

了100万至150万张选票，这是史无前例的。[①] 这次磋商中，民主、共和两党领袖都反对政府制裁以色列。艾森豪威尔写道："当我想起那天上午的磋商竟是如此缺乏气度，党派的考虑居然能在生死攸关的战争与和平的决定中占如此的地位时，不禁感到有点气馁。"[②] 会后，艾森豪威尔再次致电本—古里安，警告说，"如果美国在联合国不得不表明立场，而联合国本身也不得不采取可能对以色列与整个世界的关系造成长远后果的措施的话，我将感到莫大遗憾。"艾森豪威尔还决定通过电视和广播把这一问题提交全国人民公断。当晚，在广播讲话中，针对以色列要求得到"可靠的保证作为撤军的条件"的借口，艾森豪威尔总统提出一个原则问题："当一个国家进攻并占领了外国的土地，而联合国表示不同意的时候，能允许它提出要求作为撤军的条件吗？如果我们同意武装进攻能够可靠地实现进攻者的目的，那么我担心我们会把国际秩序的时钟逆转了。"[③] 艾森豪威尔在结束广播演说时表达了一个简单明了的信念："联合国不能失败"。[④] 2月21日，本—古里安致电艾森豪威尔，他说，以色列内阁正在召开紧急会议，埃班大使将于第二天早晨到纽约和华盛顿去，他希望美国政府利用其影响使联合国大会把讨论延迟到星期一，在埃班有机会和杜勒斯会谈之后。他说，"我们极恳切地希望进行最充分的合作来寻求一个解决办法。"但是，2月22日，黎巴嫩、伊拉克等国向联合国大会提出了自己的决议案，要求停止对以色列的军事、经济和财政援助。洛奇大使迟迟没有表态，这一制裁决议最终没有付诸表决。3月1日，以色列外交部长梅厄夫人来到联合国大会宣布了以色列"完全而彻底地撤退"军事力量的计划。[⑤]

危机解除后，1957年3月，艾森豪威尔总统任命詹姆斯·理查兹为特使，访问中东15国，其中12个国家很快就宣布支持"艾森豪威尔主义"。以色列后来也表示赞同。[⑥]

---

① 【美】艾森豪威尔：《艾森豪威尔回忆录》（三），东方出版社，2007年版，第412页。
② 【美】艾森豪威尔：《艾森豪威尔回忆录》（三），东方出版社，2007年版，第413页。
③ 【美】艾森豪威尔：《艾森豪威尔回忆录》（三），东方出版社，2007年版，第414页。
④ 【美】艾森豪威尔：《艾森豪威尔回忆录》（三），东方出版社，2007年版，第414—415页。
⑤ 【美】艾森豪威尔：《艾森豪威尔回忆录》（三），东方出版社，2007年版，第415页。
⑥ 【美】艾森豪威尔：《艾森豪威尔回忆录》（三），东方出版社，2007年版，第421页。

三、认识以色列的价值，松动武器禁运

1957 年 7 月，叙利亚从苏联获得了 5 亿美元长期军事和经济援助的保证。[①] 中东地区大部分国家都认为有必要采取直接军事行动，除掉叙利亚现政权，以防止其完全被共产党接管，从而成为苏联在这一地区的强大前哨。[②] 一旦这成为现实，“其他阿拉伯国家难免遭到同样的命运。这样的发展会使西欧遇到困难，而长此以往则会造成祸害。归根结底，这一连串事件将会危及美国，所以我们必须防患于未然。”美国采取了若干行动，如保证向对叙利亚采取行动的国家提供武器，担负责任不让外部国家（苏联、以色列）干预这些穆斯林国家的行动，美国还从西欧调派飞机前往土耳其的阿达纳基地，第六舰队也再次奉命前往地中海，美国的“待命部队”特别是战略空军也处于戒备状态。美国立即要求以色列保证不利用当前的混乱局面为自己夺取领土。因为如果以色列轻举妄动，结果将是一片混乱；原来为了对付叙利亚新政府的行动将会变成阿拉伯各国协力对付以色列的行动。[③]

艾森豪威尔判断，“如果叙利亚的侵略确实引起了伊拉克的军事反应，而困难的战局又使土耳其援助伊拉克，那么苏联很可能乘机进攻土耳其。如果事情果真演变成这样，那么一场规模更大的战争将加之于我们。”[④]

本—古里安总理对于美国要求以色列不要轻举妄动的劝诫表示同意，但他强烈敦促美国对叙利亚采取迅速而直接的行动。他认为，大量输入叙利亚的武器的最终目标是以色列。[⑤]

进入 1958 年后，美国决策者完全改变了对中东民族主义特别是纳赛尔的看法。[⑥] 而以色列也反复强调，“目前严重的危机”是纳赛尔在苏联的支

---

① 【美】艾森豪威尔：《艾森豪威尔回忆录》（三），东方出版社，2007 年版，第 434 页，注释 13。

② 【美】艾森豪威尔：《艾森豪威尔回忆录》（三），东方出版社，2007 年版，第 425 页。

③ 【美】艾森豪威尔：《艾森豪威尔回忆录》（三），东方出版社，2007 年版，第 427 页。

④ 【美】艾森豪威尔：《艾森豪威尔回忆录》（三），东方出版社，2007 年版，第 427 页。

⑤ 【美】艾森豪威尔：《艾森豪威尔回忆录》（三），东方出版社，2007 年版，第 428 页。

⑥ 王玮、戴超武：《美国外交思想史 1775—2005》，人民出版社，2007 年版，第 404 页。

持下所引起的；如果有美国的援助，“抵抗纳赛尔分子和苏联对阿拉伯世界其他地区的渗透将易如反掌”。[①]

1958 年 1 月 24 日国家安全委员会第 5801/1 号文件建议，美国中东政策的重点应转向以色列，因为在这一地区，“只有以色列有能力针对一个军事大国采取有效的拖延行动”。艾森豪威尔批准了这一文件。[②]

与此同时，1958 年的几个事件震撼了中东。1 月末，埃及与叙利亚宣布计划合并成一个新国家——“阿拉伯联合共和国”。2 月 1 日，纳赛尔与叙利亚总统库阿特利签署了合并文件。[③] 约旦和伊拉克对此的反应是于 2 月 14 日宣布组成“阿拉伯联邦”。3 月 24 日，亲美国的沙特国王被逼将大权让给了他的亲纳赛尔的兄弟弗萨尔王储。5 月间，黎巴嫩内部发生反对亲西方的夏蒙总统的暴乱。[④] 7 月 14 日，伊拉克又发生亲纳赛尔分子反对哈希姆王朝的政变。约旦国王的地位也岌岌可危。7 月 15 日，美国宣布出兵黎巴嫩。[⑤] 7 月 15 日，英国政府也决定答应侯赛因国王的请求，派遣伞兵去支援他岌岌可危的政权。但是，英国面临的一个问题是进入约旦首都安曼的通道问题。进入安曼的最快、最理想的航线是通过以色列领空。本—古里安在得到美国保证支持英国的要求后同意英国提出的准许飞越其领空的要求。[⑥]

这几个事件改变了杜勒斯对以色列在中东地区角色及分量的看法。1958 年，国家安全委员会计划部（planning board）向国家安全委员会提交了一份名为《影响美国对中东政策的因素》的报告，其中一部分的标题为“美国应该重新考虑对以色列的政策吗?”这部分写道，“……如果我们选

---

① H. W. Brands, *The Specter of Neutralism: The United States and the Emergence of the Third World, 1947 - 1960*, New York: Columbia University Press, 1989, pp. 294 - 296. 转引自王玮、戴超武：《美国外交思想史 1775—2005》，人民出版社，2007 年版，第 405 页。

② National Security Council Memorandum 5801/1, "Statement by the National Security Council of Longe-Range U. S. Policy toward the Near East," January 24, 1958, U. S. Department of State, FRUS, 1958 - 1960, Vol. 12: *Near East Region; Iraq; Iran; Arabian Peninsula*, Washington, D. C.: Government Printing Office, 1993, pp. 17 - 32. 转引自王玮、戴超武：《美国外交思想史 1775—2005》，人民出版社，2007 年版，第 404 页。

③ 【美】艾森豪威尔：《艾森豪威尔回忆录》（四），东方出版社，2007 年版，第 33 页。

④ 【美】艾森豪威尔：《艾森豪威尔回忆录》（三），东方出版社，2007 年版，第 36 页。

⑤ 【美】艾森豪威尔：《艾森豪威尔回忆录》（三），东方出版社，2007 年版，第 46 页。

⑥ 【美】艾森豪威尔：《艾森豪威尔回忆录》（三），东方出版社，2007 年版，第 53 页。

择打击激进的阿拉伯民族主义，并运用武力控制波斯湾的石油，那么，一个逻辑上的必然结论就是支持以色列作为留在近东的唯一强大的亲西方力量。”①

艾森豪威尔与杜勒斯对以色列的看法改变的其中一个结果是，1958 年 4 月 26 日，美国政府同意向以色列出售 100 架无后坐力炮，以及一些弹药和配件。② 从 1958 年到 1960 年，美国又同意向以色列出售大约 200 支反坦克无后坐力步枪、20 架 S258 型直升机及一些应对空袭的电子预警装置。③

但是，这种变化并不意味着美国政策的根本性改变。1960 年，本—古里安总理与艾森豪威尔总统会见时，再次提出武器供应的问题，特别是霍克防空导弹的出售问题。8 月 4 日，国务卿赫脱（Herter）给本—古里安的一封信中，正式拒绝了以色列的要求。④ 在总体的军事援助方面，艾森豪威尔的态度依然是：美国没有兴趣成为中东地区的主要武器供应者，而愿意将此角色留给欧洲。⑤

总的来说，除了两次例外，出售无后坐力炮和雷达系统（1960 年），艾森豪威尔政府一直坚持拒绝直接向以色列提供武器。美国拒绝直接向以色列提供武器主要基于以下理由：（1）没有美国的武器，这个国家也足够强大，能够保卫自己。这种想法因苏伊士运河战争中以色列的胜利而受到加强。（2）以色列可以从其他渠道获得武器。（3）美国不希望显得是自己开始了中东军备竞赛。（4）美国向以色列提供武器就会导致阿拉伯人从苏联和中国那里寻求武器。（5）美国不希望冒险在中东与苏联直接对抗。

---

① Abraham Ben-Zvi，*Decade of Transition*：*Eisenhower*，*Kennedy*，*and the Origins of the American-Israeli Alliance*，New York：Columbia University Press，1998，pp. 79 – 80.

② Abraham Ben-Zvi，*Decade of Transition*：*Eisenhower*，*Kennedy*，*and the Origins of the American-Israeli Alliance*，New York：Columbia University Press，1998，pp. 79 – 80.

③ 【以】亚伯拉罕·本—埃维：《美国和以色列：特殊关系的极限》（Abraham Berr – Ivi，*The U. S. and Israel*：*The Limits of the Special Relationship*），哈伯可林出版公司 1994 年版，第 43 页。转引自白玉广：《美国对以色列的政策及美以关系的发展（1948—1958）》，载《世界历史》2000 年第 2 期，第 37 页。

④ Abraham Ben-Zvi，*Decade of Transition*：*Eisenhower*，*Kennedy*，*and the Origins of the American-Israeli Alliance*，New York：Columbia University Press，1998，p. 87.

⑤ Mordechai Gazit，“Israeli Military Procurement from the United States”，in Gabriel Sheffer ed.，*Dynamics of Dependence*：*U. S. -Israeli Relations*，Boulder and London：Westview Press，1987，p. 93.

（6）向以色列提供武器会导致阿拉伯人疏远美国。[①]

当然，美国拒绝成为以色列武器的直接提供者，但可以通过秘密和迂回方式给予以色列一定的帮助。正如1956年以色列驻美大使阿巴·埃班对美国犹太人委员会主席欧文·恩格尔（Irving Engel）所说，可能除了喷气式战斗机外，以色列一直都可以得到相当数量的武器。虽然这些武器的主要来源是法国，但正是因为美国鼓励第三方武器供应，才使以色列得以满足其武器需求。另外，美国自身也向以色列提供少量的武器，由于是秘密提供的，连美国的以色列院外集团都不知道。[②]

从上任之日起，艾森豪威尔总统就决心坚定地摆脱“犹太集团施加压力”的影响，坚持对中东实行武器禁运，并强迫以色列停止改道约旦河（1953年），苏伊士运河战争后迫使以色列撤出西奈半岛（1956年）。艾森豪威尔反抗这种压力的能力，无疑是由于他个人巨大的声望以及当时亲犹太势力弱小的缘故。[③] 因此，艾森豪威尔总统对以色列政策的部分转变基本上源于对以色列在这一地区战略作用的看法的改变。苏伊士运河危机使埃森豪威尔相信，苏联进入这一地区将是欧洲和北约的灾难。为此，他宣布了艾森豪威尔主义：美国将向遭受共产主义威胁的任何中东国家提供武器和现金。更为重要的是，到了1958年，艾森豪威尔政府发现，对美国而言，这些阿拉伯盟友与其说是一笔财富，莫如说是一种负担。[④] 美国已经开始将很多的阿拉伯民族主义视为共产主义。在这种背景下，“以色列作为一个民主国家，一个有着美国强大选民支持的国家，一个资本主义的堡垒，很自然地成为美国的一个可靠伙伴”。[⑤] 以色列第一次被视为美国的战略资产，这为两国后来的更为坚定、明确的合作铺平了道路。[⑥] 当然，艾

---

① Mitchell G. Bard, *The 1968 Sale of Phantom Jets to Israel*, www.jewishvirtuallibrary.org/jsource/US - Israel/phantom.html.

② Mitchell G. Bard, *The 1968 Sale of Phantom Jets to Israel*, www.jewishvirtuallibrary.org/jsource/US - Israel/phantom.html.

③ 犹太政治组织的成员承认20世纪50年代中期他们并没有做好准备。参见【美】斯蒂芬·沃尔特著，周丕启译：《联盟的起源》，北京大学出版社，2007年版，第245页，注释3。

④ 参见王玮、戴超武：《美国外交思想史1775—2005》，人民出版社，2007年版，第408页。

⑤ By Peter Grier | Staff writer, "The US & Israel", *The Christian Science Monitor*, the October 26, 2001 edition.

⑥ Abraham Ben-Zvi, *Decade of Transition: Eisenhower, Kennedy, and the Origins of the American-Israeli Alliance*, New York: Columbia University Press, 1998, p. 5.

森豪威尔政府当时政策转变的幅度尚小，美国政府还是保持“不成为以色列的主要武器供应者”的基本政策，仅向以色列提供一些有限的防御性武器。同时，整个 20 世纪 50 年代，美国对以色列的军事援助非常有限。到 1961 年为止，美国对以色列的军事援助总数是 90 万美元。而提供给在第一次中东战争中对以色列作战的阿拉伯国家的武器达到 1.371 亿美元。①

结　语

杜鲁门和艾森豪威尔两任总统任内是两极格局形成和确立的时期。美国的全球战略是与苏联在全球范围展开争夺，以斯皮克曼的“边缘地带”学说为代表的地缘战略思想主导着美国的战略思维。斯皮克曼认为，对世界主导权的争夺表现为，包括南北美洲大陆的西半球与包括心脏及边缘地带的欧亚大陆的战略性对抗。真正对西方构成威胁的不是“心脏地带”而是“边缘地带”。斯皮克曼提出：“谁控制了边缘地带，谁就控制了欧亚大陆；谁控制了欧亚大陆，谁就控制了世界的命运。”② 斯皮克曼的“边缘地带”学说受到美国政府的高度重视，直接促成了战后“杜鲁门主义”的出笼和“遏制”战略的产生。依据斯皮克曼的学说，中东地区位于“边缘地带”，在美苏争夺中具有重要的战略位置。事实上，中东地区位于苏联南下战略的重要环节。杜鲁门、艾森豪威尔政府的中东战略目标都是要遏止苏联进入地中海和中东地区，同时，为了独霸中东，还需要削弱英国在这一地区的传统地位。这一战略目标赋予了阿拉伯国家重要的角色，因为要阻止苏联势力渗入中东，就需要阿拉伯国家的参与和支持。因此，美国在这一时期对阿以双方奉行平衡政策，在实践上，为了拉拢阿拉伯国家，甚至对其有所偏向，表现在军事援助上，就是限制对以色列的武器出售。

当然，限制向以色列提供军事援助的另一个重要原因是美国政府认

---

① Mordechai Gazit, “Israeli Military Procurement from the United States”, in Gabriel Sheffer ed., *Dynamics of Dependence*: *U. S. -Israeli Relations*, Boulder and London: Westview Press, 1987, p. 89.

② 【美】斯皮克曼著，林爽喆译：《边缘地带论》，石油工业出版社，2014 年版，第 60 页。

为以色列的生存与安全有了保障，不需要因公开直接向其提供军事援助而开罪阿拉伯世界。虽然没有提供军事援助，但从 1949 年到 1960 年，美国向以色列提供的经济及其他方面的贷款与赠款达 7 亿多美元[①]，同时，美国犹太人为以色列募集了巨额款项。这些资金对以色列的经济发展具有重要作用，经济的发展加强了国家实力。另外，这些资金中有很大一部分实际上被直接用于购买武器了。美国虽然拒绝出售武器给以色列，但以色列可以用美元从其他国家采购武器，1948 年 3 月以色列开始从捷克斯洛伐克获得武器，1956 年法国成为以色列获取武器的主要来源。

① “U. S. Assistance to Israel（FY1949 – FY2001）”，http：//www. us – israel. org/jsource/US – Israel/.

第二章 美以军事外交关系的发展

肯尼迪和约翰逊两任总统任内，美国政府对以色列的军事援助政策不断突破，主要表现在以下几个方面：一是军事贷款大幅增加。在共达八年（1961—1968年）的时间里，美国政府向以色列提供了1.6亿多美元的军事贷款。[①] 二是积极推行武装以色列的政策，向以色列出售武器的限制被不断突破。出售霍克导弹标志着美国对以色列军售政策的第一个实际意义上的突破。巴顿坦克交易表明了美国政策的又一次突破，说明美国不再仅限于出售防御性武器了。“鬼怪”式飞机交易的意义更为重大，它为以色列创造了军事质量上的优势。

第一节 美以军事外交关系的突破

1961年，肯尼迪上台，首创了美以“特殊关系”的概念，并开创了向以色列提供先进武器的政策。[②] 根据沃伦·巴斯的说法：“肯尼迪政府……是美以关系中关键的一个总统任期，因为这是双方关系从1950年的冷漠交往，过渡到我们今天所见的全方位联盟的关键。”[③]

---

① “U. S. Assistance to Israel（FY1949 - FY2001）”，http：//www. us - israel. org/jsource/US - Israel/.

② Cheryl A. Rubenberg，*Israel and the American National Interest*：*A Critical Examination*，Urbana and Chicago：University of Illinois Press，1986，p. 12.

③ Warren Bass，*Support Any Friend*：*Kennedy's Middle East and the Making of theU. S. - Israeli Alliance*，New York：Oxford University Press，2003，p. 3. 转引自【美】约翰·J. 米尔斯海默、斯蒂芬·M. 沃尔特著，王传兴译：《以色列游说集团与美国对外政策》，上海人民出版社，2009年版，第54页，注释8。

一、出售霍克导弹

1961 年 2 月 16 日，美国国家安全事务特别助理邦迪（McGeorge Bundy）与以色列驻美大使哈里曼（Avraham Harman）等一起讨论了苏联向阿拉伯联合共和国（以下简称“阿联”）出售米格－19 战斗机对以色列安全造成的影响等问题。哈里曼称，米格－19 飞机比以色列所拥有的任何飞机的性能都要优越，并能发射空对空导弹。而以色列是一个没有防卫纵深的小国，最大范围不过 35 英里×50 英里，最窄处仅 10 英里。阿联在两个省共有 26 个机场，利用其地理优势，其飞机可以自由地在以色列领空来回穿梭。而以色列仅有三个战斗机机场，另有一个在危机时刻可供使用的民用机场。这意味着以色列的战斗机力量可能在战争一开始就遭受重创。更为严重的是，以色列交通系统很可能因遭受破坏而瘫痪，从而给其国防动员造成巨大困难。以色列平时只保持了很小规模的常备军，在战时是依靠快速交通系统将大量的预备役军队运送到常备军中投入战斗的。正是因为预见到安全上的这种脆弱性，以色列一年前就向美国提出了采购防空导弹的要求。哈里曼明确提出以色列希望得到“霍克”导弹，因为这是一种纯防御性的地对空导弹，不能用于进攻，但非常适用于防卫以色列机场。哈里曼同时指出，美国虽然已经表示过不愿意向该地区引进任何导弹，但也保证如果出现新的因素，这个决定可以重新考虑。现在以色列所担心的局势正在发展。阿联已拥有米格－19 战斗机，以色列不担心其会立即进攻，但是应为 1962 年做准备，如果到那时以色列还没有威慑性能力的话，阿联就会利用其新的能力攻击以色列。以色列愿意首先派遣人员前往美国接受“霍克”导弹的使用及维护培训，从而为可能到来的危机时刻做准备。哈里曼的要求基本被美方接受，邦迪表示，以方可立即开始培训，在人员上做好准备。在以色列遭受重大危险时，美国将同意提供“霍克”导弹。①

美国赞同以色列对形势的评估，即武器不平衡状态正朝着有利于阿联

① Source：The United States Department of State，www. jewishvirtuallibrary. org/jsource/US－Israel/FRUS02_ 16_ 61. html.

的方向发展，也同意以色列有获取威慑性能力的合理诉求。但是，美国仍然建议以色列从其“传统渠道”，主要是法国和英国，寻求武器。美国只是同意以三年期贷款方式向以色列出售早期预警装备。①

3 月，在肯尼迪政府的授意下，西德总理与以色列总理在纽约会晤。他们宣布西德将提供五亿美元的低息贷款用于开发内格夫沙漠，并秘密同意由西德政府向以色列提供价值一亿美元的重型武器。作为这一秘密武器交易的一方，美国安排了准备卖给西德的坦克、战斗机和鱼雷艇，（名义上）发运到北约成员国葡萄牙，实际上直接在以色列卸货。②

3 月 30 日，肯尼迪与以色列总理本—古里安在纽约举行会谈时，本—古里安正式提出购买“霍克”导弹的要求。

5 月 8 日，美国国务院为新任驻以色列大使沃尔沃思·巴伯（Walworth Barbour）安排了一个情况介绍会，与会的有负责国际安全事务的副助理国务卿邦迪（William Bundy）、格兰瑟姆（Grantham）海军上将、斯坦利·哈丁（Stanley Harding）上校，以及威廉·L. 汉密尔顿（Wiliam L. Hamilton）。这个情况介绍会最终演变成针对以色列要求“霍克”导弹问题的讨论会。格兰瑟姆称，向以色列提供此导弹，同时又向巴基斯坦和伊朗（它们也提出了同样要求）提供可能有困难。邦迪认为以色列的情况不同，一是以色列拥有可以在短期内迅速掌握使用此导弹的技术能力，而巴基斯坦和伊朗则不具备这种能力；二是向以色列提供此导弹可能是销售行为，而美国的中央条约组织的朋友则期望这是作为礼物赠送给他们的。汉密尔顿提出反对意见，认为用于购买“霍克”导弹的 5000 万美元的费用可能最终会以这种或那种方式由美国承担，而且，美国在原则上反对在中东进行大规模武器交易。而邦迪一再强调“霍克”导弹只是防御性武器。③

5 月 30 日，本—古里安在与肯尼迪的会谈中提出了以色列安全问题，

---

① Source：The United States Department of State，www. jewishvirtuallibrary. org/jsource/US – Israel/FRUS02_ 16_ 61. html.

② 【英】迪利普·希罗著，叶进、汪忠民译：《中东内幕》，天津人民出版社，1988 年版，第 307 页。

③ Department of State，NEA/IAI Files：Lot 70 D 304，Israel Eyes Only 1960/61/62. Secret；Limit Distribution. Drafted by Hamilton on May 10. Source：The United States Department of State，www. jewishvirtuallibrary. org/jsource/US – Israel/FRUS05_ 08_ 61. html.

认为以色列与阿联在武器装备上的差距越来越大。随后本—古里安又提及上一年访美与埃森豪威尔总统会见时（1960 年 3 月 10 日，本—古里安会见艾森豪威尔），曾要求美国提供防御性武器。本—古里安称他至今还未看出以色列为何不能获得这些武器，而且认为以色列获得这些武器是最符合美国利益的。肯尼迪称他未看到过任何前任政府相关承诺的记录，并指出，尽管“霍克”导弹是防御性武器，但仍然是导弹，如果让导弹进入中东地区，那么该地区的军事装备的升级就会大大加快。肯尼迪重申，不希望看到以色列处于不利地位，如果以色列的对手在武器装备上有了重大突破，将会听取以色列要求美国如何行动的意见。肯尼迪称，“我们不希望因为以色列处于劣势位置而鼓励对手对其发动攻击。”本—古里安随即再次提出，作为防御性武器的“霍克”导弹将是当前避免危险的最后方式，而且不会对其他国家形成威胁。肯尼迪承诺将认真关注此事，并补充道：“你感觉到这对于你的要求不是一个满意的答复，但是你可以确信我们将持续关注形势的发展。”①

1962 年 7 月，美国与以色列官员举行了一次会议，目的是“讨论以色列在阿拉伯联盟进行新的武器采购时对以阿之间军事均衡的看法”。② 而早在 6 月 12—15 日，美国国务院在雅典举行的驻相关国家的使团长会议上，就对美国的近东政策做了全面讨论。此次会议的结论是，“美国在阿拉伯国家中有比较高的声望，尽管仍然脆弱，但是给我们提供了一个关于以色列政策调整的较小程度的操作空间”。在此基础上，8 月 7 日，国务卿腊斯克向肯尼迪总统提交一份备忘录，就美国对以色列的政策进行了广泛而深入的检讨。备忘录建议总统做出决定，向以色列出售“霍克”导弹。提供“霍克”导弹可以使以色列有能力减小面临飞机突袭的脆弱性。对其防务的更大信心能够使以色列更能抵制对阿联的空中攻击能力采取先发制人打

---

① Source: Department of State, Central Files, 033. 8411/5 – 3061. Secret. Drafted by Talbot and approved by the White House on June 29. The meeting was held in the President's suite at the Waldorf Astoria. The time is from the President's Appointment Books. (Kennedy Library). Source: The United States Department of State.

② Mordechai Gazit, "Israeli Military Procurement from the United States", in Gabriel Sheffer ed., *Dynamics of Dependence: U. S. -Israeli Relations*, Boulder and London: Westview Press, 1987, p. 98.

击的诱惑。[①]

8 月 10 日，总统副特别顾问（Deputy Special Counsel）梅耶·费尔德曼（Myer Feldman ）向肯尼迪提交一份备忘录，建议应在不迟于 1964 年年中前以可能的方式向以色列提供此导弹。这就意味着对操作和维修人员的培训将于 1963 年开始。[②]

8 月 19 日，费尔德曼与包括本—古里安在内的以色列官员会晤，讨论了“霍克”导弹问题。费尔德曼向以色列人通报称，总统已经决定，应该让以色列得到“霍克”导弹，但是告诫他们订货至交货将有一段很长的时间，而且具体事宜将在以后通过其他渠道商讨。费尔德曼还通知本—古里安，美国政府将向纳赛尔通报此决定，期望能防止在近东出现武器竞赛的升级。本—古里安回答称，如果纳赛尔同意进行武器限制和控制，他将很高兴地同意根本不寻求任何导弹。[③]

国务院于 1962 年 9 月 14 日正式向相关驻外使团发出电报，通报美国政府已通知以色列，愿意向其出售“霍克”导弹。其中称“我们一直不愿意成为近东地区主要武器供应者或向该地区提供先进武器。但考虑到该地区进攻性空中力量和导弹力量的增长，我们有义务对以色列要求短程地对空防空拦截导弹施以同情的回应。苏联已经同意向伊拉克，有可能还有阿联，提供此类导弹。这是一个特定情况下的特定行动，并不表明我们对该地区的政策有任何改变。”[④]

肯尼迪政府宣布向以色列出售“霍克”导弹的决定，标志着美国对以色列军售政策的第一个实际意义上的重大突破。因为“霍克”导弹是西方同类型导弹中最先进的，仅限于出售给美国的盟国。同时，意义不仅在于这是第一次直接的重大武器转让，而且该系统要求以色列士兵必须在美国接受培训，并且美国今后须持续向以色列供应零部件。这是以色列不断依

---

① *Foreign Relations of the United States*, 1961 - 1963: Near East, 1962 - 1963, V. XVIII. DC: GPO, 2000.

② *Foreign Relations of the United States*, 1961 - 1963: Near East, 1962 - 1963, V. XVIII. DC: GPO, 2000.

③ *Foreign Relations of the United States*, 1961 - 1963: Near East, 1962 - 1963, V. XVIII. DC: GPO, 2000.

④ *Foreign Relations of the United States*, 1961 - 1963: Near East, 1962 - 1963, V. XVIII. DC: GPO, 2000.

赖于美国武器的第一步。①

二、积极提供军事援助

1962 年，肯尼迪政府制定的《对外援助法案》开创了美国对外援助的新纪元。此时国际范围内充斥着冷战的竞争，美苏两个超级大国都希望利用外援作为在中东及其他地区促进自己国家利益的方式。《对外援助法案》承诺美国向友好国家提供军事援助，以“共同防卫国内外的攻击”。这首先是因为美国“促进和平与安全的努力要求支持性措施，这种支持是基于有效自助和相互援助原则基础之上”。这一法案导致了美国对以色列援助数额的巨幅增长，另外也显著改变了美国对以色列的经济援助和军事援助在整个援助中的比例。1949—1961 年美国对以色列的经济援助为 5.946 亿美元，1962—1976 年为 20 亿美元。军事援助增长更为显著，从 1949—1961 年期间不到 100 万美元增长到 1962—1976 年期间的 59 亿美元。这一时期，美国对以色列的军事援助占整个对外军事援助的 75%。②

美国对以色列援助的这种突然增长是对苏联在这一地区影响的增长和风起云涌的阿拉伯民族主义兴起的反应。1956 年第二次中东战争后，苏联在中东地区的影响日益增大。前文提到的 1958 年发生的几件事也开始对美国的决策者有所影响。进入 20 世纪 60 年代，美国与苏联在中东地区的争夺中已处于不利地位。为了对付以埃及为首的激进阿拉伯国家的挑战，遏制苏联势力，以确保自己在这一地区的利益，美国在中东地区迫切需要一个可靠的盟友。而与西方有着天然联系、拥有可观的军事能力，并愿意投靠美国的以色列引起了美国的重视。特别是以色列在 1957 年和 1958 年中东危机中所扮演的积极角色，使美国政府开始意识到以色列的存在对其遏制苏联在中东地区扩张的重要意义。1958 年后，以色列、伊朗、土耳其及埃塞俄比亚之间发展起来的关系，以及以色列在非洲的发展援助计划，都

---

① Mitchell G. Bard, *The 1968 Sale of Phantom Jets to Israel*, www. jewishvirtuallibrary. org/source/US – Israel/phantom. html.

② Samir Abde-Rabbo and Mohamed El-Khawas, “U. S. Aid to Israel”, *The Link*, Vol. 16, No. 5, December 1983.

受到美国的赞赏。这些美国对以政策决策均产生了积极影响。但是，当时的艾森豪威尔政府虽然放松了对以色列武器出口的限制，但其政策没有实质性改变。亲以色列的肯尼迪总统的上台对以色列而言恰逢其时，战略上的需要加上决策者情感因素，使美国对以色列的军事援助政策顺理成章地发生了重大改变。美国希望通过向以色列出售武器来“平衡由于苏联向埃及、叙利亚、伊拉克、也门输送战斗机和轰炸机而遭到破坏的军备平衡”，从而表明自己不会听任军备竞赛以一边倒的方式发展下去，“减少以色列的脆弱感及不安全感，同时增加美国对它的影响”。[①] 一个强大且依附于美国的以色列可以威慑激进的阿拉伯势力，遏制苏联在这一地区的扩张，从而维护美国的战略利益。

以色列官员也充分利用美国对苏联在中东地区行动的担忧，不断要求华盛顿提供更多、更好的武器，以保卫自己，反抗来自苏联支持下的阿拉伯国家的攻击。1963 年 11 月，以色列总理艾希科尔给肯尼迪总统写了一封信。这封信的主旨是，在缺乏美国正式安全担保的情况下，以色列在面临阿联导弹和其他先进武器的发展以及传统武器数量增长的情况下，必须寻求另外的方式以确保其安全。艾希科尔认为，如果以色列不能在地对地导弹、坦克及发展海军力量上得到相当程度的帮助的话，它将无法保持必要的能力，以吓阻将来阿联可能的（军事）行动。[②]

1963 年 11 月 12—13 日，美以举行关于以色列安全关切和阿联军事威胁的会谈。此次会谈中，以色列首先陈述了对阿联军事情况的总体情报评估，特别是阿联导弹和先进武器能力。但美方认为以色列过分夸大了阿联的坦克和海军威胁，而且美国也质疑阿联的导弹和其他先进武器的能力。美方认为以色列拥有导弹将导致阿联致力于获取苏联导弹，因此会增加而不是减少近东的战争危险。哈里曼大使特别强调以色列有一个最小安全范围，以色列防卫能力不允许低于此范围之下。比如说，以色列与阿拉伯国家最小坦克安全比率应该是 1 ∶ 2 或 1 ∶ 3，基于这个最小的安全比例，以

---

① Abraham Ben-Zvi, *Decade of Transition*: *Eisenhower*, *Kennedy*, *and the Origins of the American-Israeli Alliance*, New York: Columbia University Press, 1998, pp. 56 – 107.

② *Foreign Relations of the United States*, *1961 – 1963*: *Near East*, *1962 – 1963*, V. XVIII. DC: GPO, 2000.

色列有必要更新现有的300辆老式“谢尔曼”（Sherman）坦克，另外还需要补充200辆坦克，以应对阿联预期于1965年前完成的坦克力量建设。[①]

美国慷慨大方地回应了以色列的要求，开始了一个雄心勃勃且耗资巨大的革新以色列军队的计划。从1962—1976年，肯尼迪及其继任者向以色列投入了近60亿美元，以促进以色列军队的现代化。为此，美国向以色列做出了长期承诺，同意向以色列提供最先进的武器。这一承诺反应了美国深思熟虑的计划，那就是使中东地区的军事平衡永远有利于以色列。[②]

三、提供安全保证

20世纪60年代初，以色列充分利用亲以的肯尼迪总统上台的有利时机，以及美国政府对以色列战略价值的认知，积极活动，致力于获取美国的公开安全保证。

美国国务卿腊斯克在1962年8月7日向肯尼迪总统提交的备忘录中，在建议向以色列出售霍克导弹的同时又指出，应该避免与以色列建立任何形式的特别军事关系。建立一个实际上与以色列成为军事同盟的关系将会破坏美国一直以来谨慎维持的与近东关系的脆弱平衡，而且不会带来足够的补偿性好处。但又认为，继续加强对以色列安全和福祉予以关切的保证是有用且可行的。[③]

1962年12月27日，肯尼迪与来访的以色列外长梅厄会谈。梅厄称，“美国已经承担起整个自由世界的责任。以色列是自由世界的一部分，正是美国的利益和关切才可能促使以色列将其自身问题带到总统面前。”肯尼迪回答称，“没有任何其他国家为距离自己遥远的国家承担了如此多的责任，为韩国、南越、印度和巴基斯坦、中东、非洲、拉丁美洲及其他地区，我们都承担了责任。我们的关切是维持有利于自由世界的力量均衡。”

---

① *Foreign Relations of the United States, 1961—1963: Near East, 1962—1963*, V. XVIII. DC: GPO, 2000.

② Samir Abde-Rabbo and Mohamed El-Khawas, “U. S. Aid to Israel”, *The Link*, Vol. 16, No. 5, December 1983.

③ *Foreign Relations of the United States, 1961 - 1963: Near East, 1962 - 1963*, V. XVIII. DC: GPO, 2000.

肯尼迪称，“美国与以色列有着特殊的关系，这种关系只有美英之间在广泛世界事务中的关系才能与之相提并论。但对于我们来说，应该恰当地扮演好人们呼吁我们去扮演的角色。我们承担不起完全将以色列——或者巴基斯坦，或者其他任何特定国家——视为自己唯一朋友的这种奢侈，也就是说，我们不能奉行紧密和亲密的盟友路线（我们将以色列视为这样，尽管不是正式盟友），而让其他国家远离我们。如果我们离开中东的阿拉伯国家，仅与以色列保持联系，这将不符合以色列的利益。为了有效拓展我们自己的利益和帮助以色列，我们必须以广阔的视野在中东地区维持我们的立场。如果中东地区有一群主权国家与西方保持关系，这将能更好地为我们的利益服务。我们将处于这样一个位置，能够明确地向阿拉伯人表明我们将维持与以色列的友谊并向其提供安全保障。”①

1963 年 10 月 16 日，国务卿腊斯克就以色列的安全关切向驻以色列使馆发了一份电报。该电报认为，以色列政府显然在寻求将全面考察以色列—阿联的军事平衡作为第一步，然后向美国提出建立联合军事筹划和定期军事磋商程序，并要求更多的武器。腊斯克指示驻以色列大使通知以色列外交部，如果有可能，就直接通知艾希科尔总理本人：（1）美国和以色列官员在华盛顿及特拉维夫的商谈反映出以色列政府对美国在拟议中的 11 月 12 日会谈的意图的误解，他对此非常关切，并希望避免因为错误的期望所导致的失望；（2）美国对以色列安全的同情关切是确凿无疑的。腊斯克将 11 月 12 日会谈的议题限定为“双方就以色列可能获取的有关阿联在导弹或其他先进武器发展进程的特定信息交换看法。我们愿意研究任何以色列在这个问题上愿意提供的信息，或有关地区裁军和武器限制的建议”，但是，腊克斯称，“我原先没有，现在也没有考虑接受任何有关联合筹划和定期军事磋商的提议。”②

在 11 月 12—13 日的美以会谈中，主管近东和南亚事务的助理国务卿菲利普斯·塔尔博特（Philips Talbot）承诺，以色列将会在双边官方通信

① *Foreign Relations of the United States, 1961 - 1963: Near East, 1962 - 1963*, V. XVIII. DC: GPO, 2000.

② *Foreign Relations of the United States, 1961 - 1963: Near East, 1962 - 1963*, V. XVIII. DC: GPO, 2000.

中获得美国对于以色列安全关切和准备保卫它的公开保证，但是美方对正式安全担保持保守态度。塔尔博特认为，如果美国为达成这一目标必须选择通过安全担保、联合（战役）筹划或武备建设等方式与以色列结盟，阿拉伯国家就有可能通过寻求与苏联同样的安排来做出反应，这种极化的结果对美国和以色列的安全利益都是不利的。①

1963 年 11 月 14 日，美国与以色列高级官员举行会议，美国国家安全委员会的高级官员罗伯特·科默（Robert Komer）和以色列的拉宾将军等参与了会谈。会谈中，拉宾强调以色列必须在各个主要方面都有威慑阿联进攻的能力。科默认为美国本身实际上发挥了威慑作用。但是拉宾列举出三个原因来说明美国对以色列的保证根本无法与对北约国家及其他盟友的承诺相提并论。第一，他们不是在反对一个共产主义敌人。如果其主要对手试图侵略，美国将会为此战斗，但如果不涉及任何共产主义敌人，情况可能就大不相同了。第二，美国与其他盟友间存在公开的正式条约，而与以色列之间则没有。这些公开的正式条约本身就是一个更为强大的威慑。第三，美国与其他盟友间有联合战役筹划，这对于他们的军事有效性非常重要。科默强调美方怀疑正式双边安全安排的价值。这将促使阿拉伯国家寻求与苏联达成相应的安排，从而再次将苏联势力引入中东。并且会刺激阿拉伯国家对于苏联武器的要求。根据拉宾的看法，以色列非常感谢美国私底下给予的帮助保证，但以色列不能仅仅依靠这些，或者指望他们在没有一种盟友间的联合战役筹划的情况下能够发挥有效作用。更为重要的是，模糊的公开声明和私底下担保的威慑性价值远不如正式结盟的价值。②

美国政府似乎开始把这些会议视为美以关系中正常的一部分。尽管肯尼迪在以色列问题上非常小心谨慎，但“他改变了美国对以色列的政策走向”。③ 对于美国来说，之所以决定扩大对以色列的义务（军售政策的改变和私底下的安全保证），原因是：（1）在美国对阿拉伯盟友和苏联对埃及

① *Foreign Relations of the United States, 1961 - 1963*: *Near East, 1962 - 1963*, V. XVIII. DC: GPO, 2000.

② *Foreign Relations of the United States, 1961 - 1963*: *Near East, 1962 - 1963*, V. XVIII. DC: GPO, 2000.

③ Mordechai Gazit, "Israeli Military Procurement from the United States", in Gabriel Sheffer ed., *Dynamics of Dependence*: *U. S. -Israeli Relations*, Boulder and London: Westview Press, 1987, p. 98.

的支持加强的情况下，扩大对以色列的义务，目的是希望维持中东地区的均势；（2）加强肯尼迪政府内亲以色列的力量；（3）减少国内反对与纳赛尔缓和的需要；（4）肯尼迪个人对犹太国家的同情；（5）劝说以色列支持美国所提出的永久和平解决阿以问题的倡议；（6）希望劝说以色列不要发展核武器。①

第二节　美以军事外交关系的深化

1963 年，肯尼迪被刺，约翰逊成为总统。亲以色列的院外集团大受鼓舞，因为约翰逊一直以来是亲以色列的，并且与一些有影响的犹太人领袖建立了密切联系，其中几位还是他最亲密的朋友。

约翰逊上任不久就在给犹太人领袖写的信中说：“我们坚信在那里（以色列）产生的一切，有一天将会在所有人们渴望生活于自由、和平，享受正义之权利和劳动之丰硕成果的土地上实现。”② 五年后，约翰逊总统在圣约信徒犹太兄弟会（B’nai B’rith）会议上谈到自己对以色列的情结：“你们当中，如果不是全部，那么也是大部分人与这片土地及以色列人民有着很深的情感联系，就和我一样，因为我的基督教信仰起源于你们的信仰。”“圣经故事被编织进我的童年记忆，就像现代犹太人为免于迫害而展开的英勇斗争被编织进我的灵魂一样。”③ 约翰逊的这种亲以色列情结在其决定对以色列的政策中起到重要作用。

一、军售政策的再次突破——提供进攻性武器

约翰逊入主白宫后，以色列总理艾希科尔就一直在寻求新的途径，以

---

① 【美】斯蒂芬·沃尔特著，周丕启译：《联盟的起源》，北京大学出版社，2007 年版，第 93 页。

② Letter, LBJ to Louis Segal, 12/28/63, LBJ Library.

③ Speech on September 10, 1968, cited in Bernard Reich, *Quest for Peace* (NJ: Transaction Books, Inc., 1977), p. 423n; Steven L. Spiegel, “Religious Components of U. S. Middle East Policy”, *Journal of International Affairs*, (Fall/Winter 1982 -83), pp. 241 -242.

加强与美国的军事关系。1964 年 7 月，艾希科尔成为第一位被正式邀请访问华盛顿的以色列总理。在与约翰逊的一系列会谈中，艾希科尔提出要求，希望购买 M－48 型“巴顿”坦克及其改进部件和 105 毫米火炮。艾希科尔认为从美国购买坦克对于慑止阿拉伯国家的军备增长具有重要作用。约翰逊指出，这个要求将会重新得到善意的审查。他再次重申了肯尼迪先前的承诺：“如果以色列受到攻击，美国不会坐视不管，这种由他及其前任所做的保证是庄严且认真的承诺。”①

1965 年 3 月，美国外交家、政治家哈里曼（Averell Harriman）在国家安全委员会高级官员罗伯特·科默（Robert Komer）的陪同下来到以色列。这次访问中，讨论了出售飞机的可能性。② 在 3 月 10 日双方签订的谅解备忘录中，美国“保证以色列购买到一定数量战斗机的机会，如果不能从西方（欧洲）获得，那么就可以从美国获得”。美以双方对此解读不同。美国认为，如果以色列能够从西欧获得武器的话，美国就可以避免直接向以色列提供进攻性武器和其他先进武器装备。而以色列将此解读为，不论是否可以从西欧获得武器，美国都承诺出售战斗机给以色列。③

美国国务院和国防部坚决反对向以色列出售战斗机，希望英国或法国能够出售飞机给以色列，从而避免美国武装以色列的义务。1965 年 5 月 6 日，美国参谋长联席会议向国防部长麦克纳马拉提交一份备忘录。参联会重申自己的观点，应努力避免在中东地区出现美国与以色列站在一起，苏联与阿拉伯世界为一方的极化局面。否则会导致以阿联为领导者的反美阿拉伯国家的联合，削弱相对温和的亲西方阿拉伯政府的力量，从而加强苏联在阿拉伯国家的影响。所以，向以色列出售进攻性武器，如坦克和飞机，将激起阿拉伯世界的反应，从而损害美国在中东地区的政治、军事和经济利益。参联会建议，为了减小阿拉伯国家的反应，只考虑出售

---

① Mordechai Gazit, “Israeli Military Procurement from the United States”, in Gabriel Sheffer ed., *Dynamics of Dependence*: *U. S. -Israeli Relations*, Boulder and London: Westview Press, 1987, pp. 99－100.

② Mordechai Gazit, “Israeli Military Procurement from the United States”, in Gabriel Sheffer ed., *Dynamics of Dependence*: *U. S. -Israeli Relations*, Boulder and London: Westview Press, 1987, p. 100.

③ U. S. Government. *Foreign Relations of the United States*, *1964－1968*, *V. 18*, *Arab-Israeli Dispute 1964－1967*, DC: GPO, 2000.

M－48－A1坦克给以色列。[①]

而美国国家安全委员会支持向以色列出售飞机。1965 年 10 月 25 日，国家安全委员会成员科默向总统提交了一份备忘录，其中称：以色列获得坦克后，现在已经将主要目标锁定在获取美国飞机上。以色列希望采购的飞机总数达到 210 架，实际上是要求美国承担起以色列整个空军的现代化任务。国务院和国防部都明确告诉以方，要求美国出售 210 架飞机是不可能的。备忘录建议，美国不能成为以色列的主要武器供应者，但也不要完全关上大门，1966 年可以向以出售少量武器。科默指出"国务院仍然强烈反对向以色列出售飞机。但是我们中有些人开始怀疑国务院是否过高评估了阿拉伯国家的负面反响（出售霍克导弹和坦克时就没有出现此种情况）"，因而建议总统保留出售飞机这一选择。[②]

1965 年年终，以色列总理兼国防部长艾希科尔安排了以色列空军司令埃泽尔·魏兹曼（Ezer Weizman）为团长的代表团前往美国游说，并成功说服五角大楼同意向以色列出售飞机。以色列最想获得的是新型"鬼怪"式（Phantom）F－4 飞机，但魏兹曼知道获得这种新型飞机的机会微乎其微，所以将采购的重点放在"天鹰"（Skyhawk）A－4 攻击机上，并计划购买 60 架。在前往美国前，艾希科尔向魏兹曼面授机宜，要求他不要向美国人显示自己"太弱"，也不要显示自己"太强"，正确的态度是将自己描绘成"可怜的参孙"（a pitiful Samson，《圣经》里的大力士）。[③]

1966 年 2 月，国务院宣布向以色列出售的"巴顿"坦克为 200 辆[④]，同时，第一项涉及 48 架"天鹰"飞机的交易也在 2 月达成并签字。不久，美国政府又批准出售另外 52 架飞机。[⑤]

---

① http：//www. jewishvirtuallibrary. org/jsource/US－Israel/arms13. html，Source：Department of State.

② U. S. Government，*Foreign Relations of the United States*，*1964－1968*，*V. 18*，*Arab-Israeli Dispute 1964－1967*. DC：GPO，2000.

③ Gunther E. Rothenberg，*The Anatomy of the Israeli Army*，London：B. T. Batsford Ltd.，1979，p. 129.

④ Mitchell G. Bard，*The 1968 Sale of Phantom Jets to Israel*，www. jewishvirtuallibrary. org/jsource/US－Israel/phantom. html.

⑤ Mordechai Gazit，"Israeli Military Procurement from the United States"，in Gabriel Sheffer ed.，*Dynamics of Dependence*：*U. S. -Israeli Relations*，Boulder and London：Westview Press，1987，p. 101.

2 月 6 日，美国国务院发表了一份关于与以色列和约旦进行坦克交易的声明，其中强调“美国的既定政策是避免成为这一地区的主要武器供应者，但同时保留自己的选择，通过临时的有选择的军售帮助这一地区的一些国家实现其国防需求。这种与我们一般性政策不同的例外，一直都是经过个案审查并且确定其不会成为破坏稳定的因素之后才决定的。美国多年来一直在进行悄悄的努力，以鼓励在这一地区限制军备竞赛。但是，在这些努力取得成果之前，对于苏联向这一地区出售大量武器的不稳定影响，我们不能无动于衷。多年来，我们向以色列政府出售了各种军事装备，以满足（其军事）现代化的要求，帮助它实现国防和国内安全的需要。这其中包括“巴顿”坦克”。①

这项声明中最为重要的是提到了“现代化的要求”，这给美国的中东政策引入了一个全新的内容。现在，美国不是仅仅要维持中东地区的军备平衡，而是要帮助以色列实现武器“现代化”，这将决定它的武器供应政策。而且，“天鹰”飞机和“巴顿”坦克交易表明美国不再仅限于出售防御性武器了。

二、对以军事外交政策质的转变——成为以色列武器的主要供应者

以色列及其支持者不满足于 1966 年达成的武器供应协议，他们向约翰逊总统施加了强大压力。然而，让约翰逊非常恼火的是，那些为以色列向他施压的人却不愿意支持他的越南政策。约翰逊采取了一系列外交努力，希望寻求以色列对其越南政策的支持，但都失败了。约翰逊无奈地对以色列官员埃夫龙（Evron）说：“当涉及以色列时，美国犹太人就是干涉主义者；当涉及越南时，他们希望美国是和平主义者。”②

“六·五战争”爆发前，1967 年 5 月 23 日，约翰逊采取了一个重大步

① Mordechai Gazit, “Israeli Military Procurement from the United States”, in Gabriel Sheffer ed., *Dynamics of Dependence: U. S. -Israeli Relations*, Boulder and London: Westview Press, 1987, p. 101.

② Mitchell G. Bard, *The 1968 Sale of Phantom Jets to Israel*, www. jewishvirtuallibrary. org/jsource/US – Israel/phantom. html.

骤，秘密批准向以色列紧急空运装甲运兵车、坦克配件、“霍克”防空导弹系统、炸弹引信、炮弹、防毒面具及其他物资。“六·五战争”爆发时，约翰逊政府宣布停止向中东地区运送武器。这一决定有两个动机：给苏联一个信号，使其限制对埃及、叙利亚和伊拉克输送武器；给世人一个印象，美国反对向卷入敌对行动的国家输入武器。然而苏联没有停止向阿拉伯国家输送武器。因此，约翰逊面临持续增加的压力，要求他结束禁运政策，恢复向以色列出售武器。①

7 月 14 日，国务卿腊斯克在参议院外交委员会说，美国应考虑恢复武器输送，以阻止苏联在这一地区获得独占性和支配性影响。10 月，参议员斯图亚特·赛明顿（Stuart Symington）通知白宫，以色列对美国武器政策非常焦虑和不满，他警告说他很容易就能使国会通过支持向以色列提供军事援助的法案。接替邦迪成为国家安全顾问的沃尔特·罗斯托（Walt Rostow）称这种形势是“政治炸药”（Political Dynamite）。② 10 月 24 日，国务院宣布将恢复对阿拉伯国家和以色列的武器供应。

禁运一解除，以色列就要求获得 27 架“天鹰”式飞机和 50 架“鬼怪”式飞机。国务院建议出售“天鹰”式飞机，但倾向于将出售“鬼怪”式飞机的决定推迟到第二年年中。但是参联会却反对所有武器出售。国务院反对出售“鬼怪”式飞机，一方面是基于战略原因，也就是参联会的观点，即以色列不需要这些飞机；另一方面是基于国务院一直以来的信念，那就是美国能够通过拒绝向以色列提供更多的先进武器来阻止武器竞赛的加剧；此外，还希望武器限制最终能使外交解决阿以冲突成为可能。尽管国会议员要求约翰逊出售飞机给以色列的信函像雪片一样飞向白宫，该年度剩下的时间里，约翰逊没有做出任何决定。③ 1968 年是美国总统和国会的选举年，这毫无疑问对以色列非常有利。

1968 年 1 月初，就在美国政府为以色列总理艾希科尔即将进行的访问

---

① Mitchell G. Bard, *The 1968 Sale of Phantom Jets to Israel*, www. jewishvirtuallibrary. org/jsource/US – Israel/phantom. html.

② Mitchell G. Bard, *The 1968 Sale of Phantom Jets to Israel*, www. jewishvirtuallibrary. org/jsource/US – Israel/phantom. html.

③ Mitchell G. Bard, *The 1968 Sale of Phantom Jets to Israel*, www. jewishvirtuallibrary. org/jsource/US – Israel/phantom. html.

做准备时，要求向以色列出售“鬼怪”式飞机的压力陡然增大。预料到艾希科尔会在访问中重新提出“鬼怪”式飞机的要求，各类机构都做出了自己的评估，而且无一例外地反对出售。[①]

1968 年 1 月，艾希科尔访问了约翰逊的农场。会谈的气氛是友好的，但约翰逊没有做出提供飞机的明确承诺。约翰逊的犹豫来自于这样一种想法，他希望考察一下苏联在武器限制上的立场。而且，据专家评估，以色列当时享有对阿拉伯邻国的军事优势，所以等几个月再作答复也不会置以色列于危险之中。从艾希科尔这一方来说，他对这次会谈还是满意的。他获得的印象是美国原则上不反对出售“鬼怪”式战斗机。会谈结束后发表的公告也令以色列官员满意，公告中提到总统“同意在积极、同情地考察和评估之后……保持以色列的国防能力”。[②]

当约翰逊与艾希科尔会晤时，他承诺在“积极和同情地审查”下满足以色列的军事需要，但没有明确承诺出售以色列需要的“鬼怪”式飞机，只是表示将在来年做出决定。不过，约翰逊答应提供 30 架“天鹰”式飞机，并同意如果以色列提出要求的话，将再出售 10 架。[③]

1968 年 2 月 6 日，负责政治事务的助理国务卿罗斯托向总统提交了一份备忘录。主要内容如下：国防部与以色列于 1 月 30 日签署了协议，同意其购买 40 架“天鹰”式飞机的要求。我们之所以同意，是基于以下几点：首先，我们第一次以现金方式出售武器给以色列，共 6000 万美元；第二，……第三，我们这样做平息了在以色列要求飞机问题上的争论，我们也希望这也可以换来以色列人在我们出售飞机给约旦的问题上保持沉默。[④]

但是，亲以色列势力施加了史无前例的压力。1968 年 6 月，国会做出立法努力，以强制政府开放对以色列的军售。第一阶段由参议员赛明顿

---

① Mitchell G. Bard, *The 1968 Sale of Phantom Jets to Israel*, www. jewishvirtuallibrary. org/jsource/US – Israel/phantom. html.

② Mordechai Gazit, “Israeli Military Procurement from the United States”, in Gabriel Sheffer ed., *Dynamics of Dependence*: *U. S. -Israeli Relations*, Boulder and London: Westview Press, 1987, p. 103.

③ Mitchell G. Bard, *The 1968 Sale of Phantom Jets to Israel*, www. jewishvirtuallibrary. org/jsource/US – Israel/phantom. html.

④ “Information Memorandum from the President's Special Assistant ([Walt] Rostow) to President Johnson”, in Smith, Louis J. (Ed.)., *Foreign Relations of the United States*, *1964 – 1968*, *V. 20*, *Arab-Israeli Dispute 1967 – 1968*. DC: GPO, 2001.

（Stuart Symington）发起。约翰逊需要让军售法案在国会通过以完成武器交易。但是赛明顿威胁，如果不出售“鬼怪”式飞机就不会让此法案得以通过。政府不得不认真地对待该威胁，并开始讨论可能的交易。国务院近东问题专家哈罗德·桑德斯（Harold Sanders）写信询问罗斯托：“相对于没有军事法案来说，继续延迟“鬼怪”式飞机的出售有什么好处呢?“鬼怪”式飞机能确保法案得以通过吗? 如果我们无论如何都准备出售 F-4，那我们现在也应继续并赢得以色列和国会的信任。”[①] 7 月末，参议院通过了一个“国会意识”的决议，呼吁总统向以色列出售不确定数量的超音速军用飞机，以为以色列提供一个威慑性力量。此决议随即被众议院通过。[②]

虽然政府不少官员仍然以军事理由反对此项军售，但他们越来越关心延迟此项军售不可避免的政治代价。8 月 21 日，欧内斯特·戈德斯坦（Ernest Goldstein）给总统写了一份备忘录。他指出，作为一个助理，他在其整个任职内都避免表达与以色列相关的观点，但是他警告说，苏联入侵捷克斯洛伐克证明苏联缺乏自制，中东地区也将会出现类似此行为的国家。因此，他希望约翰逊在选举前能够向以色列提供“鬼怪”式飞机。[③]

约翰逊还面临着来自两大政党的压力。8 月份，两大政党都通过了由美国以色列公共事务委员会（AIPAC）建议的政策纲领，呼吁向以色列提供军事援助。另外，两位总统候选人都发表强硬声明，支持出售“鬼怪”式飞机。9 月 8 日，在华盛顿的圣约信徒犹太兄弟会大会上，休伯特·汉弗莱（Hubert Humphrey）警告：“……以色列必须拥有保卫自己的手段，包括‘鬼怪’式飞机等。”尼克松对同一群听众说，力量均衡必须有利于以色列，从而吓阻阿拉伯的入侵。因此，他相信以色列必须拥有“远远超过抵消敌对邻国数量优势的军事技术上的优势。如果维持这种优势要求美

---

① Mitchell G. Bard, *The 1968 Sale of Phantom Jets to Israel*, www. jewishvirtuallibrary. org/jsource/US – Israel/phantom. html.

② Mitchell G. Bard, *The 1968 Sale of Phantom Jets to Israel*, www. jewishvirtuallibrary. org/jsource/US – Israel/phantom. html.

③ *New York Times*,（September 9, 1968）. Nixon's statement may be the first to call for Israel's military superiority, Mitchell G. Bard, The 1968 Sale of Phantom Jets to Israel, www. jewishvirtuallibrary. org/jsource/US – Israel/phantom. html.

国提供超音速‘鬼怪’式 F－4 飞机的话——我们应该提供这些飞机”。①

就在两位总统候选人力促出售“鬼怪”式飞机给以色列的 48 小时后，约翰逊总统在圣约信徒犹太兄弟会大会上对同一群听众发表了自 1967 年 6 月以来的第一份关于中东问题的主要演说。他说，他“没有允许该地区力量平衡成为战争诱发因素的意图……我们已经提议……现在非常必要有一个对该地区武器限制的理解”。②

反对出售“鬼怪”式飞机的意见来自于政府内部。国务院、国防部和情报部门都不认为以色列有必要拥有“鬼怪”式飞机。1968 年 9 月 27 日，国务卿腊斯克和克利福德（Clifford）建议同意以色列要求，再出售其 12 架“天鹰”式飞机。他们认为，阿拉伯世界对美国出售给以色列飞机的具体数量尚不清楚，所以增加几架飞机在外交上不会有什么不同。“虽然这些不能减轻他们要求我们出售‘鬼怪’式飞机的压力，但是至少可以表明我们对他们的安全并不是漠不关心。”③

1968 年苏联对捷克斯洛伐克的入侵，使美国试图与苏联达成一个武器限制协定的企图遭到重挫。10 月 7—8 日国务卿腊斯克与苏联外长进行了两天毫无结果的会谈。面对亲以色列的势力的强大压力，又加上与苏联谈判的失败，腊斯克得出结论：出售“鬼怪”式飞机是“最可能让我们回避国会可能采取行动的方式”。10 月 9 日，约翰逊总统签署了《1968 年援外法案》，并宣布，已要求国务卿开始与以色列就出售飞机事宜展开谈判。④

12 月 27 日，出售“鬼怪”式飞机的交易被公之于众。以色列将于 1969 年接受 16 架“鬼怪”式飞机，其余 34 架于 1970 年交付。这是到那时为止，美国与以色列签署的最大一笔单项交易，达 2.85 亿美元。以色列

---

① Mitchell G. Bard, *The 1968 Sale of Phantom Jets to Israel*, www.jewishvirtuallibrary.org/jsource/US－Israel/phantom.html.

② Mitchell G. Bard, *The 1968 Sale of Phantom Jets to Israel*, www.jewishvirtuallibrary.org/jsource/US－Israel/phantom.html.

③ “Action Memorandum from Presidential Assistant [Walt] Rostow to President Johnson”, Smith, Louis J. (Ed.). *Foreign Relations of the United States, 1964－1968, V. 20, Arab-Israeli Dispute 1967－1968*. DC: GPO, 2001.

④ Mitchell G. Bard, *The 1968 Sale of Phantom Jets to Israel*, www.jewishvirtuallibrary.org/jsource/US－Israel/phantom.html.

全部以现金方式支付，以避免贷款而不得不支付利息。[①] 在与拉宾的谈话中，美国助理国防部长保罗·沃恩克（Paul Warnke）解释了此项军售的重要意义。他说，因为美国希望减少美苏在中东地区对立的危险，所以一直在避免成为以色列的主要武器供应者。如果可能的话，美国愿意继续这一政策。但现在不可能了，因为欧洲，特别是法国拒绝武装以色列。“从此以后，我们将成为以色列的主要武器供应者，这使我们更紧密地卷入了以色列的安全形势之中，而且更直接地将美国的安全卷入其中。”[②] 这项交易中，不仅包括50架“鬼怪”式飞机，而且还包括100架“天鹰”飞机和其他以色列要求的装备。

“鬼怪”式飞机交易的最重要的意义是为以色列创造了质量上的优势，因为“鬼怪”式飞机的性能优于中东地区的所有苏联飞机。这标志着美国的政策从中立转向了维持以色列在军事上相对于阿拉伯邻国的质量优势。[③]“鬼怪”式飞机的出售是美以军事外交关系史上的一个分水岭。这一行动使美国避免成为西方在中东地区的主要武器供应者这一政策仅仅存在于理论上了。

三、军事援助款项不断攀升，军事合作日益加深

为促进美国在中东地区的战略利益，反击苏联不断增长的影响。同时，约翰逊总统在越南政策上急需公众支持，因而需要寻求美国犹太人领袖的帮助。美国犹太人领袖以此为筹码，要求约翰逊在今后任何危机中都要给予以色列支持，并提升对以色列的援助水平。

随着中东形势的发展，美国着眼于遏制苏联的影响，默许甚至鼓励以色列对激进的阿拉伯国家采取军事行动。“六·五战争”前，美国中央情报局和其他情报机关同以色列军事情报部部长亚里夫准将、谍报部部长迈

---

① Mitchell G. Bard, The 1968 Sale of Phantom Jets to Israel, www.jewishvirtuallibrary.org/jsource/US – Israel/phantom.html.

② Mitchell G. Bard, The 1968 Sale of Phantom Jets to Israel, www.jewishvirtuallibrary.org/jsource/US – Israel/phantom.html.

③ Mitchell Geoffrey Bard, *The Water's Edge and Beyond: Defining the Limits to Domestic Influence on United States Middle East Policy*, New York and London: Transaction Publishers, 1991, p. 195.

耶·阿米特建立起密切的联系。当时，亚里夫准将和阿米特准将私下进行了会晤，他们提到美国国防部和中央情报局对以色列没有大国介入能够依靠自己的力量处理局势是满意的。这样，在美国的默许下，以色列在“六·五战争”中实施了先发制人的进攻。① 约翰逊总统批准在战争爆发前向以色列密集运送武器，也表明美国知晓以色列的战争计划，且持积极鼓励的态度。

1967 年，以色列赢得了历史上最大，可能也是最为决定性的战争。法国对以色列入侵邻国的行为发出警告，并停止了武器供应。因此美国开始成为以色列主要的武器提供者。以色列声称自己是中东地区促进西方价值、保护美国利益免受苏联威胁的唯一国家，这为那些极力支持以色列武备和战略政策的美国政府官员及立法者提供了另一个很好的理由。

此后，美国对以色列的军事援助水平在每次以色列与其阿拉伯邻国交战后都有显著提高。1967 年战争后，军事援助从当年的 700 万美元提高到 1968 年的 2500 万，1969 年提高到 8500 万。“赎罪日战争”后的 1974 年，以色列获得了美国 25 亿美元军事援助，比 1973 年的 3.075 亿提高了 810%。1982 年以色列入侵黎巴嫩后，美国对以军事援助从当年的 14 亿增加到 17 亿。1967 年，以色列与埃及和叙利亚签署脱离接触协议后，还获得了 17 亿美元特别军事援助。②

另外，1965 年 6 月艾希科尔总理访问美国时，不仅同约翰逊总统讨论了如何加强以色列军事力量，双方还决定共同定期对中东的军事形势进行调查评估。这就打破了双方单纯交换情报的框框，具有美以共同对付突发事态的军事计划的性质。③ 这表明美以军事外交关系的内容进一步丰富，军事合作进一步加深。

---

① 【日】田上四郎著，军事科学院外国军事研究部译：《中东战争全史》，解放军出版社，1985 年版，第 16 页。

② Mohamed Rabie，“U. S. Aid to Israel”，*The Link*，Volume 22，Issue 2，May – June 1989，p. 5.

③ 【日】田上四郎著，军事科学院外国军事研究部译：《中东战争全史》，解放军出版社，1985 年版，第 16 页。

第三节　美以军事外交关系的巩固

从尼克松上台，经福特、卡特两任总统，美以军事外交关系进一步得到巩固。正如威廉·匡特（William Quandt）写道：到 20 世纪 70 年代的时候，“美国的中东政策几乎全部都是支持以色列”。而以色列外交部长阿巴·埃班后来则将这一时期称之为美国武器供应的“黄金时代”。①

1969 年，尼克松的上台标志着美国对以色列的军事援助进入了一个新的阶段。这一阶段一直持续到卡特任期结束，包括整个 20 世纪 70 年代，美国共向以色列提供了 75.002 亿美元的军事贷款。② 但是美国对以色列的军事援助政策也出现了以下几个变化：一是由主要向以色列提供军事援助变为向阿以双方提供援助；二是从 1974 年起开始向以色列提供军事赠款，到 1980 年共达 52.5 亿美元③；三是军事援助成为美国影响以色列政策的一个压力手段。

一、尼克松提升军事援助水平

尼克松上台后，在基辛格的主导下，国家安全委员会准备了一份关于中东问题的备忘录。该备忘录提供了两个方案，其中一个方案是：美国应在中东和平进程中起主导作用，直接推动阿、以谈判，恢复自第三次中东战争后美国不断下降的影响力。④ 尼克松和基辛格都赞成这个方案。

尽管尼克松确定了推动阿、以和平谈判的方针，但确保以色列安全是其基本原则。因此，尼克松大幅度、稳步地增加了对以援助。1969 年美国

---

① Quandt, *Decade of Decisions*, p. 147，转引自【美】约翰·J. 米尔斯海默、斯蒂芬·M. 沃尔特著，王传兴译：《以色列游说集团与美国对外政策》，上海人民出版社，2009 年版，第 47 页。

② “U. S. Assistance to Israel（FY1949-FY2001）”，http：//www. us－israel. org/jsource/US－Israel/.

③ “U. S. Assistance to Israel（FY1949-FY2001）”，http：//www. us－israel. org/jsource/US－Israel/.

④ 资中筠：《战后美国外交史（下）》，世界知识出版社，1994 年版，第 683 页。

对以军事援助达到8500万美元，比上年增长340%。[①] 这一军事援助大规模增长时期，也正是以色列对埃及、叙利亚、约旦和黎巴嫩不断袭击的时期（称为消耗战）。特别是以色列空军持续不断地攻击埃及纵深，使苏联得以加速进入该地区。1970年1月，纳赛尔对莫斯科进行了为期四天的秘密访问，请求苏联提供更好的防卫武器，以应对以色列每天都在进行的对其主要城市的轰炸。苏联同意向其提供一种新型导弹防御系统。此后，苏联技术人员开始为埃及培训相关人员，苏联空军飞行员也开始为埃及领空提供保护。这种对以色列空中优势的抵消使以色列和美国都很恼火。他们不希望中东军事平衡向有利于阿拉伯一方的发展。因为这不仅意味着美国必须向以色列提供更多的武器，而且使美国对该地区直接军事干预的可能性和必要性都大大提高。在这种情况下，国务卿罗杰斯于1970年6月提出一项在以色列与埃及、约旦之间有限停火的建议，旨在为阿以双方间接谈判以达成一个解决冲突的政治方案扫除障碍。罗杰斯还呼吁各方接受1967年11月22日联合国安理会第242号决议为谈判基础。埃及和约旦首先宣布无条件接受罗杰斯建议。但以色列却对此表现冷淡，主要是因为他们拒绝接受安理会242号决议。但是，由于阿拉伯国家都表示接受，以色列也不好直接拒绝，因为这将会导致与尼克松政府的关系紧张，从而不利于从美国持续获得武器。在美国的压力下，以色列最终接受罗杰斯计划的纲要。同时，以色列也从尼克松那里得到保证，中东地区的武器平衡将会维持下去，而且在得到永久解决前，以色列不必从被占领土撤离。为了兑现帮助以色列保持军事优势的承诺，尼克松再一次大幅度提高对以色列的军事援助。1971年，以色列接受了共计5.45亿美元的军事援助，而1970年仅为3000万美元。然而，罗杰斯安排的停火是短暂的。以色列坚持将军队移到安全的、被承认的边界，这就包括了大片阿拉伯领土。另外，以色列继续在被占领土修建定居点，这是朝着将来吞并阿拉伯领土的方向前进的第一步。尽管这些定居点是美以关系中的一个棘手问题，而且全世界都对

① Samir Abde-Rabbo and Mohamed El-Khawas，"U. S. Aid to Israel"，*The Link*，Vol. 15，No. 5，December 1983.

此表示谴责，美国仍然继续向以色列提供军事援助和经济援助。[①]

1971 年 12 月 2 日，尼克松与来访的梅厄总理会见后，白宫发表了一个声明，其中指出“尼克松总统确认，美国将继续保持正在发展中的关系（ongoing relationship），向以色列提供经济和军事援助。（美国）赞同以色列的武装力量必须保持一个长期的现代化计划（long-term program of modernization），美国将继续讨论它在这一进程中能提供什么样的帮助”。[②] 声明中使用了“长期的现代化计划”这样的措辞，这象征着一个转折点，以色列终于得到了它渴望已久的与美国的长期武器供应关系。

20 世纪 70 年代，美国对以色列的军事援助最大的增长是在 1973 年“赎罪日战争”之后。战争初期，埃及和叙利亚取得了巨大胜利。但就在埃及即将取得最终胜利时，尼克松以一种前所未有的态度对以色列施以援手。他将美国军队部署在该地区作为对苏联的威慑，同时紧急向以色列空运大批以色列急需的武器装备，共达 8.25 亿美元。[③] 其中战争爆发的第一天，就向以色列运送了包括 40 架 F－4“鬼怪”式战斗机、38 架 A－4“天鹰”战斗机、12 架 C－130 运输机、20 辆坦克等大量先进武器。[④] 这些武器帮助以色列扭转了不利局面。1973 年 10 月 19 日，尼克松要求国会批准 22 亿美元的拨款，作为空运的费用和对以色列的后续军事援助。这一数额是在此之前对以色列军事援助总和的 1.5 倍。[⑤]

尼克松政府为此也付出了高昂代价。阿拉伯国家对美实施石油禁运，从而引发石油危机，导致石油价格剧烈上涨，动摇了西方国家的经济基础。在二战中指挥地中海地区盟国空军的艾拉·C. 埃克（Ira C. Eaker）上将评论道，1973 年的战争“花费了这个国家至少 40 亿美元。它耗尽了我们的武器和军需物资的库存，失去了至关重要的阿拉伯石油。通用公司

---

① Samir Abde-Rabbo and Mohamed El-Khawas, “U. S. Aid to Israel”, *The Link*, Vol. 16, No. 5, December 1983.

② Mordechai Gazit, “Israeli Military Procurement from the United States”, in Gabriel Sheffer ed., *Dynamics of Dependence: U. S. -Israeli Relations*, Boulder and London: Westview Press, 1987, p. 109.

③ Mordechai Gazit, “Israeli Military Procurement from the United States”, in Gabriel Sheffer ed., *Dynamics of Dependence: U. S. -Israeli Relations*, Boulder and London: Westview Press, 1987, p. 111.

④ Mohamed Rabie, “U. S. Aid to Israel”, *The Link*, Volume 22, Issue 2, May-June 1989, p. 1.

⑤ Mordechai Gazit, “Israeli Military Procurement from the United States”, in Gabriel Sheffer ed., *Dynamics of Dependence: U. S. -Israeli Relations*, Boulder and London: Westview Press, 1987, p. 111.

在石油禁运期间裁员 65000 人，另有 5700 人暂时放假。通用公司的 13000 个经销商和 45000 个供货商也相应遭受影响。在美国，几乎没有哪个公司和个人没有受到因石油禁运造成的原材料缺乏、不断上涨的开销以及失业的影响。还有一点完全被忽视了，那就是 1967 年到 1975 年，苏伊士运河的关闭给美国和欧洲造成超过 100 亿美元的损失”。①

二、尼克松运用军事援助作为压力手段

1973 年“赎罪日战争”前，美国决策者认为，只要确保以色列对阿拉伯国家的军事优势，就能达到遏制苏联在中东地区的扩张以及抑制阿拉伯世界激进力量壮大的目的，从而维护美国在中东的战略利益。但事与愿违，以色列肆意推行扩张和侵略政策，经过四次战争，侵占了整个巴勒斯坦、埃及的西奈半岛和叙利亚的戈兰高地，阿以矛盾更加激化。苏联利用阿以冲突，不遗余力地进行渗透和扩张，在中东的势力明显上升。这表明，单纯在军事上支持以色列并不能完全实现美国在中东的战略目标。于是，美国开始对其中东政策做出调整。

第四次中东战争结束后，以色列的安全已不成问题，尼克松开始实施其中东和平计划。在美国的压力下，以色列与埃及开始了脱离军事接触的会谈，由于以色列坚持先释放战俘的立场，会谈陷入僵局。美国国防部长施莱辛格警告说：美国对以色列的军事援助，与以色列在中东和平进程中与美国合作的程度有直接的联系。1973 年 11 月，尼克松通知梅厄说，一直为战争做准备的政策“根本不是政策”。② 美国的压力迫使以色列不得不做出某些让步，最终与埃及和叙利亚达成了脱离军事接触的协议。

为回报以色列服从自己，并激励其与阿拉伯国家达成政治解决方案，同时也是维持以色列军事上的质量优势，尼克松政府再次增加对以军事援助。1974 年的军事援助达到创纪录的 25 亿美元，这是以色列在 1949—

① Samir Abde-Rabbo and Mohamed El-Khawas, “U. S. Aid to Israel”, *The Link*, Vol. 16, No. 5, December 1983.

② Samir Abde-Rabbo and Mohamed El-Khawas, “U. S. Aid to Israel”, *The Link*, Vol. 16, No. 5, December 1983.

1972 年间接受的军事援助总额的两倍。更值得指出的是，其中 15 亿美元是无偿援助——这也是尼克松首创的做法。实际上，1974 年标志着美国对以军事援助数量上大规模增长的开始，也标志着无偿军事援助日益成为重点。①

此时，国务卿基辛格制定了一项新的中东政策。利用美苏关系缓和，寻求在以色列与埃及、叙利亚之间达成一个暂时安排，为找到一个和平解决方案的新努力铺平道路。基辛格的“穿梭外交”最终达成了在西奈地区脱离接触的协议。他的外交努力也成功说服萨达特断绝与苏联的关系，并与美国建立更为紧密的关系。这种发展削弱了阿拉伯前线国家的军事能力，因为萨达特对通过谈判解决中东冲突更为感兴趣了。这就扫除了对以色列的一个直接威胁。

1974 年 6 月 12 日，尼克松在访问埃及期间，与萨达特签署了题为《埃及与美国之间的关系与合作》的文件，保证美国向埃及提供经济与军事援助。6 月 16—17 日尼克松又对以色列进行了访问，尼克松于 17 日发表访以公报指出：这是美国总统第一次访问以色列，是两国间长久以来就存在的独特关系、共同遗产、密切的历史关系的体现。尼克松重申了美国对以色列长期安全的承诺。拉宾总理对美国在 10 月战争中及此后向以色列提供的军事物资表示感谢。尼克松确认两国间持续的、长期的军事供应关系，并重申自己的观点，那就是加强以色列的自卫能力对于阻止进一步的敌对行动，对于维持有益于和平进程的条件是必不可少的。为了制订出长期军事供应的具体细节，一个以色列国防代表团将很快前往华盛顿。总统与总理宣布两国政府将就核能方面的合作协议和在双方同意的安全条款下向以色列提供核燃料进行谈判。②

在结束这次中东之行后，尼克松对美国两党领袖说，单向以色列输送武器的政策在五年前也许是有意义的，但今天就没有意义了。“我们要使以色列强大到不怕谈判，但又不能使他们过于强大而认为不需要谈判

---

① Samir Abde-Rabbo and Mohamed El-Khawas, “U. S. Aid to Israel”, *The Link*, Vol. 16, No. 5, December 1983.

② *Israeli Foreign Ministry*, www. jewishvirtuallibrary. org/jsource/US - Israel/nixoninisrael. html.

了。”[①] 尼克松是要在中东由支持以色列一方，变为支持阿以双方，当然仍然是以支持以色列为主。之后的美国历届政府基本上沿用这一政策。

三、福特时期美以军事外交关系的短暂曲折与继续发展

1974 年 9 月福特上任不久，拉宾访问了华盛顿。在会谈中，福特向拉宾保证美国将遵守尼克松总统的承诺。为了表示他在这一问题上的态度，福特发布命令，在 7 个月内向以色列提交价值 7.5 亿美元的关键性武器装备。1975 年，美国向以色列提供了 F－15 “鹰” 式战斗机，这比埃及和叙利亚拥有的米格－23 战斗机更为先进。以色列还获得了 “长矛” 地对地导弹，该导弹射程达 70 英里，可以携带常规弹头和核弹头。该导弹系统“比埃及和叙利亚拥有的苏制 ‘飞毛腿’ 导弹先进五倍”[②]。

但是，1975 年 3 月，埃及与以色列之间关于在西奈达成一个进一步协议的谈判出现了僵局。福特政府于 3 月 24 日宣布开始 “重新评估” 美国的中东政策。福特说：“我们给予以色列大量的经济和军事援助，因此以色列应该感到强大和自信……应该更灵活并愿意去讨论持久的和平。”[③]

但是，福特总统的 “重新评估” 政策遭到美国犹太院外集团的强大压力。5 月 21 日，76 名参议员联名写信给福特，要求政府应该 “对以色列紧急的军事和经济需求做出响应”。1975 年，福特和基辛格对美国的以色列政策 “重新评估” 之所以没有对美国对以色列的军事援助产生负面影响，这封信起了相当重要的作用。[④]

由于美国犹太人组织的极力反对和积极活动，福特的 “重新评估” 政策最终流产。不仅如此，为了拉拢犹太人的选票，福特还加大了对以色列援助的力度。

---

① 殷罡主编：《阿以冲突——问题与出路》，国际文化出版公司，2002 年版，第 374—375 页。

② Samir Abde-Rabbo and Mohamed El-Khawas, “U. S. Aid to Israel”, *The Link*, Vol. 15, No. 5, December 1983.

③ Nitza Nachmias, *Transfer of Arms, Leverage, and Peace in the Middle East*, New York · Westport, Connecticut · London: Greenwood Press, 1988, p. 82.

④ Allan C. Kellum, “U. S. -Israeli Relations: A Reassessment”, *The Link*, Vol. 15, No. 5, December 1982.

9 月 1 日，埃以签署过渡协议当天，美以之间签署了三个文件。其中两个与美国对以色列的援助直接相关。这些文件没有公开发表，但被《纽约时报》和《华盛顿邮报》披露，最后被收入国会记录。主要内容有：(1) 美国政府将尽最大努力，在其有限的资源和国会授权及拨款范围内，在持续的、长期的基础上，完全回应以色列的军事装备及其他国防要求。(2) 以色列需要美国长期提供军事物资的需求将是美国代表和以色列国防部门定期磋商的一个主题。为此目的，将在三个星期内组织军事专家进行研究，研究议题包括 1976 年以色列的需求，美国将积极看待以色列的要求，包括对先进和尖端武器的要求。(3) 考虑到美国对以色列生存和安全的长期承诺，美国将非常严肃地评估一个世界性力量对以色列安全和主权的威胁。为支持这一目标，美国政府在出现此种威胁时将立即与以色列政府进行磋商，以确定符合其宪法惯例的、所能给予以色列的外交和其他支持。如果可能，在签署此文件后的两个月内，美以政府将达成在紧急情况下向以色列提供援助行动的应急计划。在关于武器的附录中，美国增大了在协议中对以色列军事和经济援助的承诺：美国决心通过提供先进装备，如 F-16 战斗机，继续确保以色列拥有足够的防卫力量。美国政府同意尽早召开双边会议，以共同研究以色列对高技术和尖端武器［包括“潘兴”(Pershing) 地对地导弹］的需求问题。美国政府将每年向国会提出对以色列援助的要求，以帮助满足以色列的经济和军事需求。①

着眼于 1976 年大选，福特总统增加了对以军事援助，希望以此赢得美国犹太人的选票。1976 年，以色列获得 15 亿美元军事援助，而 1975 年为 3 亿美元。这五倍的增长是应以色列要求给予的，以色列提出这种要求，是为了能够跟上中东地区军备竞赛的步伐。这轮竞赛的初期目标是更新在 1973 年战争中受损的武器。“但是这看起来引发了一个作用与反作用的循环。每一方都极力使自己的武器库优于对方。结果是，双方现在都比十月战争前强大，但仍然要求世界上最先进的武器。”② 研究也表明美国的军事

---

① Israel-United States Memorandum of Understanding (September 1, 1975), http://www.jewishvirtuallibrary.org/jsource/Peace/mou1975.html.

② Samir Abde-Rabbo and Mohamed El-Khawas, “U. S. Aid to Israel”, *The Link*, Vol. 16, No. 5, December 1983.

援助与阿拉伯国家的军事花费正相关联。福特与其前任一样，其兴趣在于提高以色列能力以应对它所面临的任何威胁。正因如此，他提高了对以军事援助水平。当黎巴嫩爆发内战时，福特的战争权力受到国会的削弱，他不能说服国会领袖让美国直接卷入这场危机。因此，他决定增加对以色列的军事援助，从而使以色列能够干预黎巴嫩内部事务。以色列向长枪党民兵（Phalangists）提供武器和后勤支持，并对黎巴嫩和巴勒斯坦居民中心进行大规模轰炸，最后还越过边界，进入黎巴嫩南部，直接对黎巴嫩进行军事干预。

1976 年 1 月，拉宾访问华盛顿时发现，福特不仅批准了高于国家安全委员会所建议的援助数量，而且指示将以色列在接受美国武器供应的国家名单中的位置提到首位。在谈到由他领导政府的三年中以色列国防力量的增长时，拉宾说："坦克增加了 50%，自行火炮增加了 100%，装甲人员输送车增加了 800%，飞机增加了 30%。这种增长，当然，在很大程度上要归功于美国的援助。"①

四、卡特时期的施压与报偿

"人权"是卡特政府外交政策关注的中心，这就使美国政府不能无视巴勒斯坦人的权利。所以卡特政府时期的中东政策特点是积极参与中东和平进程，主要是说服以色列撤退到 1967 年的边界之内，支持建立"巴勒斯坦人家园"和巴勒斯坦人政治权力，将阿以双方拉到谈判桌上，以取得一个最终解决阿以争端的方案。② 而这种政策不可避免地导致美以关系产生摩擦。

当然，促进中东和平进程仍然是建立在确保以色列安全的基础之上。由于黎巴嫩危机的持续和以色列与巴勒斯坦解放组织（以下简称巴解组织）紧张关系的不断上升，卡特维持了对以色列的高水平军事援助，除了

---

① Mordechai Gazit, "Israeli Military Procurement from the United States", in Gabriel Sheffer ed., *Dynamics of Dependence: U. S. -Israeli Relations*, Boulder and London: Westview Press, 1987, p. 115.

② Clyde R. Mark, *Israeli-United States Relations* (*Updated April 4, 2003*), Issue Brief for Congress (Received through the CRS Web), Congressional Research Service ◆The Library of Congress.

1979 年，每年都达到 10 亿美元。①

1977 年 5 月 19 日，卡特宣布了美国政府的一项新政策，即美国将对武器出售进行自我限制，但他又表示以色列是一个特殊的问题。卡特希望限制对以色列的武器供应，但他也清楚地知道，此时该地区力量的战略平衡的任何改变都将有损于和平进程。② 同时，1977 年以色列还成功地使卡特总统同意其使用 1.07 亿美元的军事援助款项生产自行设计的梅卡瓦坦克，双方同意这是对美国无偿军事援助必须“购买美国产品”附加条件的一次例外。③ 1978 年美以达成一揽子交易，购买 75 架 F－16 战斗机，这是以色列历史上最庞大的武器交易之一。

卡特政府在中东的最大成就是在 1979 年 3 月促成了埃及和以色列之间签署戴维营“一揽子和平协议”。为奖赏双方，埃及获得了价值 15 亿美元的 F－4 战斗机、运兵车及五套“霍克”导弹系统。以色列获得 30 亿美元，其中 8 亿美元用来在内格夫沙漠地区修建两个从西奈迁出的空军基地，剩下的 22 亿美元用于购买 200 辆坦克、800 辆装甲运兵车、空对地导弹和大炮等武器。另外，以色列还要求加快交付 75 架最新式的 F－16 战斗机。④ 卡特相信获得以色列让步的最好方法是确保它的安全。

卡特政府时期，向埃及和沙特阿拉伯提供军事援助可能是美国和以色列关系中最敏感的问题。1978 年 2 月，政府向国会提交了一个向以色列、埃及和沙特阿拉伯出售战斗机的提案，总金额达 48 亿美元。卡特强调这一提案要么被完整地批准，要么被全部拒绝。整个计划中，以色列的份额是 19 亿美元，包括 15 架 F－15 战斗机和 75 架 F－16 战斗机。据国务卿万斯的说法，向埃及出售飞机，是为了保障其安全使它能够继续和平谈判；向沙特阿拉伯出售武器是由于它明显的亲西方、反共产主义立场，这使它成为这一地区缓和的重要力量。经过激烈的辩论，国会于 1980 年 3 月批准了

---

① Samir Abde-Rabbo and Mohamed El-Khawas, “U. S. Aid to Israel”, *The Link*, Vol. 16, No. 5, December 1983.

② Nitza Nachmias, *Transfer of Arms, Leverage, and Peace in the Middle East*, New York · Westport, Connecticut · London: Greenwood Press, 1988. p. 105.

③ Samir Abed-Rabbo and Mohamed El-Khawas, “U. S. Aid to Israel”, *The Link*, Vol. 16, No. 5, December 1983.

④ Gregory Orfalea, “Arms Buildup in the Middle East”, *The Link*, Vol. 14, No. 4, September/October 1981.

卡特的提案。但是，在商议的过程中也做了一些妥协。为了补偿以色列，美国政府同意另外向其出售20架F－15战斗机。国会得到保证，沙特阿拉伯接受的飞机将不加装副油箱（这可增加其航程）。该项军售被认为是以色列院外集团的首次重大失败，是美国政府在中东地区实行平衡政策的胜利。①

尽管卡特不是第一个将对以色列的援助与对阿拉伯国家的援助联系起来的总统，但是他的决定具有深远意义，标志着以色列“失去了在武器供应上的独占地位”。②

结　语

尼克松、福特、卡特时期，美国对以色列的军事援助政策基本一脉相承，那就是大力援助以色列，增强其安全感，从而鼓励以色列与阿拉伯国家（主要是埃及）走上和平谈判的道路。美国之所以采取这种政策也与当时国际及地区形势的变化有关。在全球范围，由于越南战争的影响，美国实力相对下降，因而在与苏联的竞争中处于守势。在欧洲，美苏两国处于僵持状态，在东亚，美国实行战略收缩，而唯独在中东地区，美国与苏联进行了激烈的对抗。以色列是阻止苏联对中东地区的扩张的一支重要力量，美国当然要继续大力援助以色列，维持其强大的军事实力。同时美国认识到，要想最大限度地维护美国的利益就必须改善与阿拉伯国家的关系，维持对阿以双方的影响力。因此美国极力敦促阿以双方在自己的主导下进行谈判。萨达特上台后，埃及出现的变化更是鼓舞了美国，并使美国这一政策的实行成为可能。为了配合整个中东战略，美国政府一方面向以色列提供大量军事援助，维持以色列的军事优势；另一方面利用军事援助诱迫以色列在和平进程中做出某些让步。1974年美国与埃及签订《埃及与

① Gregory Orfalea，“Arms Buildup in the Middle East”，*The Link*，Vol. 14，No. 4，September/October 1981.

② Nitza Nachmias，*Transfer of Arms*，*Leverage*，*and Peace in the Middle East*，New York · Westport，Connecticut · London：Greenwood Press，1988，p. 108.

美国之间的关系与合作》的文件后，美国开始对埃及提供军事援助，从而取得了对埃以双方的影响力，并最终促使他们签订了和平条约，实现了和平。这是美国中东战略的一个巨大的胜利。

第三章
美以军事外交关系的提升

与美国绝大多数总统一样，里根同样对以色列抱以同情，并一再承诺坚定维护以色列的生存和安全。他曾说："我一生相信过很多事情，但是，没有任何东西能使我更确信，美国必须保证以色列的生存。我认为，对犹太人的大屠杀，给美国留下了道义上的责任。那就是，希特勒对犹太人犯下的罪行永远不能再现。我们决不能让它再次发生，文明世界对希特勒疯狂的最大受害者们欠了一笔债。从我入主白宫直到离开白宫，我对维护以色列生存的努力一直未减，这个与我们有同样民主和许多价值观念的小国成为我当总统期间最操心的事由。"① 正是由于里根亲以色列的言行，所以美国亲以色列组织认为里根政府是"有史以来最亲以色列"的。②

虽然里根被公认为最为亲以色列的美国总统之一，但是里根政府初期，其基于现实主义的利益计算，对中东地区采取双轨军事外交政策，美以军事外交关系也因而蒙上阴影。美国政府与以色列政府之间不断产生摩擦，导致里根不得不时常拿起军事援助这一杠杆，以迫使以色列政府采取符合美国战略利益的政策。随着局势的发展，特别是黎巴嫩战争之后，里根政府认识到其对阿以双方采取双轨政策不切实际，因而提高了以色列在其中东战略中的地位。美国的中东战略更加依靠以色列，不仅在于抗击苏联势力的渗透，而且在于利用以色列向"不那么听话"的阿拉伯国家施

---

① 【美】罗纳德·里根著，萨本望等译：《里根回忆录》，中国工人出版社，1991 年版，第 402 页。

② Israeli-United States Relations，Adapted from a report by Clyde R. Mark，Congressional Research Service Updated October 17，2002，http//www. policyalmanac. org/world/archive/crs_ israeli-us_ relations. shtml.

压，美以军事外交关系因而得到制度性提升。

第一节　里根政府对中东的双轨军事外交政策

里根是以“重振对苏优势”的口号上台的，其执政的基调就是增强实力，在全球范围与苏联展开争夺，遏制苏联势力的扩张。而中东是当时美苏争夺较为关键的地区。美国传统的中东政策目标是：阻止苏联在这一地区影响的扩大，支持一个强大的以色列在中东的存在，维护西方在海湾的石油利益，促使阿以冲突逐步实现有利于西方的政治解决。[①] 为此，自杜鲁门政府以来，美国历届政府均希望与以色列及温和的阿拉伯国家维持良好关系。

里根执政初期，政府内部在中东政策上存在着较大分歧。以国防部长温伯格为首的一派基本认同传统的中东政策，但更偏向于阿拉伯国家，认为美国应改善与阿拉伯国家的关系，在阿以之间保持一定平衡，要借助经济援助和军事援助向以色列施加压力，迫使其在被占领土等问题上做出让步。同时，要向友好的阿拉伯国家出售武器，包括先进的 F－16 战斗机、“毒刺”导弹，甚至是早期预警飞机。以国务卿黑格为首的一派坚持中东政策应以以色列为重，认为只有以色列才是美国的盟友，而且以色列的军事实力对美国的中东战略具有重要价值。因此，向阿拉伯国家出售武器必须遵循一个前提：保证以色列的军事优势，决不能向阿拉伯国家提供同样先进的武器。针对与以色列发展紧密关系会损害美国同阿拉伯国家之间友谊的观点，黑格发展了“战略合作”思想，认为中东地区并非“零和博弈的地区”，美国可以与以色列发展公开的联盟关系的同时，寻求与关键性阿拉伯国家建立战略关系。美国可以同时与阿以两方盟友分别合作，以击溃苏联在中东地区的威胁。[②] 在“战略合作”思想的基础上，黑格还提出了对苏联的“战略一致”政策。这一政策的基本设想是，在大力增强美国

---

① 赵国忠等：《八十年代中东内幕》，浙江人民出版社，1989 年版，第 237 页。

② Lewis W. Samuel, “The United States and Israel: Evolution of an Unwritten Alliance”, *The Middle East Journal*, Summer 1999, 53, 3; ProQuest, p. 369.

在中东地区的军事实力的前提下，更多地依赖中东“南层”国家，如以色列、埃及、沙特阿拉伯和阿曼等，使它们在政策上协调一致，共同对付苏联在这一地区的扩张和威胁，然后美国再同这些“友好国家”结成广泛联盟，使这些国家的对外政策同美国的政策协调一致，以构成遏制苏联扩张的防线。[①] 当然，由于以色列与阿拉伯国家难以调和的矛盾，这种“战略一致”未能实现，美国更多地是通过与这些国家之间的双边关系来实现其中东战略目标。

里根本人虽然具有强烈的亲以色列情感，但是为了美国的战略利益，仍从现实主义出发，其中东政策应该说是在兼顾两派意见的基础上继续推行双轨政策。当然，这一政策也经历了一个变化，从最初更多地寄希望于阿拉伯国家到最终更为偏向以色列。里根执政初期，为了向阿拉伯国家表示其“不偏不倚”的立场，里根政府不仅向温和的阿拉伯国家提供了大量军事援助，而且还会时常挥舞“暂停提交武器”的“大棒”，对以色列右翼政府所采取的一些不符合美国意愿的行动施以惩罚。1983 年黎巴嫩战争结束后，出于对阿拉伯国家的失望，里根政府调整了其中东政策，其中东战略更加倚重以色列，因而提升了与以色列的战略关系，加大了对其军事援助的力度。

一、确保以色列安全并将其建设为美国在中东的战略支柱

1979 年 8 月 15 日，里根在《华盛顿邮报》上写道：“伊朗的沦陷提高了以色列作为可能是该地区仅存的美国真正能够依靠的战略资产的价值……只有充分评估以色列在我们战略演算中的重要地位，我们才能构建阵式来阻止莫斯科对那些于我们的安全和国家福祉至关重要的领土和资源的图谋。”[②] 里根在竞选活动中说：“以色列是美国在中东对付苏联的军事分支队。”美国的这个“分支队”力量可以由以下的事实来衡量，即以色列比英国所拥有的战斗飞机、坦克、装甲车辆还要多，而英国是先进的欧

① 赵国忠等：《八十年代中东内幕》，浙江人民出版社，1989 年版，第 241 页。

② *Washington Post*, August 15, 1979, p. 25.，转引自赵伟明：《中东问题与美国中东政策》，时事出版社，2006 年版，第 223 页。

洲国家，人口比以色列多15倍；以色列用在防务上的钱人均1000美元，是北约国家的四倍，华沙条约成员国的五倍。①

1980年2月2日，里根在接见记者时称："我认为，首先，我们目前有道义上的义务使以色列国有权作为一个国家继续生存下去。我相信这一点，而且认为这对我们有道义上的约束力，但是除此之外，我认为这也是一条双行道。我认为，以色列是一个与我们抱有同样理想的国家，我认为它处理问题抱民主态度，有一支做好战斗准备、甚至是有作战经验的军队，因此以色列在中东是一股对我们确实有好处的力量。"② 同年7月11日，里根在与意大利《时代》周刊记者谈话时说："在中东我们曾有一个可靠的盟国——伊朗——然而伊朗国王一受到攻击，我们就听凭他由命运摆布。""在中东我们依靠埃及，它是一个不能共患难的朋友，我们并没有意识到，唯一坚定地站在我们一边的国家是以色列。"③

正是由于其所拥有的能力以及对美国忠心耿耿，以色列成为美国在中东地区有价值的帮手。里根政府的政策不仅是要维护以色列的生存与安全，而且希望以色列发挥维护美国中东利益的战略作用。显然，只有一个强大的以色列才能更好地为美国利益服务。通过武装以色列，保证其相对于阿拉伯国家的军事优势，使其成为自己"伸入中东的一支长臂"，遏制苏联的扩张，稳定中东局势，这样才能维护美国在中东的利益。

二、发展与温和的阿拉伯国家之间的军事关系

阿拉伯国家中，与美国保持良好关系的主要有埃及、沙特阿拉伯、约旦、阿曼和巴林等，其中，埃及和沙特对美国的中东战略尤其具有重大意义。

埃及位于亚非欧三大洲的结合部，里根政府明确要控制的全球16个交通咽喉之一——苏伊士运河也位于埃及，其地缘战略地位极其重要。同

---

① 【英】迪利普·希罗著，叶进、汪忠民译：《中东内幕》，天津人民出版社，1988年版，第323页。

② 尹常敬主编：《中东问题100年（1897—1997）》，新华出版社，1999年版，第378页。

③ 尹常敬主编：《中东问题100年（1897—1997）》，新华出版社，1999年版，第379页。

时，里根将埃及视为解决中东问题的关键国家，是中东稳定的一个重要因素。

伊朗伊斯兰革命后，美国希望埃及能填补因巴列维政权倒台而留下的“真空”，因此决定增加对埃及的军事援助并扩大双边军事合作。根据1981年美、埃国防部长达成的协议，两国共同制定了一份埃及军队现代化的计划，美国在五年内将向埃及提供56.4亿美元的军事援助，其中贷款部分为45.5亿美元，赠款为10.9亿美元。这是美国对第三世界国家最大的一笔军事援助。埃及为了实现其武器装备的现代化，向美国提出了一份庞大的武器采购清单，包括300架性能先进的F－16战斗机、600辆M－60坦克、2000辆装甲运兵车以及各类导弹和火炮。美国五角大楼对该武器清单做了更改和削减，以老式的F－4代替F－16战斗机，拒绝提供“鹰眼”E－2C预警机。里根提出新的中东和平方案后，希望埃及支持美国的新中东政策，决定增加对埃及的军事援助，并放宽武器供应的限制。1982年10月，五角大楼同意向埃及出售四架“鹰眼”E－2C预警机，这是该预警机首次向第三世界国家出售。1985年美国给埃及的军事援助为11.75亿美元，1986年为12.4亿美元。里根政府虽然加强了与埃及的军事关系，但是维持以色列对于埃及的军事优势的立场没有改变。①

1982年1月，美埃在华盛顿举行了第一次军事协调会议，两国军方领导人讨论了双方军事合作问题。埃及希望美国提供各类新式武器，加速埃及军队现代化，美国要求埃及为美国在中东的军事力量提供方便，诸如提供军事基地和军事设施，以及定期举行两国或多国军事演习。② 美埃两国于1980年首次举行联合军演，从1981年开始，两国联合军演制度化，每年举行一次。

沙特阿拉伯既是波斯湾国家，又是红海国家，也是阿拉伯世界中极为重要的一员。长期以来，沙特在美国的中东战略中具有重要地位。伊朗伊斯兰革命之前，美国一直把沙特和伊朗看作美国在波斯湾的“双支柱”。巴列维国王倒台后，沙特的战略地位更为突出了。

① 张士智、赵慧杰：《美国中东关系史》，中国社会科学出版社，1993年版，第367—368页。

② 张士智、赵慧杰：《美国中东关系史》，中国社会科学出版社，1993年版，第369页。

里根上台后决定加强与沙特的军事关系。1981 年 2 月 26 日，里根政府通知国会，政府计划向沙特阿拉伯出售延长 F－15 战斗机续航能力的附加设备（副油箱），以加强沙特和海湾国家的安全。1981 年 4 月上旬，新任国务卿黑格访问利雅得，向沙特领导人保证里根政府将积极考虑其增强军事力量的要求，希望沙特政府为美国在中东的军事力量，特别是快速部署部队提供使用设施的方便。① 1981 年 8 月 24 日，美国国务院宣布，美国政府决定向沙特出售 85 亿美元的军事装备，由于犹太院外集团的强烈反对，这一议案仅以微弱多数获得通过。

伊朗伊斯兰革命后，阿曼由于其所处地理位置，也逐渐为美国所看重。美国政府利用阿曼对苏联的恐惧心理和维护波斯湾稳定的期望，诱迫阿曼提供基地。1980 年 6 月 5 日，两国签订了一项《军事合作协定》。根据该协定，美国拨款 3 亿多美元，帮助阿曼扩建三个机场和两个港口，以换取阿曼允许美国使用其军事基地和设施。经过几年的努力，最后美国花费 2.56 亿美元完成了工程计划，不但扩建了机场和港口，而且还修建了仓库和掩体，提高了美国军事力量应对波斯湾和中东地区危机的能力。之后，美国的军用侦察机开始使用阿曼的基地，定期对波斯湾海域进行侦察活动。在阿拉伯海和印度洋巡弋的美国舰只，也经常从阿曼基地获得补给或进行整休。②

1982 年 2 月，温伯格对中东三国沙特、阿曼和约旦进行了访问。访问期间，美国同沙特成立了一个联合军事委员会，阿曼重申在发生危机时向美国提供军事设施。温伯格在访问约旦时提出愿意向约旦提供 F－16 战斗机和“霍克”式机动地对空导弹，以改变其购买苏式“萨姆”－6 导弹的计划。③ 里根政府于 1983 年 1 月 1 日建立“中央司令部”，主管中东地区的亚非 19 个国家以及红海和波斯湾。为了支援作战，美国在阿曼、埃及、巴林等阿拉伯国家建立了广泛的军事基地和军事物资储存基地。

---

① 张士智、赵慧杰：《美国中东关系史》，中国社会科学出版社，1993 年版，第 375—376 页。

② 张士智、赵慧杰：《美国中东关系史》，中国社会科学出版社，1993 年版，第 382—383 页。

③ 李伟建等：《以色列与美国关系研究》，时事出版社，2006 年版，第 35 页。

第二节　里根政府初期美国与以色列军事外交关系的摩擦

里根政府的双轨军事外交政策必然导致美以之间的龃龉；同时，以色列也并非是一个完全听命于美国的附庸，其根据自身国家利益计算而做出的某些决策，也与美国的中东战略利益不符。因此，美以之间摩擦与纷争不断。

一、美以在美国向阿拉伯国家军售问题上的摩擦

里根上任不久，1981 年 8 月 24 日，负责协调安全援助计划的副国务卿詹姆斯·巴克利在国务院宣布政府已通知国会，决定向沙特阿拉伯出售 85 亿美元的现代化防空设备，包括：（1）5 架预警机。机上的雷达系统能发现 500 公里半径以内的任何飞机，它与波斯湾周围海域的美国航空母舰相配合，就能为海湾国家提供一条十分可靠的防御线；（2）1177 枚“响尾蛇”空对空导弹；（3）101 对加装油箱，可以延长 F－15 战斗机的续航力；（4）一队 KC－707 加油机；（5）与机载预警与控制系统飞机相配合的地面设施。[①]

如果沙特拥有了预警机，这将大大削弱以色列的空军优势，毫无疑问此项销售计划遭到以色列的极力反对。为了减少国内亲犹太势力特别是国会的阻力，美国国务院宣称，美国政府已获得沙特政府使用预警机的保证：（1）这些飞机只许在沙特阿拉伯境内飞行，只许沙特机组人员或美国机组人员驾驶，只许用于防御的目的；（2）美国政府有权得到这些飞机收集的情报；（3）飞机上的计算机程序的所有权仍属于美国；（4）其他国家的公民不得接近这些飞机，也不得接触这些飞机收集的资料；（5）经两国商定，可以增加美国人员来补充安全安排的需要。[②]

① 张士智、赵慧杰：《美国中东关系史》，中国社会科学出版社，1993 年版，第 375 页。
② 张士智、赵慧杰：《美国中东关系史》，中国社会科学出版社，1993 年版，第 377 页。

但是这并没能阻止美国亲以色列势力的反对。美国犹太人组织立即向里根施压，要求取消这一军售计划。里根入主白宫后，国防部曾告诉他，向沙特出售预警机不会实质性改变中东地区的力量平衡。里根自己也希望加强与沙特的关系，一是不希望沙特丰富的油田被苏联所控制，二是阻止伊朗伊斯兰原教旨主义向沙特蔓延。因此，里根决定继续实施这一计划，并希望阿拉伯人会把这一举动看作是美国在中东保持不偏不倚态度的一种表示，“所以尽管我知道我们从未放弃保证以色列生存的誓言，我感到，我们仍应该寻求一条途径，使温和派阿拉伯人相信，我们可以把事做得公平，而且美国是可信赖的盟友。”①

对于以色列及其在美国国会的支持者们来说，向沙特出售预警机成了美国背叛以色列的象征，因而在国会掀起了一场强大的反对浪潮。里根入主白宫才几天，美国犹太人组织和他们在国会的支持者们，或者打来电话，或者直接拜访，强烈要求取消这项军售计划。里根在回忆录中称，“我受到了如此猛烈的攻击，以至于我花费了与用在恢复经济计划上一样多的时间来处理出售预警机问题。”②

1981 年 9 月 6—15 日，以色列总理贝京对美国进行了为期十天的访问。贝京此行的目的之一就是阻止美国向沙特出售预警机。里根极力向其说明，预警机不会从实质上改变阿以力量平衡，美国要极力争取温和派阿拉伯国家一道努力去“争取中东地区的持久和有保障的和平”。里根还一再强调：“确保以色列的安全是本届政府的首要目标”，“把以色列作为一个盟国看待”。③ 贝京最后承诺不会积极地参与反对活动。但是，贝京一离开白宫，就立刻去了国会山，竭力游说国会反对预警机出售计划。④ 10 月 1 日，里根宣布将出售预警机的决定正式提交国会审议，在宣布此决定举行的新闻发布会上，里根表达了对贝京的愤怒：“制定（美国）外交政策

---

① 【美】罗纳德·里根著，萨本望等译：《里根回忆录》，中国工人出版社，1991 年版，第 403 页。

② 【美】罗纳德·里根著，萨本望等译：《里根回忆录》，中国工人出版社，1991 年版，第 403 页。

③ 张士智、赵慧杰：《美国中东关系史》，中国社会科学出版社，1993 年版，第 402 页。

④ 【美】罗纳德·里根著，萨本望等译：《里根回忆录》，中国工人出版社，1991 年版，第 408 页。

不是其他国家的事情！”[①]

10月8日，《洛杉矶时报》发表的一项民意测验却表明，56%的美国人反对向沙特出售预警机，而支持者只占29%。[②] 里根为争取通过这一议案所花费的时间比任何一次都多，他与参议院议员一一会见，不能见面的也要打电话沟通，力图赢得这一议案。从10月1日至28日，里根与参议员的会见达到47次。[③] 最后，国会的投票结果是，众议院301票对111票反对向沙特出售空中预警机，而参议院却以52票对48票批准向沙特出售空中预警机。[④] 里根以微弱优势赢得了胜利。

为了安抚以色列，里根政府答应向以色列提供价值3亿美元的15架B－15战斗机，[⑤] 并保证在两个财政年度另外给予以色列6亿美元的军事援助。

1982年2月中旬，美国国防部部长温伯格访问中东阿拉伯国家时表示，美国准备向沙特阿拉伯和约旦出售F－16战斗机和导弹等武器，以增加它们的防御力量。[⑥] 以色列议会立即通过决议予以谴责。美国国会多数议员也表示将否决向阿拉伯国家出售新式武器的议案。2月16日，里根总统写信给以色列总理，称“美国对以色列的政策没有改变”，承诺保持以色列“质量上的技术优势”，“我们与约旦的军事供应关系没有改变”，“以后向约旦或该地区任何其他国家的军售决定都要置于本政府对以色列安全的坚定承诺的背景下予以考虑”。以色列和美国是“朋友和盟友”，这种关系对我们两国都有利，有利于美国提高对该地区其他国家的影响力。[⑦] 白宫发言人戴维·格根对里根所说的“技术质量优势”做了解释：这是指保持以色列的军事优势。但里根并没有表示要放弃美国准备向友好的阿拉伯

---

① Michael Thomas, *American Policy toward Israel*: *The Power and Limits of Beliefs*, London and New York: Routledge, 2007, p. 88.

② 赵伟明：《中东问题与美国中东政策》，时事出版社，2006年版，第227页。

③ Michael Thomas, *American Policy toward Israel*: *The Power and Limits of Beliefs*, London and New York: Routledge, 2007, p. 89.

④ 赵伟明：《中东问题与美国中东政策》，时事出版社，2006年版，第228页。

⑤ 赵伟明：《中东问题与美国中东政策》，时事出版社，2006年版，第226—227页。

⑥ 张士智、赵慧杰：《美国中东关系史》，中国社会科学出版社，1993年版，第410页。

⑦ M. F. A. -Israel Ministry of Foreign Affairs, www. jewishvirtuallibrary. org/jsource/US－Israel/letters82. html.

国家出售武器装备的计划，因为这关系到美国在中东的战略利益。①

1982 年 9 月 15 日，美国政府宣布将向约旦出售武器。亲以色列的院外集团立即行动起来，动员 175 名国会议员联名写信给里根总统，要求总统拒绝向约旦出售先进武器，除非约旦同意与以色列直接谈判。这一次，里根政府屈从了亲以色列的院外集团的压力，并于 12 月 16 日宣布不向约旦出售任何喷气式战斗机或移动式防空导弹，除非侯赛因国王同意与以色列展开直接谈判。②

二、以色列轰炸伊拉克核设施引发美以关系紧张

伊拉克自 1976 年以来，以供给石油作为交换条件，先后从法国、意大利、巴西等国引进了制造核反应堆的设备和技术，主要由法国帮助，在巴格达东南约 20 公里处的奥希拉克（Osirak）兴建了一座生产能力为 70 兆瓦的核反应堆，计划于 1981 年 7 月 14 日伊拉克国庆节前投入使用。核反应堆的建成意味着伊拉克向发展核武器的道路上迈出了关键性的一步，这是以色列绝对不能容许的。对于以色列来说，伊拉克等阿拉伯国家如果拥有核武器意味着其头顶上时刻悬着“达摩克利斯之剑”，意味着其随时可能遭受毁灭性打击。因此，阻止阿拉伯国家掌握核武器是以色列的核心战略。

以色列判断，这座现代化的核工厂生产出来的浓缩铀，将可制造 3—5 枚当量为两万吨级的原子弹。伊拉克距以色列约 500 公里，一旦伊拉克利用核反应堆成功研制原子弹，那么，其空军可在 20 分钟内实现对以色列的核打击。若使用地地中程弹道导弹，则可以直接从伊拉克本土对以色列进行核袭击。为防患于未然，1981 年 6 月 7 日，以色列发动了代号为“巴比伦行动”的“外科手术”打击行动，共出动八架 F-16 战斗轰炸机，在六架 F-15 战斗机的护卫下，摧毁了奥西拉克核反应堆。

贝京总理在“巴比伦行动”事发后才向美国通报情况。以色列的这一

---

① 张士智、赵慧杰：《美国中东关系史》，中国社会科学出版社，1993 年版，第 410 页。

② Cheryl A. Rubenberg, *Israel and the American National Interest: A Critical Examination*, Urbana and Chicago: University of Illinoi Press, 1986, pp. 317-318.

行动违反了美国 1952 年和 1976 年的《武器出口控制法案》，该法案规定美国提供的武器只能用于自卫或联合国集体安全目的。[①] 美国向以色列政府递交了一份备忘录，批评了这次袭击。国务卿黑格通知国会，总统已决定“暂时”中止 1978 年一揽子交易中的 4 架 F－16 战斗机的交付。这是为了让政府确定以色列是否违反了 1952 年的相互防务援助协议。贝京谴责里根的决定既不公平也不合理，他还言辞激烈地表示：“如果认为一个主权国家为保护其公民而采取军事行动时需要与另一个主权国家磋商，那是荒谬可笑的！”[②] 以色列政府辩解说，这种轰炸实际上是自卫行动，因为伊拉克的核武器将对以色列的生存构成威胁。但以色列也做出承诺，以后将“在所有的时候都考虑到美国——我们的朋友和盟友——的利益”[③]。这一声明使里根得以在 7 月初发布命令，恢复飞机的交付。

三、以色列入侵黎巴嫩引发美以关系紧张

1982 年 6 月 5 日，以色列发动入侵黎巴嫩的战争。美国最初对以色列的侵略行径采取默许和纵容的态度。据美国报刊透露，事实上，以色列策划入侵黎巴嫩和消灭巴解组织的计划，美国不但是知情者，而且还是参与者。美国在战争前向以色列提供了比正常时期多得多的军事装备。[④] 1982 年 6 月 8 日，美国对安理会要求以色列停火和撤军的决议行使了否决权。之后，在联合国大会多次表决谴责以色列侵略和要求以色列撤军的决议时，美国代表都投了反对票。6 月 8 日，美国国务卿黑格和副国务卿沃尔特·J. 斯托塞尔（Walter J. Stossel）分别在伦敦和华盛顿发表讲话表示，

---

① Alexander M. Haig Jr. , *Caveat*: *Realism*, *Reagan and Foreign Policy*, London: Widenfeld and Nicolson, 1984, p. 182，转引自赵伟明：《中东问题与美国中东政策》，时事出版社，2006 年版，第 225 页。

② Cheryl A. Rubenberg, *Israel and the American National Interest*: *A Critical Examination*, Urbana and Chicago: University of Illinoi Press, 1986, p. 267.

③ Mordechai Gazit, “Israeli Military Procurement from the United States”, in Gabriel Sheffer ed. , *Dynamics of Dependence*: *U. S. -Israeli Relations*, p. 117.

④ 关于以色列发动入侵黎巴嫩战争前，美以双方的磋商及美国对其行动的支持参见：Cheryl A. Rubenberg, *Israel and the American National Interest*: *A Critical Examination*, Urbana and Chicago: University of Illinoi Press, 1986, pp. 269－271。

美国政府不准备对以色列实行制裁。白宫还一再表示，美国无意中断向以色列提供武器装备。[①]

但是，以色列在军事行动中的残暴行为激起的全世界的愤怒和谴责让美国感受到压力，而且，以色列的过激行动也不符合美国稳定中东局势的政策。

里根对以色列行为不满的第一个表现是国务卿黑格的离职。在以色列入侵黎巴嫩的战争过程中，黑格无视以色列国防军的残暴杀戮行为，仍对以色列表示同情，这种露骨的亲以色列立场损害了里根政府的形象。事实上，黑格的外交主张经常与里根的外交政策发生矛盾，尤其是黑格极端亲以色列的立场与里根的中东政策不相融合。1982 年 6 月 25 日，里根宣布接受国务卿黑格的辞职。以色列外交部立即发表声明，对黑格的辞职表示遗憾，宣称“黑格是以色列的一位忠实朋友”。以色列的声明对里根排挤了亲以的国务卿表示相当不满。当天，美国国务院致电以色列外交部，向以色列政府保证，黑格的去职决不会带来美国对以色列政策的改变。[②]

7 月 9 日，里根向贝京发出一封信，表达了对以色列围困和轰炸贝鲁特的“关注”。[③] 7 月 16 日，代理国务卿斯托塞尔向国会领导人提交了一封信，称“可能在黎巴嫩发生了”以色列“实质性”违反 1952 年《武器出口控制法案》的行为。总统发言人也在同日宣布，在收到贝京关于在黎巴嫩使用美制集束炸弹的情况报告前，政府决定暂时停止向以色列运送集束炸弹。但是斯托塞尔没有明确表明以色列确实违反了美国的法律，如果美国政府确认这一事实的话，就可能导致美国不得不中断对以色列的资金和武器援助。无论是美国政府还是国会，都不希望惹恼以色列院外集团。[④]

7 月 17 日，贝京回复了里根的信件，为使用集束炸弹进行了辩护。7 月 19 日，里根正式宣布，在完成对以色列在黎巴嫩使用美制武器是否违反

---

① 张士智、赵慧杰：《美国中东关系史》，中国社会科学出版社，1993 年版，第 345—347 页。

② 张士智、赵慧杰：《美国中东关系史》，中国社会科学出版社，1993 年版，第 408—411 页。

③ Cheryl A. Rubenberg, *Israel and the American National Interest: A Critical Examination*, Urbana and Chicago: University of Illinoi Press, 1986, p. 299.

④ Cheryl A. Rubenberg, *Israel and the American National Interest: A Critical Examination*, Urbana and Chicago: University of Illinoi Press, 1986, p. 300.

了与美国之间达成的协议进行跨部门联合审查之前，停止向以色列运送集束炸弹。27 日，里根宣布“无限期”停止运送该武器。这是黎巴嫩战争中，美国对以色列的唯一“惩罚”。①

1982 年 8 月 4 日，以色列部队炮轰贝鲁特西区，造成大量平民伤亡。里根写信要求贝京停止战争，并暗示，如果不这样做，他将面临“以色列同美国的关系发生巨大变化的危险”。② 8 月 12 日，以色列又向贝鲁特发动持续 14 小时的轰炸。里根打电话给贝京：以色列必须停下来，否则两国关系的整个前景将受到威胁。里根还有意使用了“大屠杀”这个字眼，并说，“一幅炸掉双手的七个月婴儿的照片”正在成为其国家的象征。③ 在美国的强大压力下，以色列减弱了攻击。

9 月，以色列在西贝鲁特萨博拉（Sabra）和沙提拉（Shatila）难民营杀戮了几百名难民后，美以关系变得更为紧张。对巴勒斯坦平民的杀戮给美国造成了道义和法律上的两难，因为美国特使菲利普·C. 哈比卜（Philip C. Habib）在巴解组织撤出贝鲁特时曾保证巴勒斯坦人的安全。更为严重的是，以色列的大屠杀在美国引发了相当多的讨论，那就是美国应在多大程度上容忍和支持以色列创立“大以色列”的计划。④

为了与以色列的吞并政策拉开距离，里根总统在 1982 年 9 月呼吁“重新开始拖延不前”的中东和谈（即“里根方案”），呼吁以色列冻结在被占领土上兴建定居点，并给予西岸和加沙地区“完全自治”。他建议耶路撒冷的未来应通过谈判解决，他还表示了对以色列“安全”的坚定承诺。以色列拒绝了里根的建议，因为该建议没有同意以色列合并西岸和加沙。但里根还是继续努力说服以色列政府以被占阿拉伯人的土地换取该地区的和平。利库德集团政府能够无视美国的建议，是因为美国以前做出过承诺，不会将军事和经济援助与政治问题挂钩。同时，美国国会亲以色列的

---

① Cheryl A. Rubenberg, *Israel and the American National Interest: A Critical Examination*, Urbana and Chicago: University of Illinoi Press, 1986, p. 300.

② 【美】罗纳德·里根著，萨本望等译：《里根回忆录》，中国工人出版社 1991 年版，第 417 页。

③ 【美】罗纳德·里根著，萨本望等译：《里根回忆录》，中国工人出版社 1991 年版，第 419—420 页。

④ Samir Abde-Rabbo and Mohamed El-Khawas, “U. S. Aid to Israel”, *The Link*, Vol. 16, No. 5, December 1983.

强大势力也使以色列有恃无恐。1982 年 12 月 16 日，美国参议院不顾政府反对，决定向以色列增加 1.25 亿美元的经济援助，并将 3.5 亿美元的军事贷款转为无偿援助。以色列还将被免除所欠美国的军事援助贷款总额 17 亿美元中的 50%，即 8.5 亿美元。当时，美国政府正在说服以色列不要在美国倡导的从黎巴嫩撤出所有外国军队的谈判中设置障碍，并要求以色列重新考虑里根和平方案。参议院的行动对政府的努力造成了消极影响。国内没能支持里根的黎巴嫩和中东政策，这鼓励了以色列无视里根。[①]《华盛顿邮报》称"这是政府遭受的最为严重的外交政策挫败"。[②]

1983 年 3 月 31 日，里根宣布，在以色列从黎巴嫩撤军之前，不会允许向以色列交付 75 架 F-16 战斗机。由于这批飞机按计划是 1985 年以后才交付，因此里根此声明更多的只是象征性惩罚。但是，以色列人还是被激怒了。4 月 13 日，以色列新任国防部长阿伦斯（Moshe Arens）宣布：由于里根决定搁置 F-16 飞机的交付，以色列已决定"发展本国军火工业，以减少对美国武器的依赖"。阿伦斯接着说："我想，这一申明在以美 35 年的关系中是史无前例的。从来没有任何一位美国总统会将以色列在政策上进行妥协作为条件附加于美国向以色列提供援助的义务之上。"阿伦斯的声明是对美以关系生动有力的评价：以色列将美国提供的巨额经济和军事援助视为美国对以色列应尽的固有任务，不需要以色列对美国的利益予以关心或承担任何责任。为了平息以色列对暂停 F-16 战斗机的愤怒，4 月 17 日，美国政府宣布以色列可以购买美国为"狮"式战斗机设计的部件。[③]

里根政府时期，美以之间还有其他诸多摩擦，如 1981 年 7 月以色列空军使用美国提供的飞机轰炸了贝鲁特的一所公寓，1981 年 12 月以色列吞并戈兰高地，1986 年 12 月波拉德（Pollard）间谍案，1988 年美国与巴解组织的对话，1988 年春以色列拒绝舒尔茨和平计划等问题。特别是与巴解组织的对话，对以色列人的心理造成相当大的冲击。在很多以色列人看

---

① Samir Abde-Rabbo and Mohamed El-Khawas, "U. S. Aid to Israel", *The Link*, Vol. 16, No. 5, December 1983.

② Mohamed Rabie, "U. S. Aid to Israel", *The Link*, Volume 22, Issue 2, May-June 1989, p. 2.

③ Cheryl A. Rubenberg, *Israel and the American National Interest: A Critical Examination*, Urbana and Chicago: University of Illinoi Press, 1986, pp. 322-323.

来，里根政府是以一个很酸涩的注脚而结束的。

第三节　里根政府时期美国与以色列军事外交关系的制度性提升

虽然美以之间产生了上述摩擦，但美以军事外交关系在里根政府任内得到进一步加强，主要表现是两国在战略和国防合作方面达成了一些开创先例的协议，这些协议使两国军事外交关系得以制度化。

一、1981 年《美以战略合作谅解备忘录》

1981 年 9 月 6—15 日，以色列总理贝京对美国进行了为期十天的访问。贝京向里根建议，以色列愿意提供基地，协助美国的快速部署部队，共同阻止苏联的扩张，以换取与美国的战略合作。里根则向贝京保证："确保以色列的安全是本届政府的首要目标"，"把以色列作为一个盟国看待"。[①] 同年 11 月，以色列国防部部长阿里尔·沙龙访问美国。11 月 30 日，两国国防部长正式签署《美以战略合作谅解备忘录》。

该备忘录正式宣称"两国之间战略合作的重要性"，明确两国加强战略合作的目的是"针对苏联或从这个地区以外被引进这个地区的受苏联控制的势力所造成的对这个地区和平和安全的威胁"。为减小阿拉伯国家的反应，协议中强调"双方之间的战略合作不是针对这个地区的任何国家或一些国家。它只是为了对付上述威胁的防御目的"。为此目的，双方采取合作行动，彼此提供军事援助，开展军事合作，举行联合军事演习（包括在东地中海进行的海军和空军演习）。为更好地开展合作，双方设立联合工作小组和协调委员会。协调委员会在双方国防部部长之间建立，以协调并向联合工作小组提供指导，监督双方在协议范围内所商定的方面进行的合作情况，在以色列和美国举行定期会议以便讨论和解决悬而未决的

---

① 张士智、赵慧杰：《美国中东关系史》，中国社会科学出版社，1993 年版，第 402 页。

问题。[①]

美以战略合作遭到了阿拉伯世界的普遍谴责，甚至较为亲美的阿拉伯国家也觉得是很被美国人出卖了。一些国家开始在大国之间寻求平衡，着手与苏联建立外交关系。阿拉伯拒绝阵线的国家强烈谴责美国与以色列的勾结，指责美以战略合作“是向以色列的血管注射了维生素和强心剂，是一剂使侵略者进行疯狂侵略的开胃药”。[②]

以色列把《美以战略合作谅解备忘录》的签订作为美以结盟的标志，认为美国会无条件支持其侵略扩张。该备忘录签字 15 天后，即 1981 年 12 月 14 日，以色列议会投票决定将以色列法律应用于戈兰高地。这一举动实际上就是吞并这一领土。这不但引起阿拉伯人的愤怒，而且也招致世界舆论的遣责，一致认为这是美国怂恿和支持的结果。

里根政府受到很大的压力。美国国务院官员迪安·费希尔（Dean Fischer）发表声明说，“以色列采取这一行动没有提前通知（美国），……就在我们在波兰面临严峻危机时，而且在我们签署战略合作谅解备忘录后的几周后，以色列政府采取这一行动，我们对此非常失望。”“该协议的精神是每一方在其做出决定时，有义务照顾到对对方重大政策关切的影响。”费希尔强调美国的立场是，戈兰高地的最终地位只能在联合国安理会第 242 号和第 338 号决议下，由以色列和叙利亚通过谈判解决。[③] 他宣布：里根总统指示国务卿和国防部长“在目前不要进行旨在执行今年 11 月 30 日签订的谅解备忘录的讨论”。但费希尔又强调说：里根的决定决不意味着要中断根据我们的援助计划向以色列运送军事装备，美国仍将继续坚决地对以色列的安全承担义务。国务院的表态显示出美国对以色列影响力有限，温伯格颇为感叹地说：“美国控制不住以色列和它的军队。”[④]

以色列对美国搁置《美以战略合作谅解备忘录》非常恼怒。贝京给里根写信表达出异常的愤怒：在越战失败之后，美国无权告诉以色列什么是对什么是错。“以色列人民没有谅解备忘录也活了 3700 年，以色列人民没

---

① 钟冬编：《中东问题八十年》，新华出版社出版，1984 年版，第 445—447 页。

② 张士智、赵慧杰：《美国中东关系史》，中国社会科学出版社，1993 年版，第 408 页。

③ Samir Abde-Rabbo and Mohamed El-Khawas，“U. S. Aid to Israel”，*The Link*，Vol. 16，No. 5，December 1983.

④ 张士智、赵慧杰：《美国中东关系史》，中国社会科学出版社，1993 年版，第 409 页。

有备忘录还将继续活 3700 年。"[①] 贝京拒绝放弃戈兰高地。

以色列政府随即于 1981 年 12 月 20 日宣布，美以签署的《战略合作谅解备忘录》无效。美国犹太人组织也大肆攻击美国政府的中东政策，向里根施加压力。在以色列政府宣布该备忘录无效的当天，国务卿黑格专门发表了一项声明，他表示美国政府只是表示不赞成以色列吞并戈兰高地，但不影响两国亲密关系的基础。最后还是里根总统亲自出面解释："尽管美国暂停执行该备忘录，但我们仍将一如既往，对美国与以色列的关系，对美国作出的保证，以及我们承担的以色列应作为一个国家的存在和希望它能同邻国和平相处的责任尽自己的义务。"[②] 但以色列人要求里根政府增加军事援助的数量，以此证明美国对以色列安全保证的诚意。1982 年年初，美国国防部在 1983 年度军事援助计划中，建议把以色列的军事援助增加 3 亿美元，从 1982 年度的 14 亿美元增加到 17 亿美元。[③]

二、1983 年《美以战略合作协议》

由于以色列吞并戈兰高地、空袭伊拉克核反应堆、入侵黎巴嫩等问题，美以关系一度紧张。但这种紧张没有持续太久。由于叙利亚在黎巴嫩战争后与美国采取对抗的态度，拒绝从黎巴嫩撤军，里根政府对阿拉伯国家的态度从满怀期待转为非常失望。

黎巴嫩战争结束后，美国游说叙利亚与以色列一同从黎巴嫩撤军，但叙利亚军队不仅没有从黎巴嫩撤出，而且得到叙利亚支持的恐怖分子接连袭击了美国驻黎巴嫩使馆和美国维持和平的海军陆战队。里根的中东和平新倡议的失败以及美国在黎巴嫩问题上的受挫，使美国逐步放弃了不切实际的想整个解决中东和平问题的宏伟计划，重新回到了利用以色列来向阿拉伯国家施加压力的轨道上，也使里根改变了两年来对以色列所持的冷淡

---

① 【美】罗纳德・里根著，萨本望等译：《里根回忆录》，中国工人出版社，1991 年版，第 411 页。

② 法新社华盛顿 1981 年 12 月 17 日电，转自张士智、赵慧忠：《美国中东关系史》，中国社会科学出版社，1993 年版，第 409 页。

③ 张士智、赵慧杰：《美国中东关系史》，中国社会科学出版社，1993 年版，第 410 页。

态度。[①]

1983 年 5 月初，国务卿舒尔茨访问以色列后，以色列原则上同意从黎巴嫩撤军。5 月 20 日，里根政府取消了向以色列出售 75 架 F－16 战斗机的禁令，这一禁令自以色列入侵黎巴嫩之后实行了近一年之久。1983 年 10 月 23 日，美国驻黎巴嫩司令部发生爆炸，239 名美国官兵死亡，数十人受伤。[②] 该事件导致美国军事卷入的升级。美国向黎巴嫩海域派遣了包括航空母舰在内的大量战舰，准备对黎巴嫩进行大规模军事干涉。叙利亚宣布全体武装力量进入全面戒备，对美军的行动将做出相应的反应。这导致了美国与叙利亚关系的紧张，并提升了美国与以色列的合作水平。

1983 年 10 月 29 日，里根总统签署了“国家安全决议第 111 号指示”（National Security Decision Directive 111）。这份文件是国家安全委员会两个星期争论的结果，提出了美国中东政策的一些主要目标，其中最为重要的部分是关于以色列的，认为美国有必要修补与以色列的紧张关系，并提升这一关系。[③] 两天后，助理国务卿伊格尔伯格（Lawrence S. Eagleburger）就被派往以色列，与新任以色列总理沙米尔讨论这一问题。

在里根政府中东政策的转变中，国务卿舒尔茨在其中扮演了重要角色。舒尔茨接替黑格之初，其政策主张与黑格大不相同。他强调阿拉伯世界对维护美国中东利益的重要性，将美阿关系置于美以关系之前。他也赞同美国必须维持以色列安全的承诺，但实现以色列安全的最好方法不是使用武力，而是同它的邻国实现全面的和平。美国劝说叙利亚从黎巴嫩撤军遭到失败，再一次证明关于极端阿拉伯国家在温和国家的劝说下会接受和平的想法是错误的（沙特曾承诺劝说叙利亚撤军）。舒尔茨认为这是阿拉伯国家背信弃义，因而认识到要想控制极端的阿拉伯国家，除非施加强大的压力，别无他法。而施加压力的一个重要方式就是扶植以色列发展军事力量，使极端阿拉伯国家对以色列军事力量产生恐惧。他认为，如果以色列被束缚住手脚，美国在这一个地区的影响力就会被削弱。[④] 自此，舒尔

---

① 李伟建等：《以色列与美国关系研究》，时事出版社，2006 年版，第 35—36 页。

② 张士智、赵慧杰：《美国中东关系史》，中国社会科学出版社，1993 年版，第 352 页。

③ Nitza Nachmias, *Transfer of Arms, Leverage, and Peace in the Middle East*, New York · Westport, Connecticut · London: Greenwood Press, 1988, p. 151.

④ 李伟建等：《以色列与美国关系研究》，时事出版社，2006 年版，第 36 页。

茨彻底转变，成为美国历史上最为亲以色列的国务卿之一。

1983 年 11 月 27 日，新任的以色列总理沙米尔偕同国防部部长阿仑斯访问华盛顿，就恢复两国战略合作进行会谈。28 日，刚度过感恩节回到白宫的里根总统会晤了来访的沙米尔。这是一次计划之外的会晤，白宫发言人斯皮克斯说，做出这种安排是为了“突出两国之间的密切关系”。29 日，两国国防部部长正式签署了《美以战略合作协议》，从而“复活”了 1981 年的《美以战略合作谅解备忘录》。美国舆论把这一动向看成是美国中东政策上引人注目的逆转。①

《美以战略合作协议》基本上是 1981 年的《美以战略合作谅解备忘录》的翻版，但在具体做法上有了更为明确的规定：（1）两国将成立一个“联合政治军事小组”（Joint Political Military Group，JPMG），以商定改进在军事和政治方面进行合作的最好办法；（2）美国总统里根同意取消禁止向以色列出售和运送集束炸弹的禁令（该禁令是 1982 年 6 月以色列入侵黎巴嫩后实行的）；（3）以色列将利用一项 3 亿美元的美援款项研制“狮”式战斗机，还可用 2.5 亿美元的美援款项购买“狮”式战斗机所需的零配件；（4）1983 年，以色列将以贷款的方式接受美国 8.5 亿美元的军事援助，里根将要求美国国会把一部分贷款改为赠款；（5）美方将与以色列协商签订一项自由贸易协定，以便帮助以减少贸易逆差，允许以色列公司为得到参与美国武器系统生产的合同而进行竞争；（6）加强双方情报合作，允许美国飞机使用以色列军事基地，豁免以色列对美贷款的偿付和取消美方对以色列向第三世界出售军工产品的限制等。② 以色列方面还承诺：同意分阶段从黎巴嫩撤军；帮助美军撤出黎巴嫩，同意美国与友好的阿拉伯国家进行联合军事演习。③

此协议对美以关系带来的重大变化最主要的体现是“联合政治军事小组”。该小组由美国国务院一名高级官员和以色列国防部一名局长担任联合主席，自 1984 年 1 月起定期开会。小组的工作任务是就美国在危机时期

---

① 李伟建等：《以色列与美国关系研究》，时事出版社，2006 年版，第 22 页。

② 顾德欣主编：《中国军事百科全书—国际军事关系》（学科分册 II）（第二版），中国大百科全书出版社，2007 年版，第 545—546 页。

③ 张士智、赵慧杰：《美国中东关系史》，中国社会科学出版社，1993 年版，第 412—413 页。

使用以色列设施以及在以色列预先储备军需物资进行正式磋商并达成协议。该机制还大大促进了双方的信息交流，而以色列从这种信息交流中的获益远远超过美国，正如一位美国官员对此评论道："以色列充分利用'联合政治军事小组'……以色列人在五角大楼四处游走，这里取份文件，那里打探些消息……"①

该协议还规定设立"联合安全援助计划小组"（Joint Security Assistance Planning Group，JSAPG）（未公开）。该小组由一名国务院高级官员以及一名以色列官员（以色列方面由 JPMG 主席兼任）担任联合主席。该小组设立的本意是为了协调减少双方在对以援助的水平和条件上的分歧。②

根据协议条款，美国预先将军需物资储备在以色列。当以色列受到攻击时，这些物资自然就会交给以色列使用。协议还规定，1984 年起所有对以军事援助改为无偿援助，确认并扩大了 1979 年 3 月 19 日双方达成的备忘录。在 1979 年的备忘录中，美国允许以色列向美国国防部出售两亿美元的军品或服务，并可以使用两亿美元的军事援助款项在以色列国内而不是美国进行采购。1984 年，两国签署了一份关于交换科学家和工程师的协议备忘录，以为某些挑选出来的国防装备的研究、开发、采购以及后勤提供支持。这一协议遭到美国公司的强烈反对，他们认为这将导致美国的技术流入以色列，最终导致自己与以色列的公司在国际军品市场上的竞争。③

协议还授权以色列使用军事援助款项研发并采购"狮"式战斗机。这一决定遭到五角大楼、情报机构、大部分国家安全机构以及一些军火公司的强烈反对。1987 年 8 月，在美国国防部的压力下，以色列内阁以微弱多数通过了终止研发该战斗机的提案。在终止之前，该项目已耗资 15 亿美元，其中 90% 以上由美国提供。④

虽然以色列国防军一再违反美国对使用美制集束炸弹的限制性要求，

---

① Duncan L. Clarke, "Entanglement: The Commitment to Israel", in Yekuda Lukacs and Abdalla M. Battah, eds., *The Arab-Israeli Conflict*, Boulder & London: Westview Press, 1988, pp. 226 – 227.

② Duncan L. Clarke, "Entanglement: The Commitment to Israel", in Yekuda Lukacs and Abdalla M. Battah, eds., *The Arab-Israeli Conflict*, Boulder & London: Westview Press, 1988, p. 227.

③ Duncan L. Clarke, "Entanglement: The Commitment to Israel", in Yekuda Lukacs and Abdalla M. Battah, eds., *The Arab-Israeli Conflict*, Boulder & London: Westview Press, 1988, p. 227.

④ Duncan L. Clarke, "Entanglement: The Commitment to Israel", in Yekuda Lukacs and Abdalla M. Battah, eds., *The Arab-Israeli Conflict*, Boulder & London: Westview Press, 1988, p. 228.

但是还是允许以色列购买集束炸弹引信，以色列由此可以获得自行生产集束炸弹的能力。①

美国政府内部对 1983 年《美以战略合作协议》的态度存在重大分歧。协议是由国务卿舒尔茨、国家安全委员会顾问麦克法兰（Robert McFarlane）和美国驻联合国大使珍妮·柯克帕特里克（Jeanne Kirkpatrick）主导。而国防部部长温伯格、参联会等持反对立场。甚至在备忘录宣布之后，参联会主席约翰·维西（John Vessey）仍公开表达自己的反对态度，认为以色列与美国的目标是完全不同的。除此之外，军方认为，（与以色列的战略合作）将会危险地大幅消耗美国的军火储备，美国的力量将会过分延展从而偏离一些更为关键性的任务，造成严重的后勤问题，危及美国的情报乃至先进武器技术。②

阿拉伯国家舆论认为《美以战略合作协议》是对整个阿拉伯世界的挑战，它必将成为中东局势新的祸根。即使被阿拉伯人认为亲美的国家领导人，如约旦国王侯赛因、埃及总统穆巴拉克、沙特阿拉伯国王法赫德等，也都纷纷发表讲话，对里根政府表示失望和谴责。

美以在军事上如此密切的合作，在以色列受到广泛的欢迎。美国国防部部长阿仑斯回国时在特拉维夫机场发表的声明中说：《美以战略合作协议》的签订，是“美、以关系的转折点”。③

里根将《美以战略合作协议》视为其任内的重要成就。1984 年 9 月初，里根出席圣约信徒犹太兄弟会的华盛顿国际会议时，总结本届政府在三个重要方面加强了美以关系。第一条就是“我们提升了两国之间的战略合作关系，并将其正式化。这是有史以来的第一次，在本届政府任内，美国与以色列达成了正式战略关系。美国—以色列联合政治军事小组已经开始定期会晤”。“我们还正在一起制定计划，共同努力反击苏联在中东地区对我们共同利益的威胁。最近，我们延长了美以协议备忘录，该备忘录规

① Duncan L. Clarke, “Entanglement: The Commitment to Israel”, in Yekuda Lukacs and Abdalla M. Battah, eds. , *The Arab-Israeli Conflict*, Boulder & London: Westview Press, 1988, p. 228.

② Duncan L. Clarke, “Entanglement: The Commitment to Israel”, in Yekuda Lukacs and Abdalla M. Battah, eds. , *The Arab-Israeli Conflict*, Boulder & London: Westview Press, 1988, p. 225.

③ 张士智、赵慧杰：《美国中东关系史》，中国社会科学出版社，1993 年版，第 412—414 页。

定双方在军事研发、采购和后勤方面开展合作。根据该协议，美国已经开始采购以色列生产的无线电设备、遥控汽车、反坦克武器以及先进飞机的部件。我们也可以分享以色列设计的‘狮’式战斗机的最新技术以及新式导弹攻击艇（SAAR 5）的技术。”①

与 1981 年《美以战略合作谅解备忘录》一样，美国和以色列在对《美以战略合作协议》的理解上也存在着重大分歧。对于签署协议的目的，里根与沙米尔的说法截然不同。里根认为首要关注的是“由于苏联势力在中东的增长对（美以）双方共同利益带来的威胁”。而沙米尔宣称该协议是为了“加强以色列的力量从而威慑对本地区的威胁”。② 1983 年 9 月 6 日，正在美国访问的以色列总参谋长摩西·利维在拜会美国参谋长联席会议主席约翰·维西后举行的记者招待会上说：“以色列人认为，美、以战略合作的目的是使以色列为将来可能同它的阿拉伯邻国——而不是苏联——发生冲突做准备……身为以色列总参谋长，我不认为苏联是敌人。我们有非常明确的、人人皆知的敌人，我们准备对付这些敌人的威胁。”③

三、里根政府任内美以签订的其他协议

1986 年 5 月 6 日，美以两国签署协议（内容对外保密），允许以色列参与“战略防御计划/星球大战计划”（Strategic Defense Initiative/Star Wars）的研究。在此项计划下，以色列利用美国资助的 6.25 亿美元（到 1999 财年为止）发展了“箭”式反弹道导弹。④

1987 年 12 月，以色列国防部部长拉宾和美国国防部部长弗兰克·卡卢奇签署了一个为期十年的备忘录，取代已经存在了八年之久的美以合作协议。这项新协议取消了一些对以色列购买美国武器所做的限制，同时允许以色列的国防公司就美国的国防订货与美国和北约的厂家进行平等竞

① Public Papers of the Presidents, Ronald Reagan, 1984.

② Duncan L. Clarke, “Entanglement: The Commitment to Israel”, in Yekuda Lukacs and Abdalla M. Battah, eds., *The Arab-Israeli Conflict*, Boulder & London: Westview Press, 1988, pp. 225 - 226.

③ 赵伟明：《中东问题与美国中东政策》，时事出版社，2006 年版，第 415—416 页。

④ Clyde R. Mark, *Israeli-United States Relations* (Updated April 4, 2003), Issue Brief for Congress (Received through the CRS Web), Congressional Research Service ◆ The Library of Congress.

争，给予以色列更多机会获得五角大楼的合同。过去，以色列只能在一些特定的领域进行投标，而现在则除了那些特别对以色列禁止的项目外，以色列得以对任何合同进行投标。以色列享受到了北约成员和两个重要的非北约成员（瑞典和澳大利亚）才能享受到的地位。①

1988 年 6 月 29 日，美以签署了另一项战略合作协议备忘录，再次确认“以色列同美国之间紧密的伙伴关系”，以色列同澳大利亚、埃及、日本和韩国一道，被认定为美国“主要的非北约盟国”。享有这种地位的国家有资格以较低价格购买更多种类的美国武器，优先得到战争剩余物资的转让，并参与联合研发项目和美国的反恐计划。在竞标美国的国防合同时，来自这些国家的商业公司也受到优待。② 白宫发言人说，它反映了美国“对以色列的安全做出的持久承诺”，“我们继续在确保以色列安全和质量上的军事优势的领域加强这种战略伙伴关系。为此，美国自 1986 年以来每年为以色列的国际采购提供 18 亿美元，我们还帮助以色列进一步节约它的国防预算，根据各种法律授权提供额外的国防装备。我们还有范围广泛的技术交流安排”。③

美以军事外交关系的制度性提升的意义巨大，影响深远。1986 年 4 月 6 日，美国以色列公共事务委员会（AIPAC）执行主任托马斯·迪恩（Thomas Dine）在该委员会的年度大会上宣称，“我们正处在将美以关系提升到新高度的革命性过程之中”，他还称，“在里根政府期间，国会对以色列的坚定支持因我们在政府各部门获得了很多朋友而得到加强。现在在国务院、国防部、中央情报局和其他各联邦机构中的各个级别都有同情以色列的官员。”④ 迪恩引述美国国务卿舒尔茨的话说，美以战略合作的目标是“建立一个制度性安排，从而在八年以后，如果有一位国务卿对以色列不是那么友好（not positive），他也无法越过我们已经建立起来的美国与以色

① 李伟建等：《以色列与美国关系研究》，时事出版社，2006 年版，第 192 页。

② 【美】约翰·J. 米尔斯海默、斯蒂芬·M. 沃尔特著，王传兴译：《以色列游说集团与美国对外政策》，上海人民出版社，2009 年版，第 37 页。

③ 1995 年美国国防部报告《美国对中东的安全战略》，转自《参考资料》，1995 年 7 月 11 日。

④ Jane Hunter, “The Shadow Government”, *The Link*, Vol. 20, No. 4, October-November 1987.

列之间的这种政府机构间的关系（bureaucratic relationship）”。[①]

第四节 里根政府任内美国对以色列的军事援助

在总统竞选中，里根总统称以色列是“美国在这一地区所剩的唯一能够依靠的战略资产”。他还警告“如果不向以色列提供足够的军事援助，将会削弱以色列”，这被认为是里根对以色列军事支持的保证。[②]

里根政府初期，美以之间虽然经历了一些摩擦，但从其整个任期来说，美以军事外交关系有了显著提升。里根的保守主义导致了冷战竞争加剧，并再次使中东地区成为东西冲突中可资利用的工具。美国的中东政策成为其全球战略的一部分，那就是“建立起对苏联行为的限制”。里根在中东地区反共产主义国家中建立“战略共识”的计划将他与以色列拉得更近了。

由于以色列的战略价值，美国对以色列的军事援助基本未受双方关系摩擦的影响。以色列入侵黎巴嫩之后，给美国造成很大困扰，而且美国驻扎在黎巴嫩的海军陆战队不断遭到以色列的骚扰。美国海军陆战队司令R. H. 巴罗（R. H. Barrow）将军在1984年3月14日给国防部长温伯格的信中写道，“对我来说很明显，而且不论是在海上还是岸上的美国指挥员都持此观点，海军陆战队和以色列国防军之间发生的事件是经过周密组织的，时间上是经过精心安排的，目的是为以色列政治目标服务。”就在此时，里根政府要求国会1984财年给予以色列17亿美元的军事援助和7.85[③]亿美元的经济援助。4月中旬，国务卿舒尔茨写给以色列国防部长的信中，告知以方，三个等待已久的“狮”式战斗机部件生产和技术执照已经被批准。他还在这封信中揭示了做出这一决定的原因，“我希望你们

---

① Cheryl A. Rubenberg, “The Misguided Alliance”, *The Link*, Vol. 19, No. 4, October/November 1986.

② Allan C. Kellum, “U. S. -Israeli Relations: A Reassessment”, *The Link*, Vol. 15, No. 5, December 1982.

③ Samir Abde-Rabbo and Mohamed El-Khawas, “U. S. Aid to Israel”, *The Link*, Vol. 16, No. 5, December 1983.

与哈比卜的会晤就我们之间（在以色列军队从黎巴嫩撤出的问题上）达成协议的问题上走得更近一步。”当然，以色列没有撤军。国会仍投票决定将 1984 财年给予以色列的援助增加 6500 万美元，无偿援助从 13.35 亿美元增加到 17 亿美元。众议院欧洲及中东委员会批准 1984 年对以援助总额为 25.5 亿美元，其中 17 亿美元为无偿军事援助。[①] 以色列入侵黎巴嫩后，美国虽然中断向以色列提供集束炸弹和金额达 27 亿美元的 75 架 F－16 飞机，但其他武器继续源源不断地流向以色列，包括 15 辆坦克、榴弹炮、包括“聪明炸弹”在内的各类弹药以及装甲运兵车等。[②] 1987 年 12 月，巴勒斯坦爆发“因提法塔”（起义），反抗以色列统治。以色列对此做出强烈反应，几乎每天都有巴勒斯坦青年被以军打死或打伤。舆论纷纷谴责以色列，甚至美国犹太人对此也颇有微词。但是，美国政策也没有发生重大改变，仍然向以色列提供着大量军事援助。

总体来说，里根政府任期内对以色列的军事援助具有以下几个特点。

一是军事援助大幅度增加。里根上任伊始就大幅度增加了对以色列的军事援助，1981 年和 1982 年都达到 14 亿美元。另外，1981 年以色列还被免去 5 亿美元的债务，1982 年又被免去 5.5 亿美元。里根还接受贝京的建议，在美以之间建立军事联系。[③] 1980 年至 1988 年的 9 年里，美国向以色列提供的军事援助总额已超过了 1953 年至 1979 年 27 年总和 111 亿美元。[④]

20 世纪 80 年代初，以色列经济出现严重困难。国内经济发展停滞，社会公共开支及军事花费持续处于高水平，外债利息不断增加，同时生产力低下，通货膨胀严重，再加上世界经济萧条，以色列经济处于危机边缘。美国的经济和军事援助对于以色列来说尤为重要。根据美国总审计署

---

① Samir Abde-Rabbo and Mohamed El-Khawas, “U. S. Aid to Israel”, *The Link*, Vol. 16, No. 5, December 1983.

② Allan C. Kellum, “U. S. -Israeli Relations: A Reassessment”, *The Link*, Vol. 15, No. 5, December 1982.

③ Samir Abde-Rabbo and Mohamed El-Khawas, “U. S. Aid to Israel”, *The Link*, Vol. 16, No. 5, December 1983.

④ 赵国忠等:《八十年代中东内幕》，浙江人民出版社，1989 年版，第 283 页。

报告，以色列文件表明，美国的援助占其1982财年国防预算的37%。[①] 为了减轻以色列还债的压力，1982年5月25日，阿兰·克莱斯顿（Alan Cranston）提出了一项针对外国援助法案的修正案。根据此修正案，美国每年向以色列提供的军事援助应不少于以色列所欠美国债务的利息总额。[②] 同时，1984年里根政府向国会提出，将所有给予以色列的援助全部改为无偿，国会立即予以通过。无偿援助在20世纪60年代只占4%，70年代占46%，到80年代中期达到100%。[③]

二是大幅放宽对以色列的军事技术出口，并加强两国在武器研发上的合作水平。1983年4月，美国同意向以色列出售制造新式"狮"式飞机所需要的美国零部件。[④] 1984年10月，新任总理佩雷斯访美，接着美国国防部部长温伯格又赶往特拉维夫会谈，双方宣布了三项军事合作的决定：（1）美国保证向以色列提供生产"狮"式战斗机所需的一切技术资料，同意以色列每年可以从美国的军事援助中拨出2.5亿美元用于这项计划；（2）双方将成立一个混合委员会，由美国帮助以色列生产潜艇；（3）1984年美国将向以色列购买一批武器和军用物资（约为7亿至10亿美元）。此外美国除帮助以色列在迪莫纳地区扩建现有的核反应堆外，还将在内格夫南部地区建立一个新的反应堆。[⑤]

三是提供了大量先进武器。里根政府任内，美国运到以色列的主要武器有：1980年至1985年，M-60A型主战坦克300辆，1986年，F-15A型战斗机11架，1986年至1988年F-16C型战斗机50架。美国还提供资金和技术帮助以色列发展军火工业。[⑥]

四是援助条件优惠。1984年，国会通过了参议员约翰·格伦（John Glenn）提出的修正案，要求在每个财年一开始，就将给予以色列的援助一

---

① Samir Abed-Rabbo and Mohamed El-Khawas, "U. S. Aid to Israel", *The Link*, Vol. 16, No. 5, December 1983.

② Allan C. Kellum, "U. S. -Israeli Relations: A Reassessment", *The Link*, Vol. 15, No. 5, December 1982.

③ Mohamed Rabie, "U. S. Aid to Israel", The Link-Volume 22, Issue 2, May-June 1989, p. 2.

④ 赵伟明：《中东问题与美国中东政策》，时事出版社，2006年版，第260页。

⑤ 张士智、赵慧杰：《美国中东关系史》，中国社会科学出版社，1993年版，第413页。

⑥ 赵国忠等：《八十年代中东内幕》，浙江人民出版社，1989年版，第283页。

次性付清，而不是像过去那样，分季度支付。① 另外，根据美国对外援助法案规定，美国向外国提供军事援助的款项必须用来购买美国武器，但以色列却享受到例外待遇。当以色列希望生产其自行设计的“狮”式战斗机时，他们援引利用美援生产梅卡瓦坦克为先例，要求再次免除必须“购买美国武器”的义务。1982 年 5 月，以色列国防部部长沙龙进一步把这种例外应用于平常采购，要求在 1983—1986 财年中，将每年 2.5 亿美元必须用于美国的军事贷款用于在以色列“生产梅卡瓦坦克，发展‘狮’式战斗机，以及其他各类武器的生产”。②

表 1　1982—1990 年美国对以色列的军事援助　（单位：百万美元）

年份	1982	1983	1984	1985	1986	1987	1988	1989	1990
军事贷款	850	950	850	—	—	—	—	—	—
军事赠款	550	750	850	1400	1722.6	1800	1800	1800	1792.3

资料来源：Clyde R. Mark，“Israel：U. S. Foreign Assistance”，Congressional Research Service，(July12，2004)；U. S. State Department；USAID，Congressional Budget Justification for FY06 Foreign Operations，March 2005。

结　语

里根政府时期，美国与以色列的关系有了飞跃性发展。美国对以色列的军事援助也提升到一个前所未有的高度。美国的这种政策是符合其当时的战略需求的。如前所述，在里根上台之前，美国在与苏联的争夺中处于不利地位。特别是在中东地区，20 世纪 70 年代后期，苏联在埃塞俄比亚和也门民主人民共和国获得了军事基地，又占领了阿富汗，在军事上对叙利亚和伊拉克的影响不断增加。其结果是苏联的军事力量对于西方而言生死攸关的波斯湾形成了包围。同时，在黎巴嫩形成了苏联支持的叙利亚为

① Mohamed Rabie，“U. S. Aid to Israel”，*The Link*，Vol. 22，Issue 2，May-June 1989，p. 4.

② Samir Abed-Rabbo and Mohamed El-Khawas，“U. S. Aid to Israel”，*The Link*，Vol. 16，No. 5，December 1983.

一方和美国支持的以色列为另一方的军事冲突。这些都威胁着美国的利益。另外，伊朗霍梅尼伊斯兰革命的胜利，使美国不仅失去了在中东地区的战略支柱，而且多了一个敌人。更为严重的是，伊斯兰革命有在中东地区蔓延的趋势。从此，美国在中东地区不仅要抵抗苏联的扩张，而且要遏止伊斯兰极端主义势力。为了应付这种战略环境，里根的战略就是在全球范围内与苏联展开争夺。在美、苏争夺的关键地区——中东，美国的战略是一方面拉拢沙特阿拉伯和埃及等亲美阿拉伯国家，向这些国家提供大量军事援助；同时为了缓和阿拉伯世界的反美情绪，也在中东和平进程上做了一些努力。但是另一方面美国的战略更加倚重以色列，美国希望通过提升与以色列的战略同盟关系，大力武装以色列，使其成为自己“伸入中东的一支长臂”，遏制苏联的扩张，威慑伊斯兰极端主义势力，从而维护自己在中东的利益。

第四章
美以军事外交关系的再定位

1991 年，冷战结束，以色列作为美国在中东乃至全球遏制苏联势力扩张的战略伙伴的角色不复存在。在此新形势下，1993 年年初，美以就建立冷战后的新战略伙伴关系达成共识，并规划了未来的安全合作。美以关系得以重新定位，美国对以色列的军事援助关系在此基础上更是有所发展，主要表现在两个方面：一是军事援助的范围进一步扩大，不仅包括传统的军事赠款，出售先进武器装备等，还加强了双方在反恐、控制大规模杀伤性武器的扩散、反弹道导弹防御系统，甚至航天领域的合作；二是军事赠款稳中有升，从 1991 年到 1998 年，每年的军事援助都保持在 18 亿美元。21 世纪以来，军事援助款项不断攀升，最终达到 2013 年的 31 亿美元。①

第一节　乔治·赫伯特·沃克·布什政府任内美以军事外交关系的波折

乔治·赫伯特·沃克·布什（以下称布什）政府上台后，稳定中东局势，促进阿以双方的和谈是其中东战略的主轴。因此，布什总统对沙米尔政府的“大以色列计划”和定居点政策展开了激烈批评，这使他和沙米尔之间的关系十分紧张。海湾战争中，以色列政府的克制态度缓和了双方之间的紧张关系。但是，海湾战争的结束使美以矛盾再次爆发，围绕着马德

---

① CRS Report for Congress7 - 5700：Jeremy M. Sharp，*U. S. Foreign Aid to Israel*，March 12，2012.

里和会与定居点建设等问题，双方之间产生了激烈冲突。布什总统向以色列政府施加了相当大的压力。美国的压力很大程度上帮助拉宾在 1992 年 6 月的大选中击败了沙米尔。虽然布什政府任内对以色列的安全支持和军事援助并未减少，同时拉宾上台后布什也同意给予以色列贷款担保，但是，布什在以色列人和美国亲以色列势力心中的负面形象未能改变。这在很大程度上是布什未能连任的原因之一。

一、美以在贷款担保问题上的龃龉

1989 年，约 13000 名犹太人被允许离开苏联前往以色列。随着苏联共产主义的崩溃，对犹太人移民以色列的限制也被废除，大批犹太人迁往以色列，1990 年人数为 185227 人，1991 年为 147839 人。[①] 苏联犹太人大规模移居以色列，需要巨额资金为其建造房屋。为此，以色列政府向美国政府提出请求，要求其担保申请 100 亿美元贷款。布什政府将以色列同意与巴勒斯坦人直接谈判作为提供贷款担保的先决条件，同时要求这笔贷款不能用于在被占领土上修建定居点。

1991 年 9 月，布什总统要求国会推迟四个月提出担保问题。布什声称现在考虑给予以色列贷款担保将破坏正在进行的阿以和谈，这引起了亲以色列势力的不满。超过 1000 名以色列的支持者前往国会山，要求给予以色列贷款担保。但布什坚持如果贷款担保在国会被通过将危及和平，他说："（贷款担保）将会损害我们将一方或多方拉到谈判桌上的能力……如果必要的话，我将使用否决权阻止这种事情的发生。"布什总统将自己形容为与上千名以色列游说者进行斗争的"一个孤独的小人物"。他宣称，即使在 1992 年的大选中"仅获得一票"，他也在所不惜。[②]

国会最终接受了布什推迟审议以色列贷款担保的要求。此举对沙

---

① Herbert Druks, *The Uncertain Alliance: The U. S. and Israel from Kennedy to the Peace Process*, Westport, Connecticut · London: Greenwood Press, p. 245.

② Herbert Druks, *The Uncertain Alliance: The U. S. and Israel from Kennedy to the Peace Process*, Westport, Connecticut · London: Greenwood Press, p. 246.

米尔政府产生了极大压力，最后不得不屈服，降低了参加和会的条件。但是美国进一步要求以色列冻结在被占领土上建设定居点的活动。1992 年 1 月 24 日，美国国务卿贝克向以色列大使扎尔曼·肖瓦尔提出，定居点中已在建造的房屋可以建完，但是不能开工兴建新的房屋。但是，沙米尔不同意冻结定居点。3 月 17 日，布什总统正式拒绝了以色列贷款担保的要求。[①]

1992 年 6 月 23 日，工党赢得大选后，美以关系出现改善的迹象。7 月 19 日，工党联合政府批准了部分冻结在被占领土修建住房的计划。8 月 12 日至 13 日，拉宾总理访美期间，布什总统宣布同意给予以色列贷款担保。[②] 布什在会见拉宾时表示，现在两个国家在“基本原则”上取得了一致，他承诺寻求美国国会在贷款担保问题上采取迅速和积极的行动。布什热情地谈到以色列是美国的“战略伙伴”，美国与以色列的友谊是建立在“共同的对民主、对共同价值的承诺上，以及美国对以色列安全包括对其军事质量优势的坚定的承诺上”。10 月 5 日，美国国会通过了“1993 财政年度对外援助拨款法案”，其中包括了对以色列贷款的担保。[③]

二、海湾战争对美以军事外交关系的影响

1990 年 9 月 27 日，由于伊拉克—科威特危机导致的伊拉克对以色列的战争威胁期间，布什总统重申了美国对以色列的安全承诺。1991 年 1 月 16 日海湾战争爆发后，美以之间由于以色列在被占领土修建定居点而造成的紧张关系也得以缓和。

战争期间，以色列成为伊拉克“飞毛腿”导弹攻击的靶子，但美国力促以色列不要还击。美国认为伊拉克希望把以色列拖进冲突之中，从而迫使其他联盟成员，特别是埃及和叙利亚，退出联盟并加入伊拉克一方攻击以色列。1991 年 1 月 18 日凌晨 2 点，三枚“飞毛腿”导弹击中特拉维夫

① 赵伟明：《中东问题与美国中东政策》，时事出版社，2006 年版，第 331—332 页。

② Clyde R. Mark, *Israeli-United States Relations* (Updated April 4, 2003), Issue Brief for Congress (Received through the CRS Web), Congressional Research Service ◆The Library of Congress.

③ 赵伟明：《中东问题与美国中东政策》，时事出版社，2006 年版，第 333 页。

和海法，致七人受伤。[①] 1 月 20 日，美国副国务卿伊格尔伯格访问了以色列，要求以色列政府在伊拉克对以色列发动袭击后保持克制。至 1991 年 2 月 10 日，伊拉克一共向以色列发射了 31 枚“飞毛腿”导弹，致 13 死，237 伤，约 6500 栋房屋被损伤和损毁。[②] 最终统计显示，以色列共有 11000 栋房屋遭到损毁，近 1000 人受伤，20 人死亡。[③]

对于伊拉克的蓄意进攻，以色列没有还击，并因其克制获得赞誉和奖赏。1990 年度，美国原计划向以色列提供 18 亿美元的军事援助，海湾战争爆发后，美国立即追加了 10 亿美元。两国国防部部长之间还建立了热线，便于双方直接协调和联系。1991 年 1 月 22 日，特拉维夫的三名妇女在伊拉克“飞毛腿”导弹空袭中丧生，美国连夜宣布将“充分考虑以色列所要求的 70 亿美元紧急援助”。[④]

以色列国内尤其是军方强烈要求政府对伊拉克进行反击，但是没有得到允许，沙米尔不敢突破美国的约束。同时，打击伊拉克最直接的路线需经过约旦领空，这样的话，以色列国防军必然会面临约旦空军及其防空系统的拦击。如果以色列被迫攻击约旦的话，就会进一步损害美以关系。同时，美国人也不会向以色列提供经过沙特领空的空中走廊。综合种种利弊，沙米尔认为还是有必要与美国人进行协调，这样，以色列的独立自主就受到了限制。正如沙米尔所说：“美国人是一个非常重要的政治和军事因素。它是最为重要的……而这会帮助我们而不是损害我们。在我们采取每一个行动前，都必须考虑他们的立场和态度。”[⑤]

“沙漠风暴”行动期间，美军在以色列部署“爱国者”导弹连的行动对美国和以色列都具有重要的象征意义。因为在美以关系史上，这是美国

---

① Herbert Druks, *The Uncertain Alliance*: *The U. S. and Israel from Kennedy to the Peace Process*, Westport, Connecticut · London: Greenwood Press, p. 231.

② Herbert Druks, *The Uncertain Alliance*: *The U. S. and Israel from Kennedy to the Peace Process*, Westport, Connecticut · London: Greenwood Press, p. 235.

③ Herbert Druks, *The Uncertain Alliance*: *The U. S. and Israel from Kennedy to the Peace Process*, Westport, Connecticut · London: Greenwood Press, p. 237.

④ 钮菊生：《试析美以特殊关系及其原因》，载《解放军外语学院学报》1997 年第 6 期，第 104 页。

⑤ Herbert Druks, *The Uncertain Alliance*: *The U. S. and Israel from Kennedy to the Peace Process*, Westport, Connecticut · London: Greenwood Press, p. 235.

第一次公开派遣美军去保卫以色列，也是除了苏伊士运河战争期间法国空军中队驻扎在以色列之外，以色列历史上第二次由外国在以色列的国土防御中发挥作用。①

海湾战争结束后，美国向沙特、阿联酋和科威特等阿拉伯温和国家出售了大量的先进武器。同时，为了安抚以色列，1991 年 3 月 5 日，美国又宣布向以色列提供6.5 亿美元紧急援助，以“弥补以色列在海湾战争中所受到的损失”，以及部署“爱国者”导弹以拦截来自伊拉克的“飞毛腿”导弹袭击。② 3 月 22 日，五角大楼宣布，再向以色列出售 8 套“爱国者”导弹发射架和64 枚导弹。③ 5 月 30 日，正在以色列访问的美国国防部部长答应向以色列政府提供 10 架 F－15 战斗机等共价值 7 亿美元的武器装备。④

需要指出的是，以色列遵从了美国政府的要求，没有对伊拉克的导弹袭击发动还击，这就保证了美国战略的成功。不仅如此，战争期间，以色列还向美国提供了关键性的战略支持。事实上，参加战斗的美国飞机在以色列得到修理和维护，以色列向美国提供了重要的情报以及军事和食品供应。⑤ 多年后，沙米尔回顾道：“我们一直在支持美国人。我们向他们提供有关中东的安全情况。与美国人合作一直以来都是非常重要的。”⑥

---

① Shai Feldman, *The Future of U. S. – Israel Strategic Cooperation.*, Washington Institute for Near East Policy, 1996, p. 15.，转引自李建伟等：《以色列与美国关系研究》，时事出版社，2006 年版，第 193 页。

② Jeremy M. Sharp, *U. S. Foreign Aid to Israel*, March 12, 2012, CRS Report for Congress7－5700, p. 28.

③ 钮菊生：《试析美以特殊关系及其原因》，载《解放军外语学院学报》1997 年第 6 期，第 104 页。

④ 李霖：《国际军火贸易》，解放军出版社，1998 年版，第 289 页。

⑤ Herbert Druks, *The Uncertain Alliance: The U. S. and Israel from Kennedy to the Peace Process*, Westport, Connecticut · London: Greenwood Press, p. 229.

⑥ Herbert Druks, *The Uncertain Alliance: The U. S. and Israel from Kennedy to the Peace Process*, Westport, Connecticut · London: Greenwood Press, p. 235.

三、不受亲以色列势力欢迎的布什政府

布什政府对沙米尔和利库德集团在巴以问题上的顽固立场感到厌烦，因而对以色列政府施加了很大压力。1989 年 5 月 22 日，国务卿贝克对美以公共事务委员会（AIPAC）的听众说，以色列必须放弃其扩张政策。该言论被认为是亲以色列的里根时代的结束。①

但是，在对以色列政府施加压力的同时，布什政府对以色列的安全支持和军事援助并未减弱。就在国务卿贝克发表了对以色列“不友好”言论后的四个月，即 1989 年 9 月，美以又达成三项军事合作协议，内容包括：允许以色列在紧急情况下租借美国武器装备；预先部署在以色列的美国武器既可以供美国使用，也可以供以军使用；将某些美以战略活动公开，以增加对伊拉克的威慑力。② 海湾战争后，美国向沙特、阿联酋和科威特等温和的阿拉伯国家出售了大量先进武器。为了安抚以色列的情绪，布什政府采取措施加强美以军事合作，宣布向以色列出售“阿帕奇”直升机和“黑鹰”直升机，在原有一亿美元军事装备储存的基础上，再在以色列预存价值三亿美元的军事装备。该计划先前已经得到美国国会的批准，但被布什政府搁置。即便是在 1992 年春天沙米尔政府与美国关系最紧张的时候，美以仍然举行了数次重要的联合军事演习。更为引人瞩目的是进行这些联合军事演习的消息是由美国驻以色列大使威廉·哈罗普亲自宣布的。③

尽管如此，布什政府在贷款担保问题、以色列参加中东和会问题、海湾战争中对以色列的约束等，招致了美国亲以色列势力的不满。

1991 年 3 月 6 日，布什总统在国会发表庆祝海湾战争胜利的演说，提出中东地区的几大挑战：（1）我们必须共同努力去达成该地区的共同安全安排；（2）我们必须行动起来，以阻止大规模杀伤性武器及运载这种武器

---

① Clyde R. Mark, *Israeli – United States Relations* (Updated April 4, 2003), Issue Brief for Congress (Received through the CRS Web), Congressional Research Service ◆The Library of Congress.

② Shai Feldman, *The Future of US – Israel Strategic Cooperation*, Washington Institute for Near East Policy, 1996, p. 14.

③ Camille Mansour, *Beyond Alliance: Israel in U. S. Foreign Policy*, New York: Columbia University Press, 1994, p. 189.

的导弹的扩散；（3）我们必须努力为中东地区的和平与稳定创造机会。[①] 这表明，海湾战争后，中东地区的稳定、防扩散以及促进中东和谈成为布什政府中东“新秩序”的核心，这就要求以色列必须约束自己的行为，满足美国的政策要求。

这一时期，美以之间还产生了另外一些摩擦。海湾战争后，伊拉克仍然拒绝联合国核查人员进入本国进行核查。布什总统威胁将再一次采取军事行动，美国军队进入海湾进行部署，美国还向沙特提供了更多“爱国者”导弹（而以色列却没有获得）。这一次，以色列将主动权掌握在自己手中，派遣侦察机进入伊拉克领空进行侦察，获取关于伊拉克导弹和军事情况的情报。美国对此表示了抗议：“我们希望你们为这一行动进行解释，并希望今后不会再发生此类事件。”[②] 10 月 8 日，伊拉克向联合国提交了关于以色列侵犯其领空的抗议。布什总统支持伊拉克的立场。以色列政府随即通知布什：以方将采取任何必要的措施来保卫自己。[③] 另一个事件是以色列疑似向中国转让导弹技术问题。美国政府批评以色列非法向中国转让了“爱国者”导弹技术。以色列随即邀请美国派遣一个小组前往其境内进行调查。调查小组完成调查报告后，1992 年 4 月 2 日，国务院宣布没有证据显示以色列向第三方转让了“爱国者”导弹技术。[④]

布什总统对以色列的强硬立场使他失去了国内犹太人选民的支持，最终导致其赢了战争却输了大选。据《纽约时报》报道，布什的民主党竞争对手比尔·克林顿的竞选资金有 60% 是从美国犹太人那里取得的，并且获得了犹太选民高达 80% 的选票。[⑤]

布什总统对此也有清醒的认识，正如其所说，他是与强大的以色列支

---

① Herbert Druks, *The Uncertain Alliance: The U. S. and Israel from Kennedy to the Peace Process*, Westport, Connecticut · London: Greenwood Press, p. 235.

② Herbert Druks, *The Uncertain Alliance: The U. S. and Israel from Kennedy to the Peace Process*, Westport, Connecticut · London: Greenwood Press, p. 247.

③ Herbert Druks, *The Uncertain Alliance: The U. S. and Israel from Kennedy to the Peace Process*, Westport, Connecticut · London: Greenwood Press, pp. 247 – 248.

④ Herbert Druks, *The Uncertain Alliance: The U. S. and Israel from Kennedy to the Peace Process*, Westport, Connecticut · London: Greenwood Press, p. 251.

⑤ Donald Neff, *Fallen Pillars: US Policy toward Palestine and Israel since 1945*, Institute for Palestine studies Washington, DC, 1995, p. 161.

持势力进行斗争的“一个孤独的小人物”，即使在 1992 年的大选中“仅获得一票”也在所不惜。[①] 前纽约市市长爱德华·I. 科赫（Edward I. Koch）于 1992 年 3 月发表了一篇文章。根据其记述，在布什总统与其顾问们的一次会晤中，一位与会者提醒总统，如果政府继续对以色列的这种不太正面的政策和态度的话，共和党将可能丢失犹太人的选票。但贝克回应道，他并不关注犹太人，“无论怎样他们也不会投票给我们”。[②] 而以色列领导人对美国国内犹太人在选举政治中的巨大影响力也是深信不疑的，沙米尔在 2000 年 4 月 27 日接受的一次采访中说：“……但是他（指布什）将在竞选中失败。我非常清楚，他将失败。他的言论以及对以色列的态度是其失败的一个重要因素。”[③]

第二节　克林顿政府任内美以军事外交关系的调整

克林顿也是一位亲以色列的总统。1993 年 1 月，克林顿上台后，任命了很多亲以色列人士担任政府高官。华盛顿近东政策研究所（Washington Institute for Near East Policy，WINEP）前所长马丁·因迪克（Martin Indyk）被任命为国家安全委员会中东问题高级顾问（后来担任了两任驻以色列大使，并升至近东事务助理国务卿）。在任该职务前，此人曾担任过以色列总理沙米尔的顾问。丹尼斯·罗斯（Dennis Ross）曾在因迪克之后短期担任过华盛顿近东政策研究所所长，被任命为中东问题特别协调员（Special Middle East Coordinator）。[④]

虽然总体上克林顿执行的是亲以色列政策，但在其任内，美国基本确

① Herbert Druks, *The Uncertain Alliance: The U. S. and Israel from Kennedy to the Peace Process*, Westport, Connecticut · London: Greenwood Press, p. 246.

② Herbert Druks, *The Uncertain Alliance: The U. S. and Israel from Kennedy to the Peace Process*, Westport, Connecticut · London: Greenwood Press, p. 251.

③ Herbert Druks, *The Uncertain Alliance: The U. S. and Israel from Kennedy to the Peace Process*, Westport, Connecticut · London: Greenwood Press, p. 238.

④ Cheryl A. Rubenberg, “The Clinton Years: U. S. Policy toward Israel and Palestine, Part One”, http://www.thejerusalemfund.org/carryover/pubs/20010119ib.html.

立了在中东和谈中的主导地位，在和平进程中花费的精力也更多。中东和平进程成为这一时期美以关系的“晴雨表”。当支持和平进程的以色列工党执政时，美以军事外交关系就会更加密切；当在和平进程上持强硬立场的利库德集团执政时，美以军事外交关系就相对冷淡。

一、工党政府任内美以军事合作关系

1993 年年初，工党上台执政。同年 3 月，拉宾总理访问了美国，美以就建立冷战后的新战略伙伴关系达成共识。拉宾与克林顿达成协议，规划了美以之间此后十年的一系列安全合作安排，主要有：（1）延长美以两国在 1988 年签署的为期五年的战略合作协议备忘录。这个协议规定两国在军事、经济、政治、情报等方面的全面合作，称以色列是“美国的一个主要的非北约成员国的盟国”。（2）美国保证继续向以色列提供一年 30 亿美元的援助（其中军事援助为 18 亿美元）。（3）以色列表示愿意提供海法港作为美国在地中海的第六舰队的常驻基地。（4）美以加强在研制武器及交流情报等方面的合作。美国资助以色列研制反弹道导弹，向以色列出售先进的武器技术和零件。（5）美以将继续讨论美国在以色列预储武器的问题。[①]

这一时期，美以军事外交关系进一步密切，美国不仅向以色列提供了大量先进武器和援助资金，而且还加强了军事技术合作。1993 年 11 月，克林顿总统批准向以色列提供价值 1.6 亿美元的 24 架 F－16 战斗机，完成了老布什政府承诺的 7 亿美元军事援助计划，并同时保证继续要求国会批准再转让 24 架 F－16 战斗机。[②] 1994 年，在阿以双边会谈陷入僵局时，美国仍向以色列提供了 25 架 F－15 战斗机和 50 架 F－16 战斗机。1994 年，克林顿总统还发起成立美以科技委员会，加强了以色列在高科技研发，特别是军事领域内与美国的合作，使以色列公司能够大量参与美国公司的军

① 万光：《克林顿上台后的美以关系》，载《西亚非洲》1993 年第 4 期，第 17—18 页。

② Shai Feldman, *The Future of U. S. – Israel Strategic Cooperation*, Washington Institute for Near East Policy, 1996, p. 15.，转引自李伟健等：《以色列与美国关系研究》，时事出版社，2006 年版，第 193 页。

品研发。[①] 1995 年 5 月，美国同以色列达成协议，此后五年，美国将继续为以色列的“箭”式反弹道导弹系统提供资金，每年达 4000 万美元。1996 年 3 月 14 日访问以色列后，克林顿总统向以色列提供了 1 亿美元的反恐援助，并为部署“箭”式导弹提供 2 亿美元，为反导弹激光武器提供 5000 万美元。[②]

1996 年 4 月，以色列总理佩雷斯访美，美以军事关系得到进一步发展。以色列长期以来一直希望得到美国的间谍卫星情报，但是过去美国只是有选择地向以色列提供预警情报资料。当月 28 日，美国国防部部长和佩雷斯签署了美国帮助以色列提高防御弹道导弹和火箭袭击能力的《联合意向声明》。共主要内容为：美国帮助以色列提高预警能力，包括为以色列国防军系统即时提供美国间谍卫星所获取的中东地区军事情报；联合研制可以准确击落包括“飞毛腿”导弹在内的弹道导弹的新式武器；两国合作开发主要对付“喀秋莎”等火箭袭击的先进激光武器。[③]

克林顿政府还不断重申美国对以色列的承诺。1994 年 10 月，克林顿访问以色列期间，在以色列议会发表演说时指出，自杜鲁门以来历届美国总统和国会都深知以色列的重要性，以色列的存在不仅符合美国的利益，而且符合美国的价值观。[④] 1995 年美国国防部发表的《美国中东安全战略》报告明确指出，美国坚定地承诺保证以色列拥有在质量上的军事优势。[⑤] 1995 年 12 月，克林顿又在同以色列总理佩雷斯的会谈中重申美国将对以色列的安全承担义务，并高度评价美以联盟为“美国在中东地区和平不可分割的一部分”。[⑥]

---

① 刘卿、翟东升：《以色列国防工业发展的策略选择》，载《西亚非洲》2004 年第 1 期，第 33 页。

② Clyde R. Mark, *Israeli – United States Relations* (Updated April 4, 2003), Issue Brief for Congress (Received through the CRS Web), Congressional Research Service ◆The Library of Congress.

③ 李伟建等：《以色列与美国关系研究》，时事出版社，2006 年版，第 194 页。

④ 高祖贵：《冷战后美国的中东政策》，中共中央党校出版社，2001 年版，第 139 页。

⑤ *United States Security Strategy for the Middle East*, Office of International Security Affairs, Department of Defense, May1995. p. 16.

⑥ 万光：《美国对中东的政策及其面临的挑战》，载《西亚非洲》1996 年第 2 期，第 21 页。

二、利库德集团执政时期美以军事合作关系

内塔尼亚胡1996年上台后，在和谈问题上的态度强硬，美以之间摩擦不断，军事合作关系陷入低潮。与1993年、1996年拉宾和佩雷斯访美取得丰硕成果形成鲜明对比的是，为了表示对内塔尼亚胡的和谈政策不满，在1997年11月内塔尼亚胡访美期间，克林顿竟然借口公务繁忙，对内塔尼亚胡避而不见，这在美以关系史上是相当罕见的。

为了表达美国政府对内塔尼亚胡政府在和谈问题上所持强硬态度的不满，克林顿政府决定将对以军事援助每年减少5000万美元。但是，惩罚是暂时的。1997年4月3日，五角大楼宣布将增加对美以两个反弹道导弹防御计划和一个联合反恐计划的投资，目的是保持以色列对阿拉伯国家的军事优势。1998年10月31日，美国与以色列签署了一项加强两国在防止大规模杀伤性武器扩散和在战略领域合作的协议。根据该协议，美以两国成立联合战略委员会，负责双方在技术、战略和军事领域的合作。美国将考虑，一旦以色列的安全利益受到威胁，即在中东地区部署中远程弹道导弹。[①] 1998年，美国还向以色列出售了16架F－15I战斗机。[②]

三、巴拉克政府任内美以军事合作关系

1999年5月17日，巴拉克当选以色列总理。7月14日至20日，巴拉克对美国进行了为期一周的访问。7月19日克林顿与巴拉克发表联合声明，宣布两国间的战略伙伴关系提升到更高水平，双方将努力在各个轨道上同时向前迈进。双方同意：（1）设立一个防务政策咨询小组（Defense Policy Advisory Group），定期会晤，协调并规划防务事务。（2）建立一个战略政策规划小组（Strategic Policy Planning Group），其成员包括两国国家安全机构的代表。战略政策规划小组被赋予的任务是在以下两个方面提交

① 殷罡主编：《阿以冲突——问题和出路》，国际文化出版公司，2002年版，第375页。

② 斯德哥尔摩国际和平研究所，中国军控与裁军协会译：《SIPRI年鉴1999：军备、裁军和国际安全》，世界知识出版社，2000年版，第521页。

应采取的措施建议：一是支持以色列本土防务和威慑能力，二是如何开展双边合作以应对以色列面临的战略威胁。该小组还将考虑各种方式，以减少危险，提高以色列安全，应对在以色列为了全面和平所采取的步骤所引起的与国家安全相关的其他需求。该小组将每四个月直接向美国总统和以色列总理报告一次。（3）克林顿总统重申了美国对以色列安全、维持其质量优势以及加强以色列自身对于可能的各种威胁的威慑和防卫能力的承诺。（4）美国调整对以色列的军事援助水平，在未来十年内逐步将援助水平提高三分之一，最终达到每年 24 亿美元（这还有待于国会批准）。美国将在同一时期内逐步削减对以色列的经济援助。（5）双方同意现存的防务协调和合作的渠道非常有效，这些都必须在防务政策咨询小组框架下得到巩固和加强，以应对新的大规模杀伤性武器、反扩散及战区导弹防御系统方面的挑战。这个小组将在美国国防部和以色列国防部间进行协调和规划合作。（6）同意向以色列提供 12 亿美元的一揽子军事援助，美国政府已向国会提出了要求。该资助始于 1999 财年，以支持以色列执行《怀伊协议》。整个计划包括三部分：一是为以色列国防力量进一步重新部署提供援助，包括那些由美国陆军工程团负责的工程；二是为满足以色列更广泛的战略需求提供援助，包括战区导弹防御系统（TMD）、直升机、通讯装备和弹药；三是为满足以色列因反恐努力不断增长的支出提供援助。（7）两位领导人同意提高全面的双边合作与协调，同时采取一系列措施帮助以色列应对大规模杀伤性武器和弹道导弹扩散的威胁：美国为以色列获得第三个“箭”式导弹连提供资金，这将提高保护以色列公民免受弹道导弹攻击的能力；美国与以色列将扩大合作，以发展应对弹道导弹的新技术和系统。（8）双方讨论了共同关心的大规模杀伤性武器和恐怖主义威胁。这被认为是双方可以彼此吸取知识和经验的领域。为了提高有效应对此种威胁的能力，双方同意在各自安全机构间签署新的谅解备忘录。这将促进两国政府各个机构之间在为大规模杀伤性武器和恐怖主义做准备和反应的各个领域内的广泛合作。（9）美国国家宇航局（NASA）和以色列太空署（Israel Space Agency）之间将建立一个联合工作小组，以开发新的为全世界人民利益服务的联合合作领域。2000 年以色列宇航员和科学试验设备将可以搭乘美国航天飞机。①

在克林顿总统余下任期内，美以军事合作关系发展平稳。1999 年 9 月，以色列作为“主要参与者”参加联合攻击战斗机项目，出资 75 万美元。② 1999 年 11 月 29 日，克林顿签署了《统一拨款法案》（P. L. 106—113），该法案包括了为执行《怀伊协议》向以色列提供的 12 亿美元特别军事援助。③ 克林顿与巴拉克达成的逐步增加对以色列军事援助的协议也逐步得到执行，1999 年美国对以色列的军事赠款增加到 18. 6 亿美元，2000 年达到 31. 2 亿美元（正常的军事赠款为 19. 2 亿美元，另为《怀伊协议》执行增加了 12 亿美元），2001 年为 19. 8 亿美元。④

克林顿任内最后一段时间，极力在巴拉克总理和阿拉法特主席之间协调，希望在巴以和平问题上取得进展。2001 年 1 月 11 日接受的采访中，克林顿暗示，他试图安排和平的努力失败了，这一任务将会转交下任政府来完成。⑤

克林顿政府时期的美以军事外交关系的变化是在美国“东遏两伊、西促和谈”的总体战略指导下的产物。为了遏制两伊，克林顿政府继续强化与以色列的军事关系。为了促进中东和平谈判的进行，克林顿又不得不对以色列适当施压。当然，这种压力是以不损害美以关系基础为限度的。

第三节　小布什政府任内美以军事外交关系的进一步跃升

乔治·沃克·布什（下文简称小布什）入主白宫之时，中东局势正在

---

① Ministry of Foreign Affairs, www. jewishvirtuallibrary. org/jsource/US – Israel/clinton _ barak. html.

② 斯德哥尔摩国际和平研究所，中国军控与裁军协会译：《SIPRI 年鉴 2002：军备、裁军和国际安全》，世界知识出版社，2003 年版，第 497 页。

③ CRS Report for Congress7 – 5700：Jeremy M. Sharp，*U. S. Foreign Aid to Israel*，March 12，2012，p. 22.

④ “U. S. Assistance to Israel（FY1949-FY2001）”，http：//www. us – israel. org/jsource/US – Israel/.

⑤ Clyde R. Mark，*Israeli-United States Relations*（Updated April 4，2003），Issue Brief for Congress（Received through the CRS Web），Congressional Research Service ◆The Library of Congress.

发生深刻变化。2000 年 9 月之后，巴以之间的暴力冲突愈演愈烈。沙龙政府对巴勒斯坦的政策大幅趋向强硬。与克林顿积极推动中东和平谈判不同，小布什在巴以问题上采取了一种相对“超脱”的做法。

小布什政府的中东战略服务于反恐与民主改造中东这两大相互联系的目标，而其核心环节是伊拉克，也就是武力改造伊拉克，民主改造整个中东。[①] 在这两大战略目标下，美国加大了对中东的反美激进势力的关注，认为以色列在遏制伊斯兰激进势力和打击恐怖主义问题上对美国具有更为重要的价值。

小布什也被公认为一名亲以色列的总统。他在任上发表了一系列亲以色列的言论。2001 年 4 月 19 日，小布什在为全国纪念荣军纪念日（National Commemoration of the Days of Remembrance）发表的演讲中称：“经过数世纪的斗争，全世界的犹太人不仅见证了人类的罪行，而且见证了对上帝的信仰以及上帝自身。他们的历史是蔑视压迫和对苦难的忍耐，这一直可以追溯到出埃及和大流散时期。这个故事一直持续到以色列国的建立。这个故事将在保卫以色列国的斗争中继续下去。”[②] 2005 年 4 月 11 日，小布什与沙龙在其德克萨斯农场举行记者招待会。小布什说：“美国与以色列在共同价值和对一个和平世界的渴望的基础上有着深厚且持久的友谊。美国对作为一个犹太人国家的以色列的安全和福祉有着承诺，这包括一个可防守的安全边界。我们承诺维持并加强以色列威慑其敌人并保卫自己的能力。”[③]

由于对以色列在新形势下的战略价值的认知，加上其本人的亲以色列情感因素，小布什政府任内美以军事关系得到进一步加强。

一、小布什政府对以色列的军事援助

小布什政府期间，巴以之间爆发了激烈而持久的冲突，美国遭遇

① 陶文钊：《布什政府的中东政策研究》，《美国研究》2008 年第 4 期，第 8 页。

② Mitchell G. Bard, “Deconstructing George W. Bush’s Middle East Strategy”, This article appears in the inaugural (Fall 2003) issue of Brown University’s Perspectives: *An Israel Review journal*, pp. 47 – 53.

③ The White House, www. jewishvirtuallibrary. org/jsource/US – Israel/bush041105. html.

"9·11"恐怖袭击并随后发动了阿富汗和伊拉克两场战争。但这些都并未影响美国对以色列的军事援助。

经参、众两院批准于 2000 年 10 月 6 日生效的《2000 年安全援助法案》（P. L. 106—280），将 2001 财年和 2002 财年对以色列的经济援助每年削减 1.2 亿美元，对外军事援助项目下的援助额每年增加 6000 万美元。[①] 2000、2001、2002 财政年度，美国向以色列提供的军事援助款项分别达到 19.2 亿美元、19.8 亿美元、20.4 亿美元。[②] 2001 年至 2007 年美国对以色列实际无偿军事援助分别为 19.756 亿美元、20.4 亿美元、30.864 亿美元、21.473 亿美元、22.022 亿美元、22.57 亿美元、23.4 亿美元。[③]

除了例行年度拨款外，小布什政府还以各种方式向以色列提供特别援助。2000 年 11 月 14 日，小布什总统要求为以色列补充拨款 4.5 亿美元，其中 2.5 亿美元是因以色列从黎巴嫩撤军补偿的无偿军事援助。该项紧急补充拨款没有被包括在 12 月 15 日提交给总统的综合拨款法案中。2002 财年，美国向以色列提供了 2800 万的反恐资金。[④] 2002 年众议院以 409 : 14 票，参议院以 93 : 1 票通过 2003 年国防拨款法案，10 月 23 日布什总统签署生效。根据该法案，拨款 4.5 亿美元用于美以战略项目。其中 "箭"式导弹计划 1.36 亿美元，可以拦截来袭导弹的移动战术高能激光武器 1850 万美元，可以使飞机全天候飞行并瞄准目标的"利坦宁" –2（Litening II）瞄准和导航吊舱 4800 万美元，可以保护坦克（受到袭击时外层爆炸）的布雷德利反应装甲 2500 万美元。[⑤] 2003 年 3 月 25 日，小布什总统向国会要求补充拨款，其中包括 10 亿美元军事援助和 90 亿美元贷款担保。其中四分之一的军事援助款项将以现金方式交付以色列，另外四分之三资金用于在美国采购。但是，小布什要求为贷款担保附加条件：资金不能用于被占领土；如果以色列将此资金用于在被占领土修建定居点，总统有权在总贷款金额中扣除同等数量的资金。[⑥] 在 2004

---

① Clyde R. Mark, *Israel*: *U. S. Foreign Assistance*, CRS Issue Brief IB85066, April, 2003.

② Clyde R. Mark, *Israel*: *U. S. Foreign Assistance*, CRS Issue Brief IB85066, April, 2003.

③ Clyde R. Mark, *Israel*: *U. S. Foreign Assistance*, CRS Issue Brief IB85066, April, 2003.

④ Clyde R. Mark, *Israel*: *U. S. Foreign Assistance*, CRS Issue Brief IB85066, April, 2003.

⑤ AIPAC Search, 10/23/2002, http: //aipac. org/result. cfm? id = 1397 – – >.

⑥ Clyde R. Mark, *Israel*: *U. S. Foreign Assistance*, CRS Issue Brief IB85066, April, 2003.

年的美国国防年度财政预算中，包括给“箭”式导弹提供 1. 36 亿美元的要求，其中 6600 万美元用于对系统进行另外的改进，7000 万美元被批准用于其他部件的生产。①

小布什政府也向以色列提供了大量武器装备。2001 年 9 月 28 日，由于沙龙参观阿克萨清真寺引发巴勒斯坦人暴动。以色列的反应相当野蛮和血腥。三个月内，350 多名巴勒斯坦人丧命，10000 多人受伤。当全世界都在谴责以色列时，美国仍然维持着对以色列的坚定支持。暴力开始后，法国、德国都对以色列实行了未宣布的军事装备和物资禁运政策，而美国却加强了对以色列的武器运送。10 月 3 日，以色列《国土报》报道，“美国与以色列签署了一项协议，向以色列提供 35 架“黑鹰”直升机及零部件等。这是十年来以色列空军最大的一项直升机采购。就在前不久，以色列还从美国购买了巡逻机和阿帕奇直升机。”② 2004 年 3 月 8 日《近东报道》（Near East Report）报道，以色列接受了一批 F－16I 飞机。这是以色列利用美国每年 20 多亿美元的军事援助从洛克希德—马丁公司购买的 100 多架飞机中的第一批，全部飞机将于 2008 年前交付完毕。该飞机上运用了一些以色列技术，最主要的改进是附加了两个副油箱，这显著地提高了飞机的作战半径，从而提高了以色列空军反击远程威胁的能力。③

2007 年，小布什政府与以色列政府达成一项为期十年，总额 300 亿美元的一揽子援助计划的协议。将军事赠款从 2009 年的 25. 5 亿美元逐步增加到 2013 年的约 31 亿美元，并一直维持至 2018 年。协议条款中，以色列仍然可以用 26. 3% 的款项购买以色列制造的装备（即离岸购买，Off－Shore Procurement，OSP）。根据签署该协议的负责政治事务的副国务卿伯恩斯所言：“我们将给予以色列的 300 亿美元援助看作对和平的投资——对长期和平的投资。没有力量不能造就和平。如果没有以色列将来的强大，就不能造就和平。当然，作为一个国家的目标以及一个政府的特定目标，是为和平做出贡献，这种和平是以色列人民与巴勒斯坦人民之间的和

---

① 【美】约翰·J. 米尔斯海默、斯蒂芬·M. 沃尔特著，王传兴译：《以色列游说集团与美国对外政策》，上海人民出版社，2009 年版，第 36 页。

② Cheryl A. Rubenberg “The Clinton Years: U. S. Policy toward Israel and Palestine, Part One”, http: //www. thejerusalemfund. org/carryover/pubs/20010119ib. html.

③ http: //www. jewishvirtuallibrary. org/jsource/Society_ &_ Culture/strat16i. html.

平，是建立一个与以色列和平相处的独立的巴勒斯坦国家的意愿，是一个以色列人民59年未曾享受的全面的和平。我们相信，这种和平是该地区的以色列人民和巴勒斯坦人民的共同命运。我们在该地区的政策是为这个最终目标做出贡献。”①

这次美以达成的新军事援助协议，更新了20世纪90年代美以签署的协议。根据当时的协议，美国在过去十年间向以色列提供的军事援助总额为240亿美元，即每年援额24亿美元。新的备忘录使美国对以每年的援款增加6亿美元，增幅高达25%，这相当于每个以色列人可以分摊到4286美元。这份协议再次证明美以之间的密切关系，美国对以色列安全的承诺以及美国确保以色列武器质量优势的一贯政策。阿拉伯媒体认为，这是美以两国强化军事合作、密切战略关系的重要表现。

2007年7月底，美国国务卿赖斯宣布对中东地区盟友实施一揽子军事援助，对以色列的军事援助是项目的一部分，军事援助对象还包括沙特和埃及等阿拉伯“温和国家”。但是，无论从军事援助的额度，还是提供武器的质量和数量来看，美国都严重向以色列倾斜。以色列一位高官说，“美国保证让我们得到沙特和埃及所根本无法得到的（武器装备）。”至于个中原因，伯恩斯坦言，“中东已经出现了一个由伊朗、叙利亚、真主党、哈马斯等组成的轴心同盟，成为地区冲突的根源，对以色列构成了威胁。”②

二、以色列在反恐和伊拉克战争问题上给予美国的支持

“9·11”事件后，保护国内安全就成为美国政府的头等要务。以色列一直在这一方面向美国提供着重要帮助。2003年，几十名美国执法官员前往以色列学习反恐经验，如识别恐怖组织、谋取公众对反恐斗争的支持以及恐怖袭击善后处理等。参加过培训的波士顿警察专员保罗·F. 埃文斯

---

① R. Nicholas Burns, Under Secretary of State for Political Affairs, “Remarks and Press Availability at Signing Ceremony for Memorandum of Understanding on U. S. Military Assistance”, Released by the American Embassy Tel Aviv—Press Section, August 16, 2007, in CRS Report for Congress7 – 5700: Jeremy M. Sharp, *U. S. Foreign Aid to Israel*, March 12, 2012, pp. 5 – 6.

② 黄培昭：《美以强化军事合作》，载《人民日报》2007年8月21日第三版。

(Paul F. Evans) 说："我们所到的是一个与这一问题斗争了30年的国家，我们前往那里是学习他们（对恐怖袭击的）反应，他们吓阻（恐怖袭击）的努力。"①

美国新建的国土安全部非常重视利用与以色列的特殊关系，汲取其反恐经验，从而更好地保护国内安全。国土安全部特别设立了一个国际事务办公室，使以前的美以安全官员定期会晤机制化。2003年11月，国土安全部副部长亚撒·哈钦森（Asa Hutchinson）专程前往以色列讨论提升美以之间在国土安全方面的合作水平。以色列的高科技对保护美国安全也起了重要作用。以色列向美国执法部门提供了数字记录和侦听装置、通联网络和高技术安全系统等。②

以色列的高科技装备在伊拉克战争中为美军行动贡献良多。以色列发展的无人机"，如海军的"ITALD"（Improved Tactical Air-Launched Decoy）和陆军的"猎人"（Hunter）在伊拉克战争中被广泛使用。另一种无人机"先锋者"（Pioneer）参与了美军进军巴格达的行动。"先锋者"在1991年海湾战争中就已使用，它可以提供彩色视图和红外视图，信号可以与地面部队分享，从而为地面炮火指示目标。以色列研发、美国制造的利坦宁-2瞄准和导航吊舱（Litening II Targeting Pods）在伊拉克战争中被证明是非常有用的战斗机传感系统。它可以提供实时图像，大大提高了美国空军在不断变化的战场环境中识别细小目标的能力。③

第四节　奥巴马政府任内美以军事外交关系新动向

奥巴马上台后，开始纠正小布什时期在巴以之间严重偏袒以色列的政策，公开要求内塔尼亚胡政府承认"两国方案"、停止定居点建设、改善巴勒斯坦民众的生活、结束加沙的人道主义危机。这使不少以色列人将其

① Banner Year, AIPAC Search, 12/22/2003, http://aipac.org/newthisweek.html.
② Banner Year, AIPAC Search, 12/22/2003, http://aipac.org/newthisweek.html.
③ Banner Year, AIPAC Search, 12/22/2003, http://aipac.org/newthisweek.html.

视为“最不亲以的美国总统”。2009 年 5 月，由史密斯研究所进行的一项民调显示，只有 31% 的以色列人认为奥巴马亲以（其前任小布什高达 88%）。而 5 月奥巴马开罗演说后该所进行的另一次民调显示，只有 6% 的以色列人认为奥巴马亲以，认为他亲巴勒斯坦的比例则高达 50%。[①]

2011 年 5 月 19 日奥巴马在美国国务院就中东局势发表演讲，提出了美国中东政策的两个新方向：第一，美国将对处于政治变革过渡期的埃及和突尼斯提供经济援助，支持中东的民主化进程；第二，呼吁以色列和巴勒斯坦以 1967 年中东战争前的边界为基础举行和平谈判。[②] 奥巴马的演讲被认为是美国中东战略的重要转变，标志着所谓“奥巴马新中东政策”的诞生。特别是奥巴马在演讲中呼吁在“1967 年边界”基础上谋求巴以冲突的解决，这使得他成为第一个作此公开表态的美国总统。然而，迫于国内外的各方压力，5 月 22 日，奥巴马在美以公共事务委员会发表讲话时又做出了安抚以色列人的表态，称自己并不是说要让以色列回到 1967 年前的边界，是指巴以双方在 1967 年边界的基础上通过“土地交换”来最终划定边界线，这是一个“弹性”的概念，边界具体在何处，还是要靠以色列人和巴勒斯坦人自己谈。[③]

虽然奥巴马展示出对中东问题的“新思维”，且与内塔尼亚胡政府在诸多问题上存在分歧，但奥巴马仍然明确表示：美以两国有着“非同寻常的”“特殊关系”，“以色列的安全是至高无上的”，[④] 美国对以色列的安全承诺“牢不可破”，美国将在质量上维持以色列的军事优势。[⑤]

一、奥巴马政府对以色列的军事援助

2010 年，美以宣布，以色列将用对外军事援助中的赠款购买 19 架 F－35 隐形战斗机，总额为 27.5 亿美元。以色列还得到美国同意，今后继续

① 唐志强：《美以“父子关系”缘何出现裂痕》，载《大众日报》2010 年 3 月 28 日。
② 顾正龙：《美中东新政遭遇以色列屏障》，载《瞭望周刊》2011 年第 22 期，第 35 页。
③ 顾正龙：《美中东新政遭遇以色列屏障》，载《瞭望周刊》2011 年第 22 期，第 35 页。
④ 李学江：《美以：处于磨合中的峰会》，人民网，2009 年 5 月 20 日，http://world.people.com.cn。
⑤ 《奥巴马称美国对以色列的安全承诺“牢不可破”》，新华网，2011 年 5 月 23 日。

购买此型战斗机，总数达到75架。双方还达成协议，以色列可以根据自己的需求定制F－35战斗机，如可以在飞机上装备自己的无线通信和数据链系统等。作为F－35战斗机交易的一部分，美国同意从以色列军工企业采购价值约40亿美元的装备。由于F－35交付延迟，以色列可以选择升级其现有的F－15和F－16战斗机。①

2010年3月，奥巴马政府宣布提供2.05亿美元，以资助以色列装备十个“铁穹”发射连。② 同年7月，美以又签署协议，扩展双方在研发和生产“箭III”系统上的合作（2008年夏，以色列决定开始生产“箭III”，美国同意共同出资，预计于2014年部署）。③

2012财年，根据《综合拨款法案》（the Consolidated Appropriations Act）（P.L 112－74，2012），以色列获得的军事援助占美国整个对外军事援助的60%（不包括海外紧急行动拨款），美国每年给予以色列的军事援助占以色列国防预算的18%—22%。《综合拨款法案2012》（P.L 112－74）指出：“在此项目下分配给以色列的援助款项必须在此法案通过后的30天内支付。”一旦支付，以色列的军事援助款项就在联邦储备银行内转为生息账户。以色列用获取的利息支付其所欠美国的债务。根据美国财政部统计，以色列欠美国的债务至2011年3月31日达到5.387亿美元。此前，以色列获得的军事援助中约26.3%的款项可以用于以色列国内采购（2012财年为8.087亿美元）。由于这种指定用途款项与拨款总额的百分比相联系，随着美国军事援助的增加，用于以色列国内采购的款项也逐步增加。④

2012年是美国大选之年，争取犹太裔选民的支持显得尤为重要。奥巴马先后派总统国家安全事务助理多尼隆、国务卿希拉里、国防部部长帕内塔访问以色列。美国负责外交和安全事务的官员如此接连访以，表面上是

① CRS Report for Congress7－5700：Jeremy M. Sharp，*U.S. Foreign Aid to Israel*，March 12，2012，p.7.

② CRS Report for Congress7－5700：Jeremy M. Sharp，*U.S. Foreign Aid to Israel*，March 12，2012，pp.11－12.

③ CRS Report for Congress7－5700：Jeremy M. Sharp，*U.S. Foreign Aid to Israel*，March 12，2012.

④ CRS Report for Congress7－5700：Jeremy M. Sharp，*U.S. Foreign Aid to Israel*，March 12，2012，pp.6－7.

商谈涉及以色列和美国的地区安全事务，但真实用意是展示奥巴马政府对以色列的安全承诺，借此巩固甚至扩大美国犹太集团和选民的支持。

2012 年 5 月 17 日，帕内塔与到访的以色列国防部部长埃胡德·巴拉克会晤。帕内塔在会晤后发表声明说，奥巴马总统支持以色列装备更多"铁穹"系统，并已指示他根据以方需求，在将于 9 月底结束的该财年内向以方提供 7000 万美元。基于每年对以色列防务形势的评估，美国今后三年还将继续增拨款项为以色列装备"铁穹"系统。① 7 月 27 日，奥巴马签署《美国与以色列加强安全合作条约》，正式追加 7000 万美元资助以色列的"铁穹"短程火箭防御系统，并承诺美国将向以色列提供更多的军事装备。奥巴马重申美国致力于维护以色列安全的决心是"不可动摇"的，并强调："我交给我的政府的一项首要任务是在涉及所有安全问题的整个领域与以色列加强合作。"②

2013 年 3 月，奥巴马作为总统首次访问以色列。访以期间奥巴马宣布，美以双方将就新的对以色列军事援助十年（2018—2027 年）计划进行磋商。根据报道，双方已展开讨论，以色列要求在新的一揽子援助方案中，不仅增加援助数额，而且要明确保持其质量上的优势以抵消美国向中东阿拉伯国家的军售。③ 在 3 月 20 日的记者会上，除了宣布延长年度对以军事援助，奥巴马称，虽然美国面临削减财政预算的压力，但是白宫将采取措施确保 2013 财年为"铁穹"系统提供的两亿美元资金不受影响，同时政府将与国会共同努力确保此后两年为"铁穹"系统提供的资金（约六亿美元）。④

奥巴马政府 2013 财年向国会提出，给予以色列的军事援助款项为 31 亿美元，另外给予 1500 万美元用于难民安置。美国国防部下属的美国导弹防卫局的 2013 财年预算还包括为美以共同研发的导弹防御系统研发提供

---

① 新华网华盛顿 5 月 17 日电（记者孙浩、支林飞）：《美拟拨 7000 万美元为以色列装备"铁穹"》，新华网，转引自参考消息网，http：//mil. cankaoxiaoxi. com/2012/0518/39171. shtml。

② 《奥巴马签署法案强化美以军事关系》，新华网，2012 年 7 月 30 日。

③ Barbara Opall-Rome，"Israel Seeks Increase in Annual US Aid"，http：//archive. defensenews. com/article/20130815/DEFREG04/308150008/Israel – Seeks – Increase – Annual – US – Aid" >.

④ Barbara Opall-Rome，" U. S. ，Israel To Negotiate Military Aid Extension"，http：//www. defensenews. com/includes/css/ody/dfn – nav – DEF. css" >.

9980 万美元（2011 年为 1.217 亿美元，2012 年为 1.061 亿美元）。[①] 奥巴马总统于 2014 年 1 月 17 日签署的《2014 财年综合拨款法案》（P. L. 113—76）中，以色列获得 33.99 亿美元援助，其中 31 亿美元为军事援助。[②]

二、美以两国在伊核问题上的合作与分歧

毫无疑问，伊朗核计划是美以两国的“共同威胁”，两国的分歧在于如何以及何时解决伊朗核问题。

2009 年 5 月 18 日，奥巴马与来访的内塔尼亚胡举行会谈。双方在确保以色列安全的总目标上是一致的，但也存在明显分歧。奥巴马认为，以巴和谈取得进展可以削弱哈马斯和真主党的号召力，进而弱化伊朗的影响力，因而有利于以色列的安全。内塔尼亚胡认为伊朗构成了紧迫与首要威胁，如果伊朗手中有了核武器，让哈马斯和真主党有了核保护伞，就会更加嚣张。因此必须首先打掉伊朗的核计划，以色列才能得到安全。[③]

2012 年 2 月 29 日，美国国防部部长帕内塔在五角大楼与以色列国防部部长埃胡德·巴拉克举行会谈。美方认为，眼下没有证据显示伊朗已经决定发展核武器，对伊朗实施军事打击并非最佳选择。但以色列方面则持相反看法，并多次公开讨论对伊朗实施军事打击的可能性。为说服以色列放弃打击伊朗的想法，美方连续派出多名高官访以，其中包括参联会主席登普西与总统国家安全事务助理多尼隆等人。[④]

3 月 5 日，奥巴马在白宫会见内塔尼亚胡时表示，核武装的伊朗不符合美国和以色列的安全利益，美国将运用其力量的“所有元素”制止伊朗获取核武器。但是目前，采取外交手段解决伊朗核问题的机会仍然存在。

---

① CRS Report for Congress7 – 5700：Jeremy M. Sharp，*U. S. Foreign Aid to Israel*，March 12，2012，p. 9.

② By Shirl McArthur，“FY14 ‘Omnibus’ Appropriations Bill Includes Middle East Funds，Conditions”，*Washington Report on Middle East Affairs*，May 2014，pp. 26 – 28. http：//www. wrmea. org/2014 – may/congress – watch – fy – 14 – omnibus – appropriations – bill – includes – middle – east – funds – conditions. html – – >.

③ 李学江：《美以：处于磨合中的峰会》，人民网，2009 年 5 月 20 日，http：//world. people. com. cn。

④ 《美国与以色列防长会面谈伊朗、叙利亚问题》，新华网，2012 年 3 月 1 日。

而内塔尼亚胡则公开回应称，以色列要“做自己命运的主人”，并且声明，以色列不承诺在对伊朗采取军事行动之前必须通报美国政府。为了安抚内塔尼亚胡政府，奥巴马政府承诺向以色列提供可用于对地下设施实施远程精确打击的“堡垒克星”航弹和空中加油机。但是，以色列政府并未就此完全买账，接二连三释放出对伊朗动武的言论。①

为了安抚以色列，奥巴马在会见内塔尼亚胡前后数天时间里，罕见地就伊朗核问题密集发表公开讲话。其于 3 月 2 日接受了美国《大西洋月刊》记者采访，4 日在美以公共事务委员会政策年会上发表演讲，6 日又举行年度首次正式记者会。所有讲话的重点就是谈对伊朗的政策。奥巴马的伊朗政策主要包括两点：首先，决不允许伊朗发展核武器，为此将保留包括军事打击在内的所有选项。动武将是美国的最后手段，有必要的话，美国会“毫不犹豫地这么做”。其次，美国认为伊朗尚未决定制造核武器，尚未逾越“红线”。如果提前对伊朗动武，会使伊朗获得同情，只会拖延而无法阻止其获得核武器。因此，美国希望通过推动对伊朗的国际制裁，劝阻其迈过核门槛。奥巴马不愿立即对伊朗发动军事打击，最主要的原因还是出于政治考虑。2012 年是大选之年，争取连任是奥巴马的最优先考虑。如果对伊朗发动战争，很可能葬送其希望。②

2012 年 8 月 1 日，访问以色列的美国国防部部长帕内塔分别会见了以色列总理内塔尼亚胡和国防部部长巴拉克。在与内塔尼亚胡会谈后举行的联合记者会上，帕内塔说，美国和以色列都对伊朗的核野心感到担忧。他重申美国决不允许伊朗发展核武器的立场。他说：“我希望以色列人民知道，美国跟他们坚定地站在一起，我们对以色列及其安全的承诺坚如磐石。我们决心阻止伊朗获得核武器。”在与巴拉克举行的联合记者会上，帕内塔说：“如果伊朗继续发展核武器……我们有其他选项可以实施，以确保此事（伊朗获得核武器）不会发生。”他说，伊朗要么接受就其核计划进行谈判，要么就要面对美国采取军事行动的可能性。他还宣申美国尊

① 胡豫闽：《美对伊政策面临三大挑战》，载《解放军报》，2012 年 4 月 3 日。

② 支林飞：《最复杂的友谊：美国和以色列那些事儿》，载《国际先驱导报》，转引自参考消息网，http://ihl.cankaoxiaoxi.com/2012/0319/18902_2.shtml。

重以色列作为一个主权国家保卫自己的权利。①

美以在伊朗核问题上的分歧再一次表明了两国战略利益的不同。美国是全球唯一的超级大国，对伊朗的政策服从其全球战略。在是否动武的问题上美国要考虑的因素太多：对伊朗的战争是否会像伊拉克和阿富汗战争一样使其身陷泥潭、徒耗国力？是否会对战略重心转向亚太造成牵制？战争对国际油价的影响有多大以及由此造成的对西方经济的影响有多大？从更高层面来说，再次发动战争必然会牵制其战略精力而给俄罗斯和中国提供战略机遇。而对于以色列而言，伊朗拥有核武器是其心头大患，必欲去之而后快，唯一让其三思的是美国的态度。因此，以色列不遗余力地大肆渲染伊朗核威胁，不时放出动武言论，企图给伊朗危机添柴加火。而奥巴马总统虽然一再表明美国对以色列安全的坚定支持，但也多次声明，特别是在 2012 年国情咨文中指出，通过和平与外交方式解决伊核问题仍然可能，并明确划出了霍尔木兹海峡航运安全和核武器两条动武红线，实际上在为伊朗核危机降温。在美国的坚持和压力下，以色列没有对伊朗发动先发制人的攻击。伊朗核问题的外交解决也于 2013 年取得突破性进展，2015 年 4 月 2 日，伊朗与伊核问题六方宣布就核问题达成框架协议。奥巴马将这一进展描述为“历史性的协议”。而以色列总理内塔尼亚胡却称协议“威胁到以色列的生存”。不论如何，伊朗核问题已得到外交解决，尽管以色列心存不满，但是不至于在此问题上再生事端，拂逆美国。同时，伊朗仍是美以共同的敌人，双方在对付伊朗乃至整个中东激进势力上还需要继续合作。

结　语

冷战前，遏制苏联在中东地区扩张势力是美国大力扶植以色列的一个重要原因。冷战后，以色列在这方面的作用并未完全消失，美国仍然需要防止俄罗斯及苏联其他地区，特别是中亚局势动荡对中东的影响。更为重

① 《美国防部长重申美将阻止伊朗获得核武器》，新华网，2012 年 8 月 2 日。

要的是，美国需要以色列来遏制伊斯兰激进势力的增长。特别是与伊斯兰激进势力密切相关的恐怖主义活动日益猖獗，美以两国都深受其害。以色列在反恐方面很有经验，美国认为双方合作可以更有效地打击中东地区的恐怖主义势力。同时，在阻止大规模杀伤性武器扩散问题上，特别是在伊朗发展核武器问题上，美以双方总体利益和目标一致，以色列是一个有价值的帮手。另外，随着经济的发展，中东地区的石油对美国的战略意义更为明显，美国需要保障中东石油的稳定供给，并通过控制石油制约其他经济大国，从而获得21世纪的战略优势。因此，以色列仍是美国在中东地区的一颗重要的“棋子”，美国必然会继续大力向以色列提供军事援助。但是，为了中东地区的稳定，美国需要促进阿以之间的和谈，美国与以色列的和谈目标并不完全一致，美国甚至会利用军事援助这个杠杆，诱导或威压以色列让步，从而保证中东和平进程按照美国的愿望向前发展。

第五章 美以军事外交关系的动因

对于美以双方间密切的军事外交关系的动因，说法很多，主要有“国家利益说”“宗教情结说”“犹太人因素说”等。应该说，美以关系是多种因素促成的结果。本章将从现实战略因素、文化和宗教因素以及美国犹太人的影响力等三个方面加以分析。

第一节 现实战略因素

美国把确保以色列这个犹太国家的安全与生存标榜为自己的“道德承诺”，但是，从马基雅维利到基辛格，所有的现实主义政治学者都认为，“道德”不应该是构成国际体系中国家行为的理性基础。外交政策的基础应当是“国家利益”。① 事实上，从现实主义出发，维护和增进美国的利益，是美国外交政策所奉行的主要行为准则，美以军事外交关系当然不会脱离这一铁律，正如美国1999年发布的《新世纪国家安全战略》报告中所说，“确保以色列的安全和繁荣，……保障石油以合理的价格自由流通，符合美国的持久利益。”② 美国对外援助的法律基础——《对外援助法案》自1961年通过以来，虽经多次修改，但始终没有改变美国对外援助的目的：为美国的国家利益服务。毫无疑问，美国对以色列的军事援助同样服

① Cheryl A. Rubenberg, *Israel and the American National Interest: A Critical Examination*, Urbana and Chicago: University of Illinoi Press, 1986, p. 10.

② 《新世纪国家安全战略》报告（之六），《参考资料》，1999年1月11日。

务于美国的国家利益，具体来说，是美国维护其中东地区战略利益的一个工具。

一、以色列对于美国有着重要的战略价值

几十年来，美国之所以无视全世界的舆论，全力支持以色列，首要原因在于美国认为以色列对其具有极为重要的战略价值。

（一）以色列的地缘战略价值

中东地区位于东半球的中心，被誉为“五海三洲之地”，自古以来就属于战略要地。当代美国地缘政治大师布热津斯基认为，“在辽阔的欧亚中部高原以南有一个政治上混乱但能源丰富的地区，它对于欧亚大陆西部和东部的国家，以及最南部地区那个人口众多、有意谋求地区霸权的国家来说，都有潜在的重要意义。”① 而以色列位于亚、非大陆的结合部，西濒地中海，南接红海，接近世界最重要的战略通道——苏伊士运河。以以色列为基点，黑海、里海、阿拉伯海、红海和地中海都在它的监视范围之内。以色列还处在中东阿拉伯世界的中心，其地理位置可对阿拉伯国家形成威慑。

对于以色列地缘战略的意义，早在1949年5月16日美国国防部向国家安全委员会提交的一份文件中就得到明确体现。这份题名为《美国在以色列的战略利益》的秘密备忘录（NSC47）称：“这个国家的战略重要性在于它位于东地中海——中东地区的中心位置。土耳其和开罗—苏伊士运河地区之间的直接陆上交通线（公路和铁路）要通过以色列的领土。此外，从苏联里海地区和从伊拉克、伊朗、沙特阿拉伯到埃及和列万特（Levant，地中海东部地区）的主要陆上交通线要通过或靠近以色列的领土，从中东的产油地区到地中海的输油管线也是这样。以色列控制着从东面靠近开罗—苏伊士地区的土地，即以色列和埃及之间在苏伊士运河东面的长

① 【美】兹比格纽·布热津斯基：《大棋局——美国的首要地位及其地缘战略》，上海人民出版社，1998年版，第47页。

达150英里的边界线。”①

凭借其优越的地理位置，以色列可在这一地区为美国提供良好的军事基地、战略物资的储备地和转运站。一旦苏伊士运河对美国关闭，以色列的海法、特拉维夫和埃拉特港可以连通地中海、红海和印度洋之间的海陆运输。因此，以色列被认为是“美国在整个中东地区采取行动的平台”。②

从地缘政治来说，美国的战略中心就是防止欧亚大陆出现一个对美国构成威胁的“洲际大国”，美国的“两洋战略”就是为此而制定的。对美国来说，西有北约，东有美日同盟，而联结东西的中东地区也需要一个类似的同盟，起到呼应东西、北慑现实的或潜在的“欧亚洲际大国”的作用，美国一直在为此努力。20世纪50年代的“巴格达条约组织”，巴列维时期的伊朗等曾充当美国在中东的战略支柱，但都覆灭了。作为与西方有着相近的民主制度和文化传统的以色列，其巨大的战略意义逐渐被美国认可。

（二）可靠的盟友

以色列的外交一贯执行以维护美国和西方利益为基础的政策，这是美国在中东的其他“盟友”所不能比拟的。美国认为以色列是当今世界上最“忠心耿耿”的盟友之一。一旦美国面临强大挑战，可以获得以色列的坚定支持。亲以色列人士宣传说：“如果说美国有许多阿拉伯朋友的话，那它没有一个真正的阿拉伯盟友，朋友与盟友是有很大区别的，以色列才是美国在这一地区的盟友。”③

20世纪60年代中期以后，以色列屡次忠实地捍卫了美国的利益。1970年的约旦危机就是一个典型例子。当时，约旦政府军与境内巴解武装之间的冲突日趋升级。受苏联支持的叙利亚军队欲插手此事，将一些装甲部队开进了受美国庇护的约旦境内。在此紧急关头，尼克松总统立即秘密

---

① Aaron S. Klieman, *Israel in American Middle East Policy*, New York: Garland Pub., 1991, p. 2.

② Asaf Hussain, *The United States and Israel: Politics of a Special Relationship*, Quidid-I-Azam University, Islamabad: Area Study Centre for Africa, North & South America, 1991, p. 180.

③ Asaf Hussain, *The United States and Israel: Politics of a Special Relationship*, Quidid-I-Azam University, Islamabad: Area Study Centre for Africa, North & South America, 1991, p. 11.

要求以色列攻击开入约旦的叙、巴坦克部队。以色列国防军立刻在约旦河西岸和戈兰高地迅速集结，摆出进攻的架式。叙利亚慑于以军的力量，被迫撤出了约旦，一场危机解除了。对此，尼克松不无感激地说："美国为在中东有像以色列这样的盟国而感到幸运。"①

正如以色列前国防部部长摩西·达扬曾向美国人保证的，"你们提供武器，剩下的由我们来做"②，以色列已成为美国伸入中东的一支"长臂"，可以对阿拉伯激进势力进行威慑。如果亲美的阿拉伯国家政府，譬如沙特阿拉伯，受到内部激进势力及原教旨主义颠覆的危险时，以色列就会与美国一道进行干预。

如果说建国初期以色列国力军力尚弱，为美国所用的可信度存在疑问的话，那么"六日战争"后，以色列一跃而成为地区军事强国。此后，以色列能够发挥的作用以及美以之间的战略一致性开始获得可信度。"赎罪日战争"后，以色列的军事力量更为增强。美国认为"以色列的军事能力已超出了自身防卫的范畴，可以慑止苏联潜在的扩张和这一地区各种形式的极端主义，从而为美国的战略利益服务"。③

目前，以色列拥有中东地区最强大的军事力量，其常规部队可与世界上任何大国的军队相媲美。以色列军人文化素养很高，能熟练使用各种精密的美式武器，而且具有世界上最丰富的实战经验。以色列拥有世界一流的飞行员和坦克手，坦克和空战战术全世界首屈一指。此外，它还发展了在沙漠地区作战的特殊战术，美国从中受益匪浅。以色列还有中东地区最庞大的和最先进的军事工业以及效率极高的战争动员体制。同时，以色列还拥有核武器和先进的导弹。这些都可以为美国所用。

以色列在几次中东战争中的表现，更使美国相信它能够有效地维护美国的中东利益。美国认为以色列的力量是现实的力量（actual power），而美国的力量是潜在的力量（potential power，意指很多情况下不便或不能使用）。这支现实力量能够快速动员起来，不仅可以自卫，而且可以保持地

① 杨曼苏主编：《以色列——谜一般的国家》，世界知识出版社，1992 年版，第 179 页。

② Aharon Klieman and Reuven Pedatur, *Rearming Israel: Defense Procurement through the 1990s*, Boulder and San Francisco and Oxford: Westview Press, 1992, p. 173.

③ Gabriel Shelffer ed. *Dynamics of Dependence: U. S. - Israeli Relations*, Boulder and London: Westview Press, 1987, p. 141.

区力量的平衡。因此以色列的“军事力量可能是美国自二战以来在全世界所做的长期安全投资之一”。①

以色列还在情报搜集方面具有极高的价值。按照美国军方的话讲，“以色列能在情报搜集上帮美国人的忙。”西方获得的赫鲁晓夫“秘密报告”就是以色列情报人员提供的。以色列情报组织还帮美国窃取苏联在中东的最新式武器装备及有关情报。当年，苏制米格－21战机刚投入使用不久，以色列就从伊拉克“偷到”一架这种飞机。经详细研究后，以色列又把它交给美国进行剖析。1969年，苏联向埃及提供了一种新式雷达，安置在靠近苏伊士运河西岸的一个小岛上。以色列人在一夜之间就奇迹般地把整座雷达站拆散运到以色列，然后与美国共享这一情报。据估计，以色列提供的这类有关苏式武器的情报，使美国军方洞悉了这种武器的性能，并使美国至少节省了几十亿美元的研制费用。②

1988年至1989年间，美国迫切需要获得伊拉克的情报，但苦于人力情报资源不足难以实现。在这种情况下，以色列间谍巴佐夫特利用在英国《观察家报》获得的记者身份，多次前往伊拉克，通过观察、套取等多种方式获得了大量伊拉克政治和军事情报。③ 而这些情报也成为美国对伊拉克形势进行判断的重要依据。1991年海湾战争前，以色列把过去长期以来对伊拉克侦察所获取的航空影像情报提供给了美国。这些情报，加上以色列提供的航空夜视器材、“先锋”无人机等侦察装备，有助于美军实施侦察和作战。④ 在伊拉克战争中，以色列利用其无人机对伊拉克西部地区进行了秘密侦察，监控和侦察伊军，并向美军提供实时情报。⑤

美国空军情报局前局长乔治·J. 基根（George J. Keegan）少将对此评价说：“以色列对美国的贡献，相当于我们在这里每投入一个美元就获得

---

① Asaf Hussain, *The United States and Israel: Politics of a Special Relationship*, Quidid-I-Azam University, Islamabad: Area Study Centre for Africa, North & South America , 1991, p. 180.

② 杨曼苏：《以色列主宰美国?》，载《世界知识》2002年第8期，第21—22页。

③ 肖家虹主编：《国际谍报工作概况》，解放军出版社，2007年版，第257页。

④ "Israeli Reconnaissance Aid to the U. S. War in Iraq", *Washington Jewish Week*, Sep. 25, 2003.

⑤ "Israeli Reconnaissance Aid to the U. S. War in Iraq", *Washington Jewish Week*, Sep. 25, 2003.

了1000美元的回报。从以色列获得的军事情报价值数十亿美元。”①

美国通过军事援助，将以色列纳入自己的战略轨道，在中东地区取得了一个可靠的盟友。以色列是美国势力在中东的延伸，对美国有着重要的战略支持作用。以色列前总理贝京曾说：“以色列为美国国家安全提供的战略支持和贡献，要比美国为以色列的国家安全提供的支持和贡献大。”以色列前总理佩雷斯在1984年访问华盛顿时说：“美国每年为北约组织花费巨额的军事费用，而且还向西欧派驻了军队，这都是为了美国和西方的利益……而美国为以色列的花费要少得多，以色列还不要求美国派军队去以色列，但以色列却保障了美国在中东的利益，同美国站在一起对付苏联。”②

（三）以色列对美国军火工业的重要意义

军火工业在美国经济中占有十分重要的地位，其生产主要集中在10个州，吸纳了约100万劳动力。美国为了维持国内庞大的军火工业，赚取丰厚的利润，一直不遗余力地向世界各地推销其军火。

对以色列的军售可以为美国提供数以万计的就业机会。负责监督美国国防部安全援助计划的国防安全援助局曾估计，在美国对外军事销售计划中，每100万美元可以创造50个新职位，并使承办商和贸易商维持50个现有职位。按照这样的公式计算，对外军事销售中每100亿美元即可使100万美国人获得就业机会。③

根据美国法律，美国的对外军事援助款项购买的物资必须有51%是由美国生产的。④ 许多以色列公司在美国设立分公司，或购买美国军工厂的股份，从而获得大量的武器生产权，这对美国经济的帮助显而易见。更为重要的是，美国向以色列提供大量先进武器，就会引起阿拉伯国家的不安全感，这就为美国创造了一个巨大的武器销售市场。据统计，20世纪80

① Asaf Hussain, *The United States and Israel: Politics of a Special Relationship*, Quidid-I-Azam University, Islamabad: Area Study Centre for Africa, North & South America, 1991, pp. 180, 182.

② 张士智、赵慧杰：《美国中东关系史》，中国社会科学出版社，1993年版，第392页。

③ Washington AP: Agency Material, *Financial Times*, London (UK), vol. 6, No. 25, p. 5.

④ Aharon Klieman and Reuven Pedatur, *Rearming Israel: Defense Procurement through the 1990s*, Boulder and San Francisco and Oxford: Westview Press, 1992, p. 185.

年代中东各国军费开支总额高达6000亿美元，中东武器交易额占世界军火贸易的2/3，是世界最大的武器销售市场。从1990年年底到1992年年初，美国就向中东地区出售了价值190亿美元的军火。此后，美国还同中东许多国家签订了上百亿美元的供货合同。①

以色列是美国武器最好的广告商和新式武器的实验室。美国往往把先进的技术和新产品先交给以色列使用，使其在实战中得到检验，从而促进武器的改进。以色列发动的每一次侵略战争，都是测试美制武器性能的绝佳机会。1973年"斋月战争"中，美制飞机、导弹、坦克、大炮和电子设备等都在战场上接受了"洗礼"。美国的F－15战斗机是在20世纪70年代提供给以色列的，以色列军方将在使用及空战中发现的问题一一告诉美国，并提出他们的改进意见，这对美国改进F－15战斗机和研制F－16飞机起了重要的作用。1982年以色列在入侵黎巴嫩的战争中，把美国尚未使用过的"隼"式E_2C电子侦察机投入战场使用，并将其效能与结果转告给美国。仅在几天的战斗中，以色列空军的F－15、F－16战斗机就击落了92架苏制米格－21和米格－23飞机，摧毁了80多个"萨姆"导弹组，而自身只损失了3架。美制M－60型坦克和"陶"式反坦克导弹，击毁了数百辆苏制坦克。战斗刚告结束，美国的一个军事专家代表团就立即访问了以色列，实地评估了美制和苏制武器的效能。最后的调查报告证明了美制武器装备是精良的。实际上许多人，包括美国决策人物（如基辛格）都认为以色列与阿拉伯国家之间的战争就是华盛顿与莫斯科之间的战争，也就是美制武器与苏制武器之间的较量。② 以色列辉煌的战绩烘托出美式武器的先进。其他国家，包括拥有巨额石油收入的阿拉伯国家，就会争先恐后地购买美国武器，这为美国带来了每年数百亿美元的收入。

以色列本身的军事技术也非常先进，在帮助美国研发武器方面能起到一定的作用。以色列的教育水平甚至比美国还高，它拥有大批世界一流的工程师，在研制和改进武器方面有极为出色的水平。美国希望分享他们的科研成果。美国对以色列的"箭"式反导系统、无人驾驶侦察机和导弹快

---

① 王京烈：《整体考察美国的中东政策（上）》，载《阿拉伯世界研究》2007年第5期，第6页。

② Khaled Al-Hassan, *Grasping the Nettle of Peace*, London: Saqi Books, 1992, p. 37.

艇都很感兴趣。1986 年，美国让以色列参加“星球大战计划”，就是对以色列科技水平的认可。负责“星球大战计划”的詹姆斯·艾布拉姆将军在特拉维夫对以色列人说，“我们依靠你们的才智、你们的知识和你们的潜力。你们可以为我们的战略防御计划做出应有的贡献。”①

二、稳定中东局势，维护在海湾地区的利益

二战以来，中东是世界上最为动荡的地区之一，影响着世界的稳定与和平。为了促进中东和平进程，美国向有关各方提供了大量的经济和军事援助。以色列与阿拉伯国家实现和平的前提是“自身的安全应得到保障”。为了维持相对于阿拉伯国家的军事优势，增强以色列的安全感，美国的军事援助是必不可少的。1979 年《埃以和约》签署的同一天，美国国防部部长布朗宣布，美国将在三年内向埃及和以色列提供 45 亿美元的援助，其中以色列将得到 30 亿美元。1993 年，巴以签定和平协议后，克林顿总统向以色列公众许诺美国对以色列毫不动摇的支持，以使他们不仅要愉快地同阿拉法特达成协议，而且还要得到他们对今后同叙利亚达成和平协议的支持。1998 年，克林顿与内塔尼亚胡会谈后说，他将要求国会批准 12 亿美元的特别援助，“以满足与履行《怀伊协议》有关的以色列的安全需要”。2000 年 11 月，克林顿总统又要求国会在 2001 财政年度向以色列提供 4.5 亿美元的紧急拨款，以补偿以色列从黎巴嫩撤军，2002 财政年度又增加了 3.5 亿美元的补充拨款。

从实际情况看，中东地区的“不和平”状态的确影响到美国的国家安全。动荡的中东地区滋生的恐怖主义对美国和以色列都造成严重的危害。特别是 20 世纪 90 年代后，美国在海外及国内的人员、设施及其他利益经常受到恐怖袭击。“9·11”恐怖袭击更是震惊了美国和全世界，使美国意识到恐怖主义是其当前及以后相当长一段时间内最主要的敌人。打击国际恐怖主义仅靠美国的单边行动是行不通的，因此美国要在世界范围内寻找反恐同盟。以色列自始至终积极支持美国的反恐行动（当然它有借机获利

---

① 杨曼苏：《以色列主宰美国?》，载《世界知识》2002 年第 8 期，第 21 页。

的企图)，成为美国反恐的一个忠实可靠的盟友。“9·11”事件发生后，以色列立即向美国提供其所需的一切情报，包括在中东地区的恐怖主义网络。[①] 以色列在反恐方面有丰富的经验和先进的技术手段，美国可以分享其情报、技术及第一手的经验。美国政府引进的许多反恐措施，很大一部分借鉴了以色列的经验。美国非常重视以色列同恐怖主义斗争的方法。比如说，以色列袭击恩德培机场就是美国有关机构经常援引的一个反恐案例。美国与以色列在1996年就建立了一个“联合反恐小组”(Joint Counterterrorism Group，JCG)，美国与以色列的相关官员每年会晤一次，以交流情报，探讨反恐问题。[②]

2010年年底“阿拉伯之春”席卷中东地区以来，美国在该地区的盟友普遍都遭受了不同程度的冲击，其中埃及的穆巴拉克、突尼斯的本·阿里、也门的萨利赫等亲美政权相继倒台，新任政府如何定位与美关系存在变数，而政局稳定的土耳其也表现出了对美国比较明显的离心倾向。这使美国更加意识到以色列才是其在中东地区内唯一可以信赖的忠实伙伴。

三、美国主导世界事务的战略需要

作为一个超级大国，美国认为全球任何事态都会直接或间接影响其国家利益。在各个地区，美国都需要通过地区大国来施加自己的影响，维护自己的利益，并体现自己控制世界事务的能力。在中东地区，美国就是通过以色列来施加影响的。1969年，尼克松针对远东抛出的“尼克松主义”，将地区代理人的观念正式化、合法化，并将美国对以色列角色的看法提升到全球及战略层面。[③] 1978年3月17日，卡特总统说：“继续与我们的朋友和盟友一道工作，以加强它们的能力，从而阻止对它们的利益以及我们的利益的威胁。”[④] “如果以色列被阿拉伯国家击败，那么美国在全世界所

---

① www. aipac. org，2001年10月22日。

② www. aipac. org，2001年10月22日。

③ Cheryl A. Rubenberg, *Israel and the American National Interest: A Critical Examination*, Urbana and Chicago: University of Illinoi Press, 1986, p. 14.

④ Asaf Hussain, *The United States and Israel: Politics of a Special Relationship*, Quidid-I-Azam University, Islamabad: Area Study Centre for Africa, North & South America , 1991, p. 9.

承诺的责任都会受到质疑。"[1] 美国与以色列之间的战略关系不仅限于中东地区，以色列有能力也愿意在全球范围充当美国的代理人。

以色列已成为向某些美国不便公开提供军事援助的政府和组织供应美式武器的有效渠道。1979 年尼加拉瓜桑地诺民族解放阵线（Sandinista）胜利后，美国中央情报局竭力想推翻其政权，但又不好公开行动。以色列满足了美国的愿望，向反对派提供武器、技术，帮助其训练安全部队。1986 年 11 月以色列被牵连进伊朗武器事件。有报告称，利用美国武器换取在黎巴嫩的人质的建议是由以色列外交部官员大卫·金基（David Kimche）提出的。以色列为美国和伊朗的秘密谈判提供了便利，以色列还至少是其中一批运往伊朗的武器的转运地，还应美国的要求向伊朗提供了武器。[2] 另外，在实行种族隔离的南非、危地马拉的军事派别争斗中，等等，以色列都充当了这种角色。[3] 1983 年 10 月 24 日，美国国务卿舒尔茨说，美国"对以色列有一个很深的承诺，……我们在中东的领导角色是美国作为世界领袖所承担的责任的反映"。[4] 所以，美国要大力援助以色列，保证其相对于阿拉伯国家的军事优势，绝不会容许以色列被阿拉伯国家击败。只有一个强大的以色列才能更好地为美国利益服务。

冷战结束以后，世界各国都面临着一场激烈的综合国力的竞争。在苏联威胁不复存在的情况下，美国与其西方盟国之间的矛盾上升，特别是在经济、贸易领域的争夺日趋尖锐。由于世界各国的经济发展越来越国际化，美、日、欧之间密切的经济联系已不容许采用军事手段来解决相互间的摩擦和矛盾。在未来的世界经济竞争中，能源是重要的制约因素。石油

---

① Asaf Hussain, *The United States and Israel: Politics of a Special Relationship*, Quidid-I-Azam University, Islamabad: Area Study Centre for Africa, North & South America , 1991, p. 58.

② Clyde R. Mark, *Israeli-United States Relations* (Updated April 4, 2003), Issue Brief for Congress (Received through the CRS Web), Congressional Research Service ◆The Library of Congress. 里根政府委托以色列于 1985 年 8 月至 9 月向伊朗出售 500 枚"陶"式反坦克导弹，随后又批准以色列向伊朗运送 120 枚"鹰"式防空导弹。此后，以色列不断向伊朗运送其他的武器，到 1986 年年中，以色列总共向伊朗运送了价值约五亿美元的武器。参见赵伟明：《中东问题与美国中东政策》，时事出版社，2006 年版，第 264—269 页。

③ Cheryl A. Rubenberg, *Israel and the American National Interes: A Critical Examination*, Urbana and Chicago: University of Illinoi Press, 1986, pp. 268 – 269.

④ Nitza Nachmias, *Transfer of Arms, Leverage, and Peace in the Middle East*, New York · Westport, Connecticut · London: Greenwood Press, 1988, p. 152.

是当代最重要的能源，是具有头等意义的战略原料。中东地区的石油储量占世界65%强，产量为30%弱，如果加上北非，将高达70%和40%强。随着经济的发展，石油消费日益增长。各大国对中东石油的依赖与日俱增。目前美国石油消费的26.9%，日本的64.6%和西欧的52%均来自中东地区。也就是说一旦失去了中东石油，美国社会生活、国民经济部门的1/4，日本、西欧国家的一半以上都将陷于瘫痪。①

因此，控制了盛产石油的中东地区就等于掌握了制约其他经济大国，特别是竞争对手的武器。美国可以通过控制石油供应、干预油价等手段来对付竞争对手在政治、经济领域的挑战和竞争。为了保障自身的发展，制约竞争对手，就必须控制中东石油。但中东北非地区大多数属于伊斯兰文化，美国很担心这一地区的国家在"泛阿拉伯主义"或"伊斯兰"的旗帜下联合起来，从而控制这一地区的石油资源。事实上，以色列的存在有力地打击了阿拉伯民族主义，当持反美立场的纳赛尔被认为是扩展美国影响力和利益的障碍时，1967年，美国通过以色列狠狠地惩罚了他，削弱了激进的阿拉伯政权。萨达特上台后逐渐改变了前任的亲苏政策，倒向了美国，也使阿拉伯各国认识到美国的巨大威力，而美国不需要直接承担责任和骂名，甚至还能充当中东问题的调解人。

第二节　文化和宗教因素

美国对以色列的安全承诺，除了现实主义考虑之外，也富于理想化的色彩。理想主义是美国对外政策的一个重要传统。所谓的"理想主义"，其实质就是美国要支持、推行自己所认同的价值观、社会制度及意识形态，反对自己不认同的价值观、社会制度及意识形态。以色列在文化、宗教上与美国有着很深的渊源，有相近的开国历史及民主制度。这些都是美国对以色列"感情"上认同的因素，又加上美国人民对犹太民族悲惨遭遇的深切同情，使美国对以色列的"安全承诺"被罩上了一个"理想主义"

---

① 王京烈：《整体考察美国的中东政策（上）》，载《阿拉伯世界研究》2007年第5期，第6页。

的光环。

从美国犹太委员会2002 年对美国犹太人观点进行的年度调查数据中，可以看出美国犹太人对以色列的态度。在这份调查中，有一项涉及美国犹太人对以色列和中东的态度。受访的美国犹太人中，86% 的人感觉自己与以色列关系十分密切或较为密切，89% 的被访者认为自己有亲以色列的感情，同时 70% 的被访者认为美国应该支持以色列采取必要的行动保卫自己，65% 的人支持美国在以色列受到阿拉伯国家进攻时给予军事援助，80% 的人十分关心美国是否会为了反恐而要求以色列对巴勒斯坦做出让步。①

美国民众对以色列有着普遍的亲近感，主要源于宗教、道德、文化以及民主制度上的认同。

一、宗教和道德上的情感因素

美国人主要信仰以新教和天主教为代表的基督教②，犹太人的民族宗教是犹太教，而基督教最初就是犹太教中的一个小教派。后来由于对救世主弥赛亚的信念不同，基督教逐步从犹太教中分离出来，并最终发展成为一个独立的世界性宗教。基督教继承了犹太教的一神观，信仰上帝耶和华是唯一的真神，并接受了犹太教中许多重要思想，如原罪说和救世主观念等。犹太教的经典《旧约圣经》也是基督教《圣经》的一个组成部分。教义之争导致了基督教与犹太教的交恶，并进而导致后来欧洲长达 1000 多年的反犹主义。

美国的主流宗教是基督教新教。新教产生于 16 世纪欧洲的宗教改革运动，最初是作为宗教异端出现的，一直遭到罗马教廷和许多国家统治者的迫害，因而新教徒对长期遭受天主教会迫害的犹太教持同情态度。美国基督教新教文化的代表是清教徒文化。初到北美的清教徒对犹太教有着很高

① 王小敏：《移民与美国政治——以美国犹太人为中心的考察》，载《法制与社会》2007 年第 11 期，第 853 页。

② 1987 年的一个调查显示，新教徒所占人口比例大约为 64% 左右，天主教徒的比例为 25%。参见徐以骅主编：《宗教与美国社会——多元一体的美国宗教》，时事出版社，2004 年版，第 47 页。

的认同感，他们在犹太人与自己的命运之间似乎看到了某种带有浪漫色彩的联系。他们将自己比作《旧约圣经》中的犹太人，将这片新大陆称作“新迦南”，把自己在北美定居的过程中所经受的各种考验想象成摩西在埃及所受到的种种苦难经历。独立运动开始后，他们把英国殖民当局视为古代希伯来人的对手腓利斯人，将英王乔治三世比喻为残暴的埃及法老，把华盛顿比作摩西。他们感觉自己跟古代以色列人的命运何其相似。1776 年大陆会议通过《独立宣言》宣布北美 13 个殖民地脱离英国独立时，《旧约》中古代犹太民族的传说给了独立运动领导人很大的鼓舞，由杰斐逊、富兰克林等人提出的美利坚合众国的国玺设计方案描绘的就是古代以色列人在摩西的率领下，摆脱法老的追击，跨过红海到达西奈的场景。[①] 特别要指出的是，在美国自由主义的环境中，基督教与犹太教早就开始了对话与和解。这种对话与和解，减少了两大宗教之间的差异，增加了理解，扩大了共识。[②]

另外，美国是一个特别崇尚个人自由的社会，相信每个人都有享受政治和宗教信仰的自由而不遭受迫害的权利。美国民众深切同情犹太人在二战中的遭遇，并为美国等盟国未能及时有效地拯救犹太人而感到内疚。里根总统在回忆录中就承认这种内疚心情是其加强对以色列的军事援助并提升两国军事合作水平的原因之一。以色列作为一个遭受迫害的犹太人的避难所，顺理成章地受到美国公众的同情。美国犹太人充分认识到这种同情的价值，不断加以强化，有关大屠杀的故事充斥于银幕和媒体。因此有观察家说：“不是亲以色列院外集团，也不是美国在以色列有重要的战略利益的信念，而是对大屠杀的记忆，支持着美国对以色列的承诺。”[③]

---

① 李伟建等：《以色列与美国关系研究》，时事出版社，2006 年版，第 157—158 页；汪舒明：《当代美国主流社会亲犹主义的文化根源》，见徐以骅主编：《宗教与美国社会——多元一体的美国宗教》，时事出版社，2004 年版，第 170—174 页。

② 汪舒明：《当代美国主流社会亲犹主义的文化根源》，见徐以骅主编：《宗教与美国社会——多元一体的美国宗教》，时事出版社，2004 年版，第 178—181 页。

③ Asaf Hussain, *The United States and Israel: Politics of a Special Relationship*, Quidid-I-Azam University, Islamabad: Area Study Centre for Africa, North & South America , 1991, p. 121.

二、文化认同

文化在国家间关系中具有本源意义。一个国家和民族的文化是长期历史发展过程中形成的，同质文化之间具有天然的亲近感，而异质文化必然相互排斥。异质文化之间沟通交流难度较大，建立互信非常不易。因此，基于文化认同基础上的关系是更为稳固和持久的。美国对以色列存在着高度的文化认同。小布什总统就曾高度概括了美以两国之间的共同点，2004年5月18日，他在美以公共事务委员会（AIPAC）政策大会上发言时称："我们国家和以色列国有许多的共同点。相对来说，我们都是从斗争和牺牲中产生的新生国家。我们两个国家都是由为了逃避宗教迫害从其他土地上移民过来的人们建立的。我们都建立起了在法治和市场经济基础上的富有活力的民主制度。并且我们两个国家都是在这样一些信念的基础上建立的：上帝监督人们的事务，并重视每个生命。这些联系纽带使我们成为天然盟友，这些纽带将永远不会断裂。"①

首先，美国文化与以色列文化是典型的移民文化，呈现多元性持征。

美国是世界上最大的移民国家，除了印第安人等土著人之外，今天美国三亿多人口中的绝大多数都是外来移民或移民的后代。他们的祖先除了遍及整个欧洲之外，也包括了来自非洲、中国、日本、印度、中东等地的人。他们在新大陆繁衍生息，相互融合，孕育出崭新的美利坚民族。来自不同地区、不同民族的文化既有融合又保持一定特性，呈现出多元特征，这种多元性体现在宗教、语言、习俗等各个方面。

与美国一样，以色列也是个"移民国家"，其国民来自世界80多个国家和地区，虽然同属"犹太人"，但彼此之间的差别很大，有欧美的白人，中东的比较接近于阿拉伯人的犹太人，还有来自埃塞俄比亚的黑人。来到以色列之前，他们实际上分属不同的民族、种族，有着不同的文化背景。在犹太教这个共同纽带的牵引下，他们来到以色列，组成了一个新的社会。除了犹太人外，还有阿拉伯人、德鲁兹人、切尔克斯人、亚美尼亚人

---

① GeorgeWBush. com，www. jewishvirtuallibrary. org/jsource/US – Israel/bushaipac2004. html.

等。他们讲着不同的语言，也带来了不同的文化与习俗。60 多年过去了，以色列政府成功地在大力发展主流文化的同时，促成了各移民群体间的文化融合，使新的以色列文化呈现出明显的多元特色。

其次，美国人和犹太人都有类似的拓荒经历和开拓精神。美国人极其崇尚拓荒精神，这种精神发端于殖民地开拓时期，伴随着西进运动而发展。开拓者们在建立殖民地与西进运动中表现出来的不畏艰险、开拓进取和探索未知的精神，逐渐发展成为美国人民族性格的内核。

19 世纪末，欧洲特别是俄罗斯和东欧地区的犹太人在犹太复国主义运动的号召下，纷纷返回巴勒斯坦。当时的巴勒斯坦土地贫瘠，人口稀少，条件艰苦。最初的移民只能依靠国外犹太人的资助维持生计，生活异常艰辛。一群来自耶路撒冷的犹太人于 1878 年在雅法附近建立了第一个现代农业定居点——佩塔蒂克瓦（意为“通向希望大门之路”）。[①] 佩塔蒂克瓦等第一批农业定居点的建立，在俄国激发了到巴勒斯坦开发农业的热爱锡安山运动，并鼓励了东欧的第一次犹太移民浪潮。[②] 此后，一个又一个定居点随着犹太人的不断涌入而被建立起来。经过几十年的艰辛努力，至二战前夕，犹太人已在巴勒斯坦建立起一个人口达几十万人的欣欣向荣的犹太人家园，并于 1948 年最终建立起自己的国家——以色列国。与美国的“先辈”们一样，以色列人在创建自己的家园的过程中也经历了许多的磨难与痛苦。以色列人将巴勒斯坦这块沼泽遍布的荒芜之地变成一个流着“蜜和奶”的幸福家园。这使美国人联想到先辈们创建自己这个国家时的情景。这种“先驱精神”尤其能引起美国公众的感情共鸣。[③]

再次，美国人与犹太人都具有类似的民族经历和天赋使命感。在民族经历方面，美利坚民族形成初期的经历与犹太人被流放的经历十分相似。当英国的清教徒逃避宗教迫害被迫离开欧洲时，他们觉得自己就像是大流

---

① 【以】哈伊姆·格瓦蒂著，何大明译：《以色列移民与开发百年史（1880—1980）》，中国社会科学出版社，1996 年版，第 18—22 页。

② 【英】诺亚·卢卡斯著，杜先菊、彭艳译：《以色列现代史》，商务印书馆，1997 年版，第 22 页。

③ Mitchell Geoffrey Bard, *The Water's Edge and Beyond: Defining the Limits to Domestic Influence on United States Middle East Policy*, New Brunswick（U. S. A.）and London（U. K.）: Transaction Publishers, p. 191.

散时期奔波流离的犹太人，而美国是他们的“新迦南”。

美国人的天赋使命感的形成与其民族经历密切相关。最初远渡重洋来到新大陆的清教徒，期望在此建设一个完全不同于欧洲的“新世界”。“这种建设新世界的梦想与宗教信仰相结合，形成了一种带有宗教色彩和爱国情感的天命观和使命感。美国人相信他们是‘上帝的选民’，注定要完成伟大的成就。”①

对于犹太人来说，这种使命感则主要根源于宗教信仰。犹太人自认为是上帝从万民之中挑选出来完成特殊使命的“特选子民”，这种观念是犹太教教义中一个非常重要的内容。这是一种同美国人类似的救世主观念，美国人认为他们建立起了世界上制度最完美的民主国家，负有领导并保卫自由世界的责任，并要在全世界推进民主价值观。因而，美国人在审视自己并看待犹太人的天赋使命感时，会产生一种强烈的认同。这种认同感在美国著名作家麦尔维尔的小说《白鲸》中体现得淋漓尽致，他写道，“我们美国人是特选的民族——犹如当代的以色列人。”②

最后，特别值得一提的是，来自欧美的移民在以色列社会中占据着主导地位，从而使以色列的社会被深刻地印上了欧美印记。大部分以色列人能使用英语，他们阅读美国的报刊杂志，欣赏着好莱坞大片。在科学、艺术、文化、教育以及新闻等方面，以色列与美国之间的交流和访问十分频繁。在以色列的各个角落都能感觉到“美国的存在”。因此，在美国人眼里，以色列是世界上最“美国化”的国家。这种社会文化的相似也更加深了美国人对以色列的认同感。

三、制度认同

美国在中东有不少盟友，但它们的政治制度大多被认为是不民主或半民主的，基本实行“极权统治”，甚至还有许多“封建式”的君主国和酋长国。美国对中东这些非民主盟友心存疑虑，不敢委以重任。原因在于美国认为非民主制度是极不稳定的。同时，这些国家大多受宗教影响极大，政治决策的

---

① 李伟建等：《以色列与美国关系研究》，时事出版社，2006 年版，第 152 页。

② Peter Gross, *Israel in the Mind of America*, New York: Alfrid A. Knopf, Inc , 1984, p. 5.

宗教考虑较多。宗教的狂热极有可能顷刻间就将亲美的政府颠覆掉，典型的例证就是伊朗的伊斯兰革命一夜之间就推翻了亲美的巴列维王朝。

而以色列却不然。以色列的立国基石有二：一是犹太复国主义，二是民主。民主制度最典型的表现就是实行三权分立，这与西方国家是一致的。因此以色列被认为是“专制政权的沙漠中一片自由的绿洲”。[①] 以色列政府制定国家政策的根据主要是国家利益，而较少非理性的宗教因素。这样的政治体制更有利于推行稳定的亲美政策。显然，“民主政治”这一共同的政治基础使得美以联盟关系比起美国和阿拉伯温和国家之间的联盟关系更为牢固。美国认为，“以色列作为一个民主制的和倾向西方的国家，可以在军事紧急时期作为美国的一个可靠的盟国。阿拉伯国家由于它们的非民主制、非西方性和政治上的不稳定，在军事紧急时期无法得到信任。”[②]

同时，正如前文所述，美国人有一种强烈的天赋使命感，他们认为美国是世界的“山巅之城”，作为“上帝的选民”，美国有责任领导并保卫民主世界，并在世界范围内推进民主价值观。而以色列就被美国视为中东地区的民主典范，同时又是帮助美国在“极权主义”的中东地区推行美式民主的先锋。

把以色列作为欧洲之外，特别是中东地区的民主前哨的观点深植于美国的政治思想中。这在道德承诺之上又增加了强烈的意识形态色彩。将以色列置于美国盟友地位，它的生存和福祉对美国外交政策目标有益。尽管缺乏正式的协议或结盟，但这种观点在两国关系开始之际就显示出强大的力量。冷战时期，在美国公众看来，国际形势无非是“自由”国家和“极权”国家之间的原则之争，从这个观点出发，他们就很自然地把以色列包括在美国所领导的“光明力量”阵营里面。[③] 1975 年，当对以色列的军事援助有被削减的危险时，AIPAC 就极力劝阻政府不要这么做，因为美国对

---

① Asaf Hussain, *The United States and Israel*: *Politics of a Special Relationship*, Quidid-I-Azam University, Islamabad: Area Study Centre for Africa, North & South America , 1991, p. 120.

② Mohammed E. Ahrari, *Ethnic Groups and U. S. Foreign Policy*, New York: Greenwood Press, 1987, p. 13.

③ 【美】纳达夫·萨弗兰：《以色列的历史和概况》(下)，北京人民出版社，1973 年版，第 485 页。

以色列的民主和自由负有责任。① 美国助理国务卿尼古拉·威利兹（Nicholas Veliotes）在国会的一个委员会就政府提出的1984年度对以色列的援助要求作证时指出："对以色列安全和福祉的支持，是美国外交政策中的一个基本的、坚定的原则。我们对以色列的支持来自于对一个自由国家的长期承诺，这个国家一直是全世界移民的避难所，并且与我们有着许多共同的社会和民主传统。"②

第三节　美国犹太人的政治影响力

探讨美以关系的根源，不得不提到美国的犹太人。20世纪80年代以来，美国国内开始出现揭露美国犹太人政治影响力的报道和著作，使美国犹太人的神秘面纱得以慢慢揭开。保罗·芬德利所著的《美国亲以色列势力内幕》（中国对外翻译出版公司，1990年），以及约翰·J. 米尔斯海默与斯蒂芬·M. 沃尔特合著的《以色列游说集团与美国对外政策》（上海人民出版社，2009年）是其中具有较大影响的著作，对我们探究美以关系的根源提供了一个非常重要的视角。

一、美国犹太人拥有巨大政治影响力的原因

目前，全世界大约有1300万犹太人，约有600多万人在美国（约占全国总人口的2.3%。）③，而生活在以色列的犹太人仅有500万左右，还没有美籍犹太人多。美籍犹太人虽然在美国整体人口中所占比例不高，但却拥有着远远超过其人口比例的影响力，甚至有人称其"掌控着美国的方方面面"。之所以如此，原因主要有以下几个方面：

① Asaf Hussain, *The United States and Israel: Politics of a Special Relationship*, Quidid-I-Azam University, Islamabad: Area Study Centre for Africa, North & South America, 1991, p. 120.

② Gabriel Shelffer ed., *Dynamics of Dependence: U. S. - Israeli Relations*, Boulder and London: Westview Press, 1987, p. 141.

③ 潘光：《美国犹太人的历史发展、宗教结构和文化特征》，见徐以骅主编：《宗教与美国社会——多元一体的美国宗教》，时事出版社，2004年版，第109页。

一是犹太人拥有众多的知识人才，掌握着雄厚的财力。美国的犹太人文化程度相对于其他族群来说是最高的。据统计，有 3/4 的犹太人是大学毕业生，比一般白人高 2 倍；1/4 的犹太人有硕士学位，比一般白人高 3 倍。在中等收入阶层中，犹太人平均要比一般白人多收入 1 万—1.2 万美元。由于这一情况，美国犹太人在教育、金融、政府、科学技术等部门占据了不少重要职位。犹太人的势力已渗透到政治、经济、文化等各个领域，对美国社会影响极大。在诺贝尔获奖者中，有近 1/3 是犹太人。到 20 世纪 70 年代末，美国犹太人控制了 25% 的钢铁业，90% 的皮毛业，60% 的食品加工业，50% 的屠宰场、餐馆、酒吧和娱乐业，40% 的电影业。1985 年，有 1/4 的美国百万富翁是犹太人。据美国《福布斯》杂志 2012 年美国富豪排行榜显示，前 40 名富豪中有 21 名是犹太人。[①] 此外，东部名牌大学中 1/3 的教授是犹太人，5 个律师中就有一个是犹太人。

二是犹太人的政治参与率高于一般美国民众。AIPAC 执行理事托马斯 · A. 迪恩（Thomas A. Dine）说："2000 年的痛苦经历迫使我们投入到持续的政治活动中去。"[②] 犹太人积极参与政治最明显的表现就是其投票率，通常都高达 90% 以上。因此，虽然他们一般只占选民的 5%，但这 5% 的意向性很强的选票常常具有决定性的作用。这就不难理解，为什么无论共和党还是民主党，都十分重视犹太人的选票。杜鲁门总统曾对国务院的代表说过："对不起，先生们，我必须对那些成千上万渴望犹太复国主义运动胜利的人们做出答复；在我们的选民中没有成千上万的阿拉伯人。"[③] 肯尼迪总统曾对本—古里安说："我知道我是因美国犹太人的选票而当选的。我的当选归功于他们。告诉我，我能为犹太人民做什么？"[④]

三是犹太人的政治捐款往往在总统及国会选举等重大的政治活动中发挥着举足轻重的作用。据统计，犹太人提供的政治捐款占民主、共和两党

---

① 《奥巴马和罗姆尼都在争夺美籍犹太人选票》，人民网，转引自参考消息网，http：//world.cankaoxiaoxi.com/2012/0730/67430.shtml。

② Daniel C. Diller, *The Middle East—7th ed.*, Washington：Congressional Quarterly Inc., 1990, p. 54.

③ Cheryl A. Rubenberg, *Israel and the American National Interest：A Critical Examination*, Urbana and Chicago：University of Illinois Press, 1986, p. 31.

④ Yehuda Lukacs and Abdalla M. Battah ed., *The Arab-Israeli Conflict：Two Decades of Change*, Boulder and London：Westview Press, 1988, p. 217.

所获捐款总数的 1/4 到 1/3。犹太人的政治捐款与其获得的“政治回报”成正比。根据对 1970 年到 1982 年期间在任的 130 名参议员投票情况的调查，在国会对有关以色列问题（如向以提供武器）进行表决时，议员的支持率与其接受犹太人政治捐款的数量有直接关系。接受款额越多，支持以色列的比率就越高。

四是犹太人组织性和行动性极强。以 AIPAC 为代表的美国犹太人组织，有着明确的政治目标——为以色列利益服务，专门的领导和行动机构——执行委员会，高效严密的组织网络——遍布全国分支机构，雄厚的政治行动资源——金钱和媒体，这种极强的组织力和行动力使得其在追求自己的政治诉求时很容易获得成功。

美国犹太人影响政治决策的方式有两种：一是政府及国会中的犹太裔政治精英，能够直接参与决策。这其中具有代表性的人物有：尼克松和福特两位总统任内的国务卿亨利·基辛格；尼克松政府的国防部部长施莱辛格；卡特总统任内的财政部部长迈克尔·布卢门撒尔；克林顿政府的五位重要成员都是犹太裔，他们是国务卿奥尔布赖特、国防部部长科恩、财政部部长鲁宾、国家安全事务助理伯杰和贸易代表巴尔舍夫斯基。历届进入国会的犹太裔议员更是不胜枚举。1998 年选出的 106 届国会，有犹太裔众议员 23 人，在众议院 435 席中占 5.1%，犹太裔参议员 11 人，在参议院 100 席中占 11%。犹太裔议员对美国中东政策的制定和实施发挥着重要作用。他们旗帜鲜明地支持以色列，与所有反犹力量及行为作斗争。众议院的民主党和共和党的犹太裔议员平均每个月聚会一次，讨论美以关系等问题，并负责起草有关法案，敦促政府援助海外“受压迫”的犹太人。在国会外交委员会中，犹太裔委员所占比例约为 25%，在该委员会下属的中东分会中占 30%。国会众议院的犹太裔议员已形成一个“公开为犹太人谋利、为以色列服务”的院内活动集团。[①] 二是院外活动集团。犹太人院外活动集团能量极大，对美国中东政策的影响最为显著。慑于犹太人特别是犹太人院外集团的巨大影响力。民主党人和共和党人竞相表明，是他们的政党而非对方政党才是以色列最好的朋友。有位犹太活动家说道，他认为

① 陈双庆：《美国犹太人对美国中东政策的影响》，载《现代国际关系》2002 年第 6 期，第 37 页。

"让国会议员通过表明自己的亲以色列可信度比他人更强是件好事情"。反诽谤联盟的负责人亚伯拉罕·福克斯曼表述小布什政府时期民主党的态度时说:"在99%的事情上反对总统的民主党人,在以色列问题上则停止了争吵。"[①] 2006年7月20日,众议院通过了一项谴责黎巴嫩真主党和支持以色列黎巴嫩政策的措辞强硬的决议。投票结果是410票比8票。参议院接着通过了一项类似的决议,该决议得到62名参议员的支持,其中包括两党的领袖。[②] 这反映了两党之间在这一问题上的共识。

二、美国犹太人组织情况

据"美国犹太人委员会"每年发表的《美国犹太人年鉴》统计,美国共有犹太人团体500多个,其中有300个全国性团体和200个地方性团体。[③] 美国犹太人团体呈现如今这样的规模并在美国的社会生活、政治领域和外交事务上发挥出举足轻重的作用,经历了一个长期发展演变的过程。

犹太人有着行善的传统。近代俄罗斯的"栅栏区"(the Pale of Settlement,俄国政府圈定的犹太人集中居住区)的犹太人家中经常都会有一个"筹款盒"(pushke),用于积攒零钱以救济穷人。随着社会的发展,这种行善的传统在犹太人社会中逐渐转化为设立慈善机构。19世纪40年代,德国犹太人开始组织慈善团体。之后,犹太人社区服务机构设立了联合会(federation),负责筹款、分配资金以及协调公益服务。联合会也会提出自己的政策主张,多半是要求政府提供资金。联合会运动在各地犹太人社区中发挥着中枢作用,能够为社区发现领导人才。最终,在各地犹太人社区联合会的基础上发展出了一个庞大的组织——"犹太人联合会理事会"(the Council of Jewish Federations, CJF),负责在计划、财政方面对地方联

---

① 【美】约翰·J. 米尔斯海默、斯蒂芬·M. 沃尔特著,王传兴译:《以色列游说集团与美国对外政策》,上海人民出版社,2009年第一版,第457页。

② 【美】约翰·J. 米尔斯海默、斯蒂芬·M. 沃尔特著,王传兴译:《以色列游说集团与美国对外政策》,上海人民出版社,2009年第一版,第457页。

③ 陈双庆:《美国犹太人对美国中东政策的影响》,载《现代国际关系》,2002年第6期,第37页。

合会进行指导，该理事会代表约 200 个联合会与加拿大、美国及以色列（1948 年以后）政府的沟通与交涉。“犹太人联合会理事会”每年召开一次大会，大会是犹太人领袖们梳理本国及国际性事务优先次序的重要场所。①

美国早期建立的犹太人组织有：1906 年建立的“美国犹太人委员会”（the American Jewish Committee，AJC），1912 年成立的“美国妇女锡安主义组织”［American Women's Zionist Organization，简称 Hadassah（哈达萨）］，1913 年建立的“反诽谤联盟”（the Anti-Defamation League of B'nai B'rith，ADL），1914 年建立的“美国犹太人联合分配委员会”（American Jewish Joint Distribution Committee），1917 年成立的“美国锡安主义组织”（Zionist Organization of America，由 1898 年建立的美国锡安主义者联盟改组而成），1918 年建立的“美国犹太人大会”（the American Jewish Congress，AJCongress），1936 年成立的世界犹太人大会（World Jewish Congress）。②

两次世界大战间，在“美国犹太人委员会”与“反诽谤联盟”资助下，美国各地建立了“地方社区关系理事会”（Local Community Relations Councils），主要是反对“反犹主义”。1944 年，所有这些理事会都被吸收进由“犹太人联合会理事会”支持下建立的“全国社区关系倡议理事会”（National Community Relations Advisory Council，NCRAC）。NCRAC 是一个全国性的协调和计划理事会，AJC、ADL 、AJCongress 三个组织也被吸纳进来。随后，NCRAC 逐渐发展壮大，吸收了三个主要的犹太会堂协会、三个最大的犹太妇女组织以及 100 多个地方社区关系理事会。③

1953 年，助理国务卿亨利·白瑞德（Henry Byroade）向“世界锡安主义者组织”（the World Zionist Organization，WZO）主席内厄姆·戈德曼（Nahum Goldmann）抱怨数目众多的犹太人组织浪费了他太多的时间，他

---

① Michael Thomas, *American Policy toward Israel: The Power and Limits of Beliefs*, London and New York: Routledge, 2007, p. 19.

② 参见：Michael Thomas, *American Policy toward Israel: The Power and Limits of Beliefs*, London and New York: Routledge, 2007, p. 19；潘光：《美国犹太人的历史发展、宗教结构和文化特征》，见徐以骅主编：《宗教与美国社会——多元一体的美国宗教》，时事出版社，2004 年版，第 124、139、140 页。

③ Michael Thomas, *American Policy toward Israel: The Power and Limits of Beliefs*, London and New York: Routledge, 2007, p. 19.

希望犹太人能够用一个声音说话。戈德曼与阿巴·埃班（以色列驻美大使）随即劝说12个主要犹太人组织接受由戈德曼领导一个统一的组织，这样就形成了“主要犹太人组织主席大会”（The Conference of Presidents of Major Jewish Organizations）。“主要犹太人组织主席大会”成为以色列政府的代言人，它与NCRAC、AJC等犹太人组织还达成了一个原则：美国犹太人有权私下争论以色列的政策，但不能公开质疑以色列的政策。①

多年来，“主要犹太人组织主席大会”与美以公共事务委员会（AIPAC）之间有一个非正式协议，前者负责游说白宫和国务院，后者游说国会。但是，由于缺乏专门的工作人员，特别是其所有决定必须取得其下属组织一致同意的局限性，“主要犹太人组织主席大会”作用有限。尤其在发展到包括30多个主要犹太人组织后，该组织的运行变得更加笨拙。②

1950年，以色列驻美大使阿巴·埃班到任后发现，美国与以色列的关系“没有得到制度化”，而是依赖于杜鲁门总统的主要助手以及杜鲁门总统与年老体衰的犹太复国主义领导人魏兹曼之间的个人关系。主要美国犹太人组织没有关注以色列。由此造成的后果是，美国给予这个新生国家的援助与欧洲给予的相比非常少。

埃班一开始亲自直接游说国会，但不久就发现这对于一个外国驻美大使来说是非常不方便的。而且他的游说也不能有效解决国会议员的首要关切——那就是获得连任。埃班随即转换策略，他与其使馆同事开始与美国犹太人政治积极分子以及捐助者直接接触，其中包括派拉蒙影业公司的巴尼·巴拉班（Barney Balaban）以及罗斯福政府的财政部长小亨利·摩根索（Henry Morgentau，Jr.）。但是，最需要的是在国会拥有一位消息灵通又能长期为以色列代言的人。I. L. 凯南（I. L. Kenen）随即进入了埃班的视线。I. L. 凯南曾经担任过犹太复国主义运动领袖阿巴·希勒尔·希尔弗（Abba Hillel Silver）的公共关系助理，1951年担任埃班的公共关系助理。埃班让

① Michael Thomas, *American Policy toward Israel*: *The Power and Limits of Beliefs*, London and New York : Routledge, 2007, p. 22.

② Michael Thomas, *American Policy toward Israel*: *The Power and Limits of Beliefs*, London and New York : Routledge, 2007, p. 23.

他在华盛顿为犹太复国主义运动建立一个办公室，该办公室最终演变为AIPAC。[①] 至1980年，AIPAC执行委员会成员已达到100多人，包括38个主要犹太人组织主席，下属成员超过450万人。[②] 2001年5月，该委员会连续第四年被美国《财富》杂志评为“外交政策第一大院外活动集团”。[③]

近年来，美国也出现一些对美国中东政策持较为平衡政策立场的组织，其中“J街”较为出名。“J街”组织由杰里米·本·阿米于2008年创立。“J街”创办初期的经费来自犹太裔房地产商和高科技企业老板。2008年的预算达300万美元，说客人数也达到了六个。“J街”的名字来自于“K街”，那里曾是华盛顿说客巨头汇聚之地，可见“J街”野心不小。2008年12月27日，以色列袭击加沙。“J街”毫不留情地指责自己的同胞：“枪林弹雨之下毫无正确可言，政治分歧永远无法用军事解决。”本以为捅了马蜂窝，可是“J街”却因此番言论深得民心，支持者从9000人上升至10万人。[④]

三、美国犹太人院外集团巨大影响力的原因——以AIPAC为例

目前，美以公共事务委员会（AIPAC）在纽约、洛杉矶以及其他三个城市设有地区办公室。AIPAC唯一的目标就是发展美国和以色列之间的盟友关系，防止美国与阿拉伯国家之间的关系损害以色列的安全。它的最高权力控制在由18人组成的执委会手中。执委会成员是每两年由来自美国的38个主要犹太人全国组织的150名代表选举产生，当选者都是美国犹太人中声望极高、影响甚广且十分富有的人。该委员会与领导着数百个犹太人组织的约5000个大富翁关系密切。凭借手中掌握的财力、舆论和选票，AIPAC已成为美国犹太人政治势力的核心，凡遇到涉及以色列的重大问

① Michael Thomas, *American Policy toward Israel: The Power and Limits of Beliefs*, London and New York: Routledge, 2007, p. 23.

② Michael Thomas, *American Policy toward Israel: The Power and Limits of Beliefs*, London and New York: Routledge, 2007, p. 24.

③ 陈双庆：《美国犹太人对美国中东政策的影响》，载《现代国际关系》2002年第6期，第38页。

④ 关飞：《犹太人也玩“窝里斗”》，载《看世界》2009年11月上，第34—35页。

题，各犹太人组织都要听从该委员会的指挥。

毫无疑问，AIPAC 已经成为众多犹太人组织中影响力最大的一个，被称为“外交政策第一大院外活动集团”。前众议院少数党领袖理查德·格普哈特（Richard Gephardt）在 AIPAC 的一次集会上说：“如果没有你们的不断支持……以及你们日复一日地来加强（美以关系），就不会达到这样的程度。”① 以色列前总理奥尔默特说：“感谢上帝让我们有个美以公共事务委员会，它是我们在全世界最伟大的支持者和朋友。”② 2004 年 5 月 18 日，小布什总统在美以公共事务委员会政策大会上称：“……在 50 多年里，美国与以色列一直是坚定的盟友。美以公共事务委员会就是其中的原因之一。你们一直不懈努力地为加强将我们两国连接在一起的纽带——共同的价值、对自由的强烈信奉——而努力工作着。通过保卫以色列的自由、繁荣和安全，你们也在为美国的事业服务。”③

AIPAC 的发展壮大与迪恩的努力密不可分。他主要做出了以下几方面的贡献。一是建立起有效的全国网络。1981 年，AIPAC 动员了巨大力量企图阻止向沙特出售预警机，但最终失败了。迪恩经过检讨分析发现，犹太人拥有政治力量的地区并没有发挥出所期待的影响。1980 年的人口普查显示出一种趋势，那就是人口向南部和西部转移，这种趋势要求重新分配国会议席，而要求增加议席的地方缺少犹太人组织力量。到 1984 年，25% 的议员将会来自于德克萨斯、佛罗里达和加利福尼亚。迪恩决定前往那些有投票权而非犹太人所在地的州采取行动。迪恩与 AIPAC 执行委员会成员随即在圣弗朗西斯科、奥斯汀以及迈阿密设立办公室。各地支持以色列的积极分子组织起联络小组，与每个国会议员建立起联系。随后两年内，迪恩建立起 AIPAC 成员网络，所有成员都会定期接收有关议题的信息并能够接近国会议员。AIPAC 还招募了数量庞大的年轻积极分子，这些人可以随时

① 【美】约翰·J. 米尔斯海默、斯蒂芬·M. 沃尔特著，王传兴译：《以色列游说集团与美国对外政策》，上海人民出版社，2009 年版，第 12 页。

② 【美】约翰·J. 米尔斯海默、斯蒂芬·M. 沃尔特著，王传兴译：《以色列游说集团与美国对外政策》，上海人民出版社，2009 年版，第 476 页。

③ GeorgeWBush. com，www. jewishvirtuallibrary. org/jsource/US – Israel/bushaipac2004. html.

提供可能会得到提升的地方政治人物的信息。[①] 二是建立了有效的政治捐助机制。迪恩建立了支持以色列的政治行动委员会（political action committees，PACs），主要任务是进行政治捐助。1980 年选举期间，只有 10 个支持以色列的政治行动委员会，1982 年增加到 40 个，捐助从 41.44 万美元增加到 202.72 万美元。1986 年，支持以色列的政治行动委员会增加到 94 个，捐助至少为 4600 万美元。[②] 三是创立了一些非常有效的宣传、动员和游说方式。迪恩于 1981 年 10 月 6 日创立了非常有效的大规模邮寄宣传品的方式。该宣传品将沙特描绘成以色列“公开的敌人”，也是 1973 年“阿拉伯背信弃义”的成员之一。要求响应者在向参议员提交的备忘录上签名，并进行捐助，而这种捐助可以使其成为 AIPAC 的成员。大约发出了 40 万封信件，招募到 1 万名新成员。这种方式以后经常被使用，尤其在美以关系出现危机时。[③] 在迪恩的努力下，AIPAC 成员定期收到情况简报、联系当选官员的要求、参加情况介绍会和培训班的请柬、捐助要求等。1978—1987 年，其成员从 9000 人增加到 55000 人。AIPAC 寻求动员、教育和指导支持者，而非从支持者中寻求建议。AIPAC 每年举办数场华盛顿政策会议，这些会议有多重目的：（1）介绍当前问题的相关情况以及来年的政策目标；（2）邀请政府官员和国会议员到会演讲；（3）向成员提供亲自展开游说的机会；（4）举办有关游说技巧的研讨会；（5）培育成员的忠诚并提升其在国内的声望。[④] 四是将政府与国会并列为游说对象。20 世纪 50 年代起，“主要犹太人组织主席大会”与 AIPAC 之间就存在分工，前者负责游说白宫和国务院，后者游说国会。在阻止向沙特出售预警机的游说活动失败后，迪恩决定开始对政府展开游说。“主要犹太人组织主席大会”所关注的议题不仅仅限于以色列，而且在华盛顿没有职业工作人员，这极大地限制了其游说能力。迪恩敏锐地觉察到里根政府也不希望与 AIPAC 之

---

① Michael Thomas, *American Policy toward Israel: The Power and Limits of Beliefs*, London and New York: Routledge, 2007, p. 95.

② Michael Thomas, *American Policy toward Israel: The Power and Limits of Beliefs*, London and New York: Routledge, 2007, p. 99.

③ Michael Thomas, *American Policy toward Israel: The Power and Limits of Beliefs*, London and New York: Routledge, 2007, pp. 95 - 96.

④ Michael Thomas, *American Policy toward Israel: The Power and Limits of Beliefs*, London and New York: Routledge, 2007, p. 96.

间发生另一次公开冲突。所以 AIPAC 有机会与政府建立关系，从而在斗争公开化之前就可以与政府就相关议题进行沟通。①

以 AIPAC 为代表的院外集团之所以有如此巨大的势力，主要有以下几方面的原因。

一是能够动用力量支持亲以色列的人士或反对被认为是非亲以色列的人士参加总统竞选，并力求确保其支持的人选在当选后采取亲以立场。1960 年，一些美国犹太富翁以提供竞选活动经费为条件，要求民主党候选人肯尼迪答应在当选后“让他们决定今后四年美国中东政策的方向”。肯尼迪在大选中获得了 82% 的犹太人选票。当选后，肯尼迪便“第一次批准向以色列出售美国军火”。1975 年，福特宣布“重新评估”美国的中东政策后，受到美国犹太人院外集团通过参议院施加的强大压力，他被迫放弃了这一决定，福特的这一举措使他失去了大多数犹太人的支持，1976 年大选时，68% 的犹太人将选票投给了民主党候选人吉米·卡特。

二是发展了与国会议员及工作人员的密切联系，从而能够及时了解国会山上的所有立法问题及政治发展。② 这种密切联系对于操纵国会政策朝着有利于以色列的方向发展具有重要作用。首先是协助亲以色列的候选人竞选国会议员，在国会中发展亲以势力。其次是监督、影响议员的投票倾向。每逢国会讨论中东政策或进行表决时，全国政治委员会都要进行详细的记录，并将记录分发到各地的分会，为它们提供该地区议员在中东问题上的立场和态度，并根据该议员的具体表现提出对其采取何种行动的建议。然后是设法将持反以立场的议员赶出国会。例如 1980 年，加利福尼亚州众议员保罗·麦克洛斯基提出一项修正案，反对以色列在约旦河西岸修建定居点，要求美国政府为此削减对以色列的援助。该修正案由于犹太院外集团的游说活动而被扼杀在摇篮中，麦克洛斯基为此付出了惨痛代价。后来他在参加参议员竞选时，不仅在舆论界受到美国犹太人的猛烈抨击，而且失去了原来犹太富翁资助的竞选筹款，最终败北。伊利诺伊州参议员

---

① Michael Thomas, *American Policy toward Israel: The Power and Limits of Beliefs*, London and New York: Routledge, 2007, p. 98.

② Asaf Hussain, *The United States and Israel: Politics of a Special Relationship*, Islamabad: the Area Study Centre, Quidid-I-Azam University, 1991, p. 78.

查尔斯·柏西（Charles Percy）由于在1981年投票支持出售机载预警与控制系统飞机给沙特阿拉伯而成了犹太院外集团攻击的靶子，在1984年再次竞选时也遭到失败。①

三是能够迅速有效地动员起强大的民众力量向政府和议员施压。AIPAC有一个经过计算机处理的每个州及国会选区支持以色列的人员名单。它在犹太人社区之间发展起了一个有效率的信息发布网络。信息一被发送，犹太人社区就会对美国的政治机器施加压力。AIPAC一位前主席描述道：信件被发送到700名重要人物的手中，他们又与犹太人以及基督教的地方和全国的领导人联系。收到信件的人接着又将信息传给成千上万的犹太人。事实上，他们还经常使用电报及电话来提高动员的速度。因此，在某个特定法案即将表决的前几个小时内，全国的犹太人都已被动员起来了，成千上万的电报、电话就会蜂拥而至。美国前参议院多数党领袖、参议员休·司各特（Hugh Scott）对此深有感触："AIPAC是非常有效率的。他们有一个非常好的草根行动（grass roots operation），这是极为重要的。在任何时候，他们都可以被动员起来。"②

四是利用自己所掌握的和所能影响的媒体展开宣传攻势，攻击那些他们认为对犹太事业不利的人。1981年，参议员查尔斯·马休斯（Charles Marthias）投票支持向沙特阿拉伯出售机载预警与控制系统飞机，纽约的犹太人报纸发表评论说："马休斯先生将石油利益凌驾于犹太人及以色列国之上。不论他说什么，犹太人不会被此人所愚弄，因为他的行动证明了他是一个什么样的人。"③ 在犹太人院外集团的影响下，美国的主流媒体对阿以冲突的报道通常都是偏袒以色列的。美国前总统吉米·卡特所著的《巴勒斯坦：要和平而非种族隔离》一书所引起的反响，很好地说明了这一现象。卡特的这本书主要表达其本人的诉求，即吁请美国恢复介入到和平进程之中，这种请求基本上是基于他过去30年中在这些问题上的大量经验而

---

① Cheryl A. Rubenberg, *Israel and the American National Interest: A Critical Examination*, Urbana and Chicago: University of Illinois Press, 1986, p. 258.

② Asaf Hussain, *The United States and Israel: Politics of a Special Relationship*, Islamabad: the Area Study Centre, Quidid-I-Azam University, 1991, pp. 78 - 79.

③ Cheryl A. Rubenberg, *Israel and the American National Interest: A Critical Examination*, Urbana and Chicago: University of Illinois Press, 1986, p. 358.

提出的。理性的人们可以对他的论据进行挑战，或者不同意他的那些结论，但他的最终目标是两个民族之间的和平，而且卡特还毫不含糊地为以色列和平安全生存的权利进行了辩护。然而，由于他认为以色列在被占领土上实施的政策就像南非种族隔离政权的政策一样，公开说亲以色列的团体使得美国领导人很难为和平而向以色列施压，因而许多这样的相同团体发动了对卡特恶意的诽谤攻击。卡特不仅被公开指责为一个反犹分子和“仇视犹太者”，有的批评者甚至指控他同情纳粹。① 报道报纸产业的著名期刊《编辑与出版商》（*Editor & Publisher*）在2006年夏第二次黎巴嫩战争开始大约一星期之后调查了数十份报纸，发现“这些报纸中几乎没有一份谴责以色列对平民区和黎巴嫩基础设施的攻击”。24小时全天候的有线新闻台充斥的报道和评论，都是将这个犹太国家描绘成不会作恶、遭到围攻的斗士。到战斗结束的时候，黎巴嫩真主党杀害了43位以色列平民、损害或摧毁大约300座以色列建筑。相反，以色列国防军杀害的黎巴嫩平民多达750人，损害或摧毁的黎巴嫩建筑大约是16000座。然而，在整个冲突期间，社论版的评论依然冷酷无情地保持亲以色列的立场，这种情况还经常潜入到新闻报道中，从而保证了美国媒体中对以色列的总体描述是非常有利的。英国《独立报》上的一篇文章，对主流媒体中的这种情形进行了很好的总结：“对每次冲突来说，都存在冲突的双方——除非你依赖的是美国媒体上有关黎巴嫩战斗的信息。观众被灌输的是盲目崇拜的新闻报道，这种新闻报道将以色列当作好人，而以色列的黎巴嫩真主党敌人则被当作罪恶的化身……不仅辩论几乎不存在，而且辩论本身也被认为是不必要的和令人怀疑的。”②

五是成功地在政治精英、党派及各团体之间树立起自己的良好形象和声誉。AIPAC以其在阿以政治上的研究和专业知识而知名。国会中充斥着AIPAC提供的有关资料信息。AIPAC还建立了一个专门研究中东事务的机构，创办了时事通讯《近东报道》周刊。AIPAC定期将此杂志邮寄给每位

---

① 【美】约翰·J. 米尔斯海默、斯蒂芬·M. 沃尔特著，王传兴译：《以色列游说集团与美国对外政策》，上海人民出版社，2009年版，第7—8页。

② 【美】约翰·J. 米尔斯海默、斯蒂芬·M. 沃尔特著，王传兴译：《以色列游说集团与美国对外政策》，上海人民出版社，2009年版，第458页。

国会议员。这种方式打开了与国会议员沟通的一个渠道。最终议员们都开始依赖于这份时事通讯所发布的消息，并认为这是一个可靠的信息来源。《近东报道》极大地提高了 AIPAC 的声誉，以至于国会委员会的成员在辩论他们支持以色列的理由时都要咨询它的观点并从它那里获得资料。AIPAC 还经常作为一个完全的参与者被召集来与有关的议员一起共同制定立法策略。AIPAC 另一个重要的战略是拉拢非犹太人团体、组织和政党来支持其事业。AIPAC 总是在"基于美国利益"的基础上提出理由，这使他们的事业更容易受到人们的支持。AIPAC 最为重要的成就是不论是民主党还是共和党，都坚定地支持他们的事业。之所以能做到这一点，是由于它聪明地避免了将犹太人的利益与任何一个政党的利益混在一起。只有避免了党派政治，才能获得两大政党的支持。[①]

六是注重对美国年轻人亲以色列情结以及犹太裔国会议员"后备军"的培养。AIPAC 面向的不只是在位者，"润物无声"的功夫在年轻一代中就已做足。据其公布的数据，于 2012 年 3 月 4 日至 6 日举行的年度政策会议上就有 1600 名学生积极参与，来自美国 50 个州及华盛顿特区共 500 所学校，包括 217 名学生领袖，"当属美国历史上最大规模的亲以色列的学生聚会"。[②] AIPAC 在美国 50 个州的 350 所大学和学院都设有联络处，并经常在校内举办讲座和研讨会，宣传美国与以色列保持友好关系的重要性。他们还将"有发展前途的"犹太裔学生登记在案，并在他们毕业后将其举荐为议员助理。[③]

七是通过举办访问以色列的活动等形式培植美国精英阶层对以色列的感情。例如，1982 年 4 月犹太联合募捐会邀请 1500 名美国犹太人访问以色列一周。犹太人组织经常安排具有政治和社会影响力的人士免费去以色列游览，包括州长、州议员、社区领导人、新闻媒介人士以及国家领导人特别是白宫官员。在国会议员中，有半数以上的议员去过以色列，其中大

---

① Asaf Hussain, *The United States and Israel*: *Politics of a Special Relationship*, Islamabad: the Area Study Centre, Quidid-I-Azam University, 1991, pp. 79 – 80.

② 孙浩：《感受美国亲以集团"润物无声"》，来源：《国际先驱导报》，转引自参考消息网，http: //ihl. cankaoxiaoxi. com/2012/0320/19592. shtml。

③ Cheryl A. Rubenberg, *Israel and the American National Interest*: *A Critical Examination*, Urbana and Chicago: University of Illinois Press, 1986, p. 336.

约一半人的经费是由犹太组织或个人提供的。美国的犹太组织也重视具有潜在影响力的工作人员，例如国会和各大学中占据重要职位的工作人员，AIPAC 经常安排他们去以色列免费旅行。[①] 另一方面，对于美国的大多数犹太组织来说，“以色列一直是（它们的）关注之一”。它们在文化、社会、宗教、服务等方面针对以色列开展了大量的活动，“通过从旅游到慈善事业的无数联系，已经建立并维持了（沟通的）桥梁。这一社会—文化—人的联系包括美国人向以色列的稳定流动，参与以色列生活的各个方面并促进两国之间的文化交流，以及以色列各种机构的使者到美国去，从而提供了一个有利于其他联系和加强政治环境的‘人民对人民’的联系”。[②]

① 【美】保罗·芬德利：《美国亲以色列势力内幕》，中国对外翻译出版公司，1990 年版，第 38—39 页。

② Bernard Reich, *The United States and Israel: Influence in the Special Relation*, New York: Praeger, 1984, p. 193.

第六章
美以军事外交关系的内容

从美以军事外交关系的发展历史可以看出，双方军事外交关系的内容在初期主要以美国对以色列的军事援助为主，随着双方关系的发展和国际形势发展演变的需要，双方军事外交关系的内容不断拓展。

第一节　军事援助

在所有接受美国军事援助的国家中，不论从数量还是质量上来说，以色列都是美国对外军事援助的头号受援国。以 2012 财年为例，根据《全面拨款法案 2012》（P. L. 112—74），以色列获得的军事援助占美国全面对外军事援助的 60%。年度对以军事援助占以色列国防开支的 18%—22%。[①] 军事援助的形式也非常多，主要有提供武器装备、提供军事贷款和赠款等。

一、提供武器装备

提供武器装备是美国对以色列进行军事援助的主要内容之一，包括出售武器（由美国提供资金）、在以色列预先储存军事物资、向以色列提供"剩余军事物资"等形式。

① CRS Report for Congress7 - 5700：Jeremy M. Sharp，*U. S. Foreign Aid to Israel*，March 12，2012，p. 5.

(一) 出售武器装备

自以色列建国以来，美国向以色列提供了大量武器装备和技术，而且大多是当时最先进的武器和技术。例如，以色列和北约组织的四个国家同时得到美国的“鹰眼”侦察机、F－15和F－16战斗机。1982年，以色列在入侵黎巴嫩的战争中使用的“隼”式E2C电子侦察机，美军自己都尚未使用。

以色列国土狭小，几乎没有战略纵深，因此，空军是国防的重中之重。第三次中东战争后，以色列于当年就从美国购买了非常先进的A－4“天鹰”式攻击机。几十年来，以色列从美国采购了包括F－4“鬼怪”式、F－15“鹰”式和F－16“战隼”式战斗机在内的大量先进作战飞机。特别是以色列于1999年和2001年分两批从美国洛克希德·马丁公司购进102架F－16I战斗轰炸机，共耗资44亿多美元，这也是以色列建国以来金额最大的一笔军购合同。F－16I是洛克希德·马丁公司专门为以色列空军研制的，就连美国空军也没有这么先进的战斗机，以色列人为其取了一个响亮的名字——“风暴”。[①] 目前以色列空军拥有F－15战斗机89架，各型F－16战斗机300余架，在中东各国中率先实现主战飞机三代化。[②] 以色列也是美国领土以外拥有最大的F－16战斗机群的国家。经过多年谈判，美以双方于2010年宣布，以色列将购买19架F－35隐形战斗机，价值27.5亿美元，全部使用美国提供的军事援助款项支付。美国还同意今后将向以色列再出售75架此型飞机。作为此交易的一部分，美国同意从以色列购买约40亿美元的装备。由于F－35项目的延迟，以色列可以选择升级其现有的F－15或F－16战斗机。[③]

几十年来，以色列防空武器也主要依赖美国。1965年开始装备美制“霍克”地空导弹系统，截止到2003年1月，以色列防空兵共装备了17个

---

① 朱竟成：《雄视中东的以色列空军》，载《国防科技》2006年第8期，第54页。

② 王道伟、陆惠烨编著：《国防建设：生存发展的安全保障》，蓝天出版社，2011年版，第104页。

③ CRS Report for Congress7－5700：Jeremy M. Sharp，*U. S. Foreign Aid to Israel*，March 12，2012，p. 5.

改进型“霍克”地空导弹连、6 个“爱国者”地空导弹连。[①]

最近 10 年间，美国还向以色列提供了专门用于摧毁地下目标的“堡垒克星”智能钻地炸弹（Bunker – buster bomb），包括 GBU – 28 硬目标侵彻弹（Hard Target Penetrator）、GBU – 39 小直径炸弹（Small Diameter Bomb）等。2005 年美国首次向以色列出售 GBU – 28 型炸弹，该型炸弹重 5000 磅，可以穿透 20 英尺混凝土，在 1991 年的海湾战争中首次使用。2008 年，美国又向以色列提供了 GBU – 39 型炸弹，该型重 250 磅，可以穿透3—6英尺混凝土。[②]

以色列从美国获得的武器还包括最先进的导弹快艇、精确制导炸弹、预警雷达和空中加油机等。

（二）转让“剩余国防物资”

除了正常购买外，以色列还可以从美国优惠购买甚至无偿获得武器装备。例如，以色列能够免费接收美国的“剩余国防物资”（Excess Defense Articles，EDA），而不受 1976 年《武器出口管制法案》（Arms Export Control Act）的常规限制。

“剩余国防物资”项目，是将超过自己军队需求的装备提供给友好国家和盟友，这是美国达成其外交政策目标的一种方式。根据《对外援助法》第 516 条以及《武器出口控制法》第 23 条（a）款，美国可以减价或无偿将自己武库中过时的装备提供给友好国家，由于以色列被定为为“非北约主要盟国”，这就使其有资格接受“剩余国防物资”。[③]

以色列首次获得“剩余国防物资”是 1990 年，美国国会于当年 11 月 5 日通过拨款法案，授权“一次性地”转让给以色列价值 7 亿美元的从西欧撤除的剩余军事装备。[④] 根据防务安全合作局（Defense Security Coopera-

① 王道伟、陆惠烨编著：《国防建设：生存发展的安全保障》，蓝天出版社，2011 年版，第 107 页。

② CRS Report for Congress7 – 5700：Jeremy M. Sharp，*U. S. Foreign Aid to Israel*，March 12，2012，p. 8.

③ CRS Report for Congress7 – 5700：Jeremy M. Sharp，*U. S. Foreign Aid to Israel*，March 12，2012，p. 8.

④ Clyde R. Mark，*Israel*：*U. S. Foreign Assistance*，CRS Issue Brief IB85066，April，2005.

tion Agency，DSCA）资料，以色列是接受“剩余国防物资”最多的国家，从2001年至2012年，以色列接受了超过3.3亿美元的过剩物资。①

（三）“军用物资预储计划”

“军用物资预储计划”就是将作战物资预先储存在热点地区或其临近地区。一旦需要，美军只需将人员和少量物资运至该地区，即可实现人与装备的结合，迅速形成战斗力。

1984年6月，美国开始在以色列建立储存军事装备的设施。② 1989年9月8日，以色列国防部部长拉宾和美国国防部部长切尼签署协议，允许以色列“租借”美国装备，并预先将超过1亿美元的军需品放置在以色列。③ 1990年伊拉克入侵科威特。以色列利用伊科危机寻求另外的军事援助。国会增加了7亿美元军事装备，在以色列的军事储备从1亿美元增加到2亿美元，并提供了一些免费武器（爱国者导弹）。④ 美国国会在2006年投票将储存在以色列的军事装备从大约每年1亿美元增加到2008年的4亿美元。⑤ 2010年这一数额增加至8亿美元。第111届国会通过的《2010年安全合作法》（Security Cooperation Act of 2010，P. L. 111 –266）第302条对2005年的《国防部拨款法》进行修订，扩大了对总统的授权，总统可以将储存在以色列的剩余国防物资转让给以色列。这一修订还将在以色列储存的物资价值从8亿美元提高至12亿美元。⑥

美国同意在以色列贮存弹药，供美军使用，经过美国同意也可供以色

---

① CRS Report for Congress7 – 5700：Jeremy M. Sharp，*U. S. Foreign Aid to Israel*，March 12，2012，p. 8.

② Clyde R. Mark，*Israeli-United States Relations*（Updated April 4，2003），Issue Brief for Congress（Received through the CRS Web），Congressional Research Service ◆The Library of Congress.

③ Clyde R. Mark，*Israeli-United States Relations*（Updated April 4，2003），Issue Brief for Congress（Received through the CRS Web），Congressional Research Service ◆The Library of Congress.

④ Clyde R. Mark，*Israeli-United States Relations*（Updated April 4，2003），Issue Brief for Congress（Received through the CRS Web），Congressional Research Service ◆The Library of Congress.

⑤ Yizhak Benhorin，“US to Double Emergency Equipment Stored in Israel，” Ynetnews. com，December 12，2006. 转引自【美】约翰·J. 米尔斯海默、斯蒂芬·M. 沃尔特著，王传兴译：《以色列游说集团与美国对外政策》，上海人民出版社，2009年版，第37页。

⑥ CRS Report for Congress7 – 5700：Jeremy M. Sharp，*U. S. Foreign Aid to Israel*，March 12，2012，p. 15.

列在紧急状态下使用。美国的欧洲司令部负责“战争物资储备联盟—以色列计划”（the War Reserves Stock Allies－Israel，WRSA－I）。美国在以色列储存有导弹、装甲车、炮弹等物资。以一名以色列军官的话来说：“正式来说，所有装备属于美国军队……但是，如果发生冲突，以色列国防军可以申请使用其中的部分装备。”①

以色列《新消息报》披露，真正让美国和以色列重视起紧急战备储存制度的，还得归结于2006年持续34天的黎以战争。当时，以色列空军每天至少要打掉100枚导弹和精确制导炸弹。这场战争以色列共消耗了4000多枚导弹和精确制导炸弹，以军库存已所剩无几。战争中，以色列从美国买来的JP－8航空燃油几乎用完，战机面临“趴窝”的危险，幸亏美国及时补充才渡过难关。战争结束后，以色列发布的作战检讨中，将建立稳固而高效的紧急战争物资储备列为亟待加强的内容。为此，以色列与美国进行了一系列谈判，终于修改了美国管理在盟国储存军火的对外援助法，使以色列使用美国在其境内储存军火的权限得以扩大，而且美国有义务“随用随补”。据披露，美国存放在以色列境内陆上预置基地的武器包括：2500枚AGM－65“小牛”空对地导弹、900枚JDAM精确制导炸弹、200枚“鱼叉”反舰导弹等。②

在以色列预先储备军事物资的表面理由是，由于美国本土远离中东，通过提高空运能力的方式来解决美国向中东地区的力量投送问题，其成本高昂。理想的解决方案是在中东地区就近找到一个能够永久储存物资，并且在危机时部队能够向其迅速部署的地方。而以色列比起中东其他任何国家都适合于这一角色。

但是，预先在以色列储备军事物资，对于应付意外事件实际上是一种无效的方式，而且五角大楼从未对这一政策有过热情。根据以色列特拉维夫大学贾菲战略研究所前所长夏伊·费尔德曼（Shai Feldman）的说法：“目前的安排允许储备的只是以色列军队可以在一次紧急情况下使用的物资。在五角大楼的规划者们看来，这意味着美国没有绝对把握，是否可以

---

① CRS Report for Congress7－5700：Jeremy M. Sharp，*U. S. Foreign Aid to Isrcel*，March 12，2012.

② 《美军“战略军火库”帮助以军备战》，载《亚洲防务评论》2010年第49期，第37页。

在危机情势中获得储备在以色列的武器弹药。进而言之，这种‘双重使用’的安排意味着不是将储备的武器弹药提前派发给美国的战斗单位，相反，在危机情况下这些武器将不得不从总储备中进行分发，然后再进入战斗单位，从而导致物流上的噩梦。”① 储备计划的真正用意是要提高以色列的作战物资储备。挂靠以色列报纸《希伯来文报》（*Yedioth Ahronoth*）的以色列亚特新闻网（Ynet - news）在2006年12月报道说：“大部分美国储备在以色列的装备……用在了（2006年）夏季的黎巴嫩战争之中。”②

二、提供军事贷款和赠款

根据美国国务院的统计，从1946年至1979年，美国向世界各国提供的援助，超过100亿美元的只有南越、以色列和南朝鲜（大部分为军事援助），以色列以166.28亿美元排在南越（228.77亿美元）之后。但美国在越南战争和朝鲜战争中是直接参与者，其援助的大部分都直接或间接地用在战争上了。因此，以色列获得的实际援助应在受援国中居首位。据统计，自1949年到2001年，美国向以色列提供的军事贷款达112.125亿美元，赠款达395.749亿美元。③ 1976年至2004年，以2004年不变价格计算，贷款和赠款总额达1460亿美元。平均来说，美国的军事援助占以色列国防预算的约23%。④

美国自1959年起向以色列提供军事贷款，当年为40万美元。至1984年，所有军事贷款达到112.125亿美元。1974年开始向以色列提供军事赠款，当年为15亿美元。1984年军事贷款和赠款均为8.5亿美元。1985财

① Shai Feldman, *The Future of U. S. -Israel Strategic Cooperation*, Washington, DC: Washington Institute for Near East Policy, 1996, pp. 45 - 46. 转引自【美】约翰·J. 米尔斯海默、斯蒂芬·M. 沃尔特著，王传兴译：《以色列游说集团与美国对外政策》，上海人民出版社，2009年版，第37—38页。

② Yizhak Benhorin, “US to Double Emergency Equipment Stored in Israel”, Ynetnews. com, December 12, 2006. 转引自【美】约翰·J. 米尔斯海默、斯蒂芬·M. 沃尔特著，王传兴译：《以色列游说集团与美国对外政策》，上海人民出版社，2009年版，第38页。

③ Clyde R. Mark, *Israel: U. S. Foreign Assistance*, CRS, May 11, 2000.

④ Michael Thomas, *American Policy Toward Israel: The power and limits of beliefs*, London and New York: Routledge, 2007, p. 4.

年，所有军事贷款全部转为军事赠款，当年的军事赠款达到 14 亿美元。1987 年至 1999 年，军事赠款基本维持在每年 18 亿美元。2000 年至 2010 年，基本在 20 亿美元以上，2011 年后，则达到每年 30 亿美元以上。①

需要说明的是，军事贷款中很大一部分，美国最终也放弃了偿还要求。1973 年战争后，尼克松要求国会拨款向以色列提供紧急援助，包括放弃偿还要求的贷款。以色列希望以贷款，而不是无偿的形式获得援助，以避免美国派遣军事代表团前往以色列监督无偿援助的执行情况。自 1974 年开始，部分或全部的美国军事援助都是以放弃偿还要求的贷款形式提供的。这些援助技术上被称为贷款，但实际上是无偿军事援助。② 从 1974 至 2003 财年，以色列获得了 450 亿美元的放弃偿还要求的贷款。③

第二节　军工合作

以色列的军事工业技术享誉全世界，已成为世界最大的军品出口国之一。2003 年至 2010 年，以色列军品出口总额占据世界第八位，合同价值 120 亿美元。④ 以色列之所以能够取得如此成就与美国的支持密不可分。美以之间军工技术合作非常密切。当然，这种合作更多的是美国为以色列的军工发展提供资金和技术帮助，但是，随着以色列军事技术的发展，以色列对美国军事工业和技术也提供着相当程度的支持。

一、美国对以色列军事工业发展的支持

美国一直以来都在扶持以色列的国防工业发展，不仅在以色列军工项

① Jeremy M. Sharp, *U. S. Foreign Aid to Israel*, CRS Report for Congress7 – 5700, March 12, 2012.

② Clyde R. Mark, *Israel: U. S. Foreign Assistance*, CRS Issue Brief IB85066, April, 2003.

③ Clyde R. Mark, "Israel: U. S. Foreign Assistance", in John E. Lang ed., *Israeli-United States Relationship*, Nova Science Publisheers, Inc., p. 9.

④ CRS Report for Congress7 – 5700: Jeremy M. Sharp, *U. S. Foreign Aid to Israel*, March 12, 2012, p. 5.

目上提供资金支持，给予以色列军工企业军品合同，更重要的是提供了许多高新技术，这就大大地加速了以色列军事技术的发展。

20 世纪 50 年代，美国开始向以色列提供武器生产技术。① 1961 年美国向以色列出售“霍克”导弹，随后约翰逊政府向以色列提供了大批武器，包括“鬼怪”式飞机。这些军售标志着以色列武器库开始从法国技术转向美国技术。

（一）军工合作协议

美以间签署了四个主要协议，明确了美国帮助发展以色列军工业的承诺。第一个是 1970 年的《主要防务发展数据交换协议》。该协议同意“允许并采取措施以便利于交换关于发展范围广泛的武器系统的信息，包括坦克、侦察装备、电子战（装备）、空对空与空对地武器，以及工程技术”。1982 年，该协议中又增加了 19 项独立数据交换附件。第二个是 1979 年 3 月的《协议备忘录》，美国承诺促进两国间各种形式的研发活动，以及一些有选择的防务装备的采购和后勤支持。该协议中的附件 A 扩大了《主要防务发展数据交换协议》，提出了合作性研发项目（包括联合研发、一个国家的承造者为对方国家进行研发的领域提供研发支持）、竞争性研发（为竞争一项合同，一个国家的承造者与另一个国家的承造者竞争）。该附件的最后一方面包括了科学和工程技术交流计划。第四个是 1981 年 11 月 30 日签署的《战略合作谅解备忘录》。黑格国务卿在这一备忘录中承诺每年从以色列采购 2 亿美元的军品。该承诺的目的是加强并促进以色列国防工业的发展。1981 年 4 月，由国防部和国务院组成的一个跨部门“防务贸易专门小组”，以实施“防务贸易倡议”，意在“提高以色列防务工业的竞争力，以便利于每年从以色列采购 2 亿美元的军品”。尽管该备忘录和“防务贸易倡议”因以色列吞并戈兰高地而暂停实施，但在 1983 年 11 月又都正式恢复了。②

---

① Bishara A. Bahbah, “The U. S. Role in Israel's Arms Industry”, *The Link*, Vol. 20, No. 5, December 1987.

② Bishara A. Bahbah, “The U. S. Role in Israel's Arms Industry”, *The Link*, Vol. 20, No. 5, December 1987.

（二）为以色列军工业提供资金

美国还以合作研发的名义向以色列军工业提供资金支持。自 1977 年起，美以两国研发基金（别名为 Bird－F）一直是有兴趣发展和生产由美国指定产品的公司的主要资金来源。有些资金直接来自于美国军事部门。1986 年，以色列主要技术研究所 Technion 总裁在接受采访时说“很多年来，Technion 的研究一直受到美国空军的资助……”1986 年 5 月，以色列成为美国的非北约盟友，并继英国和西德之后第三个加入“战略防御计划”。就在备忘录签署后不久，“战略防御计划”项目主任詹姆斯·阿布拉姆森（James Abrhamson）中将宣布已经与以色列签署了两个研究合同，另外三个很快就会签署，总额达 1000 万美元。[①]

美国向以色列提供资金以支持其军工项目的主要事例有：1977 财年，以色列一次性获得 1.07 亿美元，用于发展梅卡瓦坦克（原型完成于 1975 年，1979 年装备部队）。以色列还提出同样要求，以发展“狮”式战斗机。1983 年至 1988 年，美国国会为“狮”式战斗机专门拨款 18 亿美元。[②]为“箭”式导弹的研发和部署已提供了 6.25 亿美元（该项目仍在进行），为发展高能激光反导系统提供了 1.3 亿美元。[③]

（三）提供军工技术

美国向以色列提供军工技术的方式很多，主要有联合研制、直接技术转让、合作生产以及在以色列设立军工企业。

联合研制。如拉斐尔武器发展局与美国洛克希德·马丁公司合作研制“突眼”（Popeye）空地导弹，美以在“狮”式战斗机以及“箭”式防空导弹方面的研发合作。通过联合研制，以色列可以消化吸收美国的技术，并在此基础上创新发展自己的军工技术。

直接技术转让。为了获得美国公司的特许权，“尤其是与技术相关方

---

① Bishara A. Bahbah, “The U. S. Role in Israel's Arms Industry”, *The Link*, Vol. 20, No 5, December 1987.

② Clyde R. Mark, *Israel*: *U. S. Foreign Assistance*, CRS Issue Brief IB85066, April, 2003.

③ Clyde R. Mark, “Israel: U. S. Foreign Assistance ”, in John E. Lang ed., *Israeli－United States Relationship*, Nova Science Publisheers, Inc., p. 2.

面”的特许权，以色列积极将自己从这些公司的装备采购与分享他们的技术捆绑起来。大部分情况下，以色列与美国公司的商业协议都会规定如下条款：免费使用卖家的装备在以色列生产，放弃研发费用，交付仿真预装件、部件和供应商清单，等等。以色列在为 F－4E 和 RF－4E 采购“利顿”（Litton）LW－33 武器投送系统时，条件就是分阶段获得技术帮助，使以色列飞机工业公司能够成为一个主要的分承包商（其承包的合同价值相当于总合同价值的 25%）。①

联合生产。通过要求联合生产美国的一些先进武器系统，以色列也可以获得相应的技术。在 1975 年“西奈协议”的一个秘密附录中，国务卿基辛格承诺将来与以色列在联合生产项目上开展合作。两年后，作为对定于 1978 年进行的日内瓦谈判的让步，以色列要求联合生产装甲 XM－1 坦克、鱼雷、“小牛”（Maverick）和“海尔法”（Hellfire）地对地导弹，以及先进的雷达和电子装备。②

美国的军工企业还直接在以色列设厂和建立合资企业，通过这种方式以色列也可以获得大量军工技术。到 1985 年，有 150 多家美国公司（其中大部分与国防工业有关）在以色列开设了工厂或合资企业。以色列也向这些投资商提供了很多的好处和补助，在研发经费、培训和租赁工厂及房产等方面对这些美国投资给出了很多优惠条件。③

（四）为美国生产军工产品

美国还通过给予以色列国防企业生产美国所需的军用产品等方式来扶持以色列的国防工业。

以色列已成为美国主要军火企业的分包商。1985 年，麦道飞机公司（McDonnell Douglas）与以色列签订了价值 2000 万美元的合同，为其生产阿帕奇直升机部件。通用动力公司（General Dynamics）授权以色列飞机工

---

① Bishara A. Bahbah, “The U. S. Role in Israel's Arms Industry”, *The Link*, Vol. 20, No. 5, December 1987.

② Bishara A. Bahbah, “The U. S. Role in Israel's Arms Industry”, *The Link*, Vol. 20, No. 5, December 1987.

③ Bishara A. Bahbah, “The U. S. Role in Israel's Arms Industry”, *The Link*, Vol. 20, No. 5, December 1987.

业公司为 F－16 战斗机生产 300 副机翼。1985 年，美国陆军将 1200 万美元的生意给予以色列悬挂系统及配件工业有限公司（Suspension and Parts Industries Ltd.），让该公司为其新式坦克 M－1 生产链轮。这是首次给予非美国公司生产 M－1 部件的订单。以色列最大的飞机部件私人生产商旋风航空产品公司（Cyclone Aviation Products）是唯一一家为 F－15 战斗机生产舱门的企业。[①] 美国陆军的 UH－60A "黑鹰" 直升机上装有拉斐尔武器发展局的 "长星" 电子战系统；以色列飞机工业公司为美国把波音 747 客机改为货机、波音 707 运输机改为加油机和预警机；埃尔比特公司的产品近 80% 出口到美国。[②] 1986 年 1 月，美国海军航空系统司令部给予以色列的麦茨雷特公司 2580 万美元的合同，用于购买三套 "先锋" 短程遥控无人机系统（每套包括 5—8 架无人机）。[③]

与美国企业结成的伙伴关系已使以色列产品成为向全球销售的美制飞机上不可或缺的部分。以色列飞机工业公司拉哈夫分部（Lahav Division）已成为向 F－16 战机提供机翼的主要合同商。2005 年 8 月以色列军事工业集团通过与通用动力军火和战术系统分部的伙伴关系获得了一份为期五年的合同，向美国驻伊拉克军队提供 5. 56 毫米、7. 62 毫米和 7. 50 毫米口径的弹药，合同金额达 12 亿美元，由此安然度过了严重的财政危机。2005 年 7 月，拉斐尔集团同通用动力武器和技术产品分部一道获得了三份订货合同，向美国陆军 M－2 "布雷德利" 步兵战车和 M－3 骑兵战车提供全套反应装甲模块。拉斐尔集团还通过与诺斯罗普—格鲁曼集团结成伙伴关系，从而在 "利特宁"（Litening）目标探测和导航吊舱的生产和销售方面获得类似的突破。1992 年生产出的利特宁是第一种将多个传感器融为一体的独立吊舱。它的改进型，如 "利特宁" －2（LiteningII）和 "利特宁" －AT（Litening AT）等，都已通过拉斐尔—诺斯罗普的伙伴关系被成功安装在了许多飞机上，如：美国空中国民警卫队的 F－16 和 A－10，美国空军预备役司令部的 A－10、B－52 和 F－16，以及美国空军的 F－15E

---

① Bishara A. Bahbah, "The U. S. Role in Israel's Arms Industry", *The Link*, Vol. 20, No. 5, December 1987.

② 《以色列国防工业带动国民经济快速发展分析》，http：//www. cnread. net.

③ 唐保东：《强兵富国的以色列国防工业》，载《现代军事》1999 年第 6 期，第 54 页。

和 A－10。澳大利亚皇家空军、土耳其空军、英国皇家空军等都订购了此装备。①

二、美以军工合作的几个典型项目

美以军工合作的密切程度和取得的显著成效在导弹防御系统、“狮”式战斗机、激光武器等几个项目上体现得最为明显。

（一）导弹防御系统

1986 年 5 月 6 日，美国与以色列签署谅解备忘录，允许以色列参加“战略防御计划”。自 1988 年起，美以就开始共同研发“箭”式反导系统。

1988 年 7 月美国方面以承担初期研发费的 80% 约 1.58 亿美元，其余由以色列承担为条件，开始参与“箭”导弹的开发。研发的总指挥由美国陆军战略防御司令担任，以色列飞机工业公司（Israel Aerospace Industries，IAI）为主承包商，负责导弹的设计与试制。1990 年 8 月“箭”导弹进行了首次发射试验，1994 年末以拦截假战术弹道导弹的成功结束了“箭”导弹的开发试验。在此期间所有开发费总额达 7.5 亿美元以上。1995 年 4 月，作为“箭”的后继型号，比“箭”的体积小而成本低的“箭 II”导弹开发计划启动，计划四年间总开发预算为 16 亿美元，原计划 1998 年进行作战部署。“箭 II”由美以联合研发（由美国陆军战略防御司令部和以色列国防部导弹防卫局负责计划的实施，由美国的波音公司和以色列航空工业公司共同研发），双方共享技术。② 为开发“箭 II”导弹，美国投入大量资金，不仅不要以色列返还海湾战争时的借款，而且在“箭 II”的关键技术中可以应用美国的战区高空区域防御（THAAD）导弹的红外导引头，同时也可以应用海上战区防御导弹 SM－2block IIIA 的导引头。“箭 II”导弹

---

① 【以】阿隆·本·大卫原著，倪海宁编译：《盘点以色列的国防工业》，载《国际展望》2006 年第 9 期，第 58 页。

② CRS Report for Congress7 － 5700：Jeremy M. Sharp，*U. S. Foreign Aid to Israel*，March 12，2012，p. 13.

于 1995 年 7 月 31 日进行了首次试验。①

2000 年 3 月 14 日，以色列部署了首个“箭 II”导弹营。美国还为“箭”导弹的配套项目——助推阶段拦截项目提供了 5300 万美元，为“战术高能激光武器计划”（Tactical High Energy Laser program）提供 1.39 亿美元。这两个项目都是“箭 II”式反导导弹系统的补充。1998 年 3 月，国防部部长科恩宣布美国将为以色列部署第三个“箭 II”导弹营提供 4500 万美元。2003 财年，小布什总统又向国会要求为“箭 II”导弹拨款 6000 万美元。2004 年的财政预算中，包括为“箭 II”导弹项目提供 1.35 亿美元。2006 年的预算又为该项目提供了 7800 万美元。②

2007 年 10 月美以双方同意建立一个委员会，以评估以色列提出的“箭 III”反导系统的可行性。“箭 III”反导系统是高层防御系统，旨在拦截中程弹道导弹。无论是从速度、射程还是从高度来说，“箭 III”是一种比“箭 II”更为先进的防御系统。2008 年夏，以色列决定开始生产“箭 III”，美国同意共同出资，预计于 2014 年部署。2010 年 7 月，美以又签署协议，扩展双方在研发和生产“箭 III”系统上的合作。③

2008 年 8 月，美国和以色列正式签署项目协议，共同研发“大卫投石索”（David's Sling system）（又称“魔杖”）防御系统。“大卫投石索”对付的是射程为 40—300 公里的中短程弹道导弹、巡航导弹，该系统原预计于 2012 年年底投入使用。④ 由于技术问题，其部署被推迟。根据最新报道，以色列将于 2016 年部署该系统。“大卫投石索”部署后，将替代现有的 17 套“霍克”防空系统和 6 套“爱国者”防空系统。⑤

美国还为以色列自行研发的“铁穹”短程防御系统提供了资金支持。“铁穹”可在全天候条件下拦截高度在 2.5—45 英里范围内的炮弹和火箭

① 王永寿：《以色列的战区导弹防御计划》，载《现代防御技术》1999 年第 3 期，第 63 页。

② Clyde R. Mark, “Israel: U. S. Foreign Assistance ”, in John E. Lang ed., *Israel-United States Relationship*, Nova Science Publisheers, Inc., p. 11.

③ CRS Report for Congress7 - 5700: Jeremy M. Sharp, *U. S. Foreign Aid to Israel*, March 12, 2012.

④ CRS Report for Congress7 - 5700: Jeremy M. Sharp, *U. S. Foreign Aid to Israel*, March 12, 2012, p. 13.

⑤ 《以“魔杖”防御系统今年投入使用》，载《参考消息》2016 年 1 月 18 日第 6 版。

弹。该系统的研发开始于2007年2月，用于拦截巴勒斯坦人的火箭弹。研发非常成功，拦截率达到70%以上。以色列计划于2013年前部署9个“铁穹”发射连，每个连需耗费5000万美元。据估计，如果要防卫大部分城镇地区，总共需要10—15个连。2010年3月，奥巴马政府宣布提供2.05亿美元，以资助以色列装备10个“铁穹”发射连。[①] 2012年5月17日，帕内塔与到访的以色列国防部部长埃胡德·巴拉克会晤。帕内塔在会晤后发表声明说，美国总统奥巴马支持以色列装备更多“铁穹”系统，并已指示他根据以方需求，在将于9月底结束的本财年内向以方提供7000万美元。基于每年对以色列防务形势的评估，美国今后三年还将继续增拨款项为以色列装备“铁穹”系统。[②] 2012年7月27日，奥巴马签署《美国与以色列加强安全合作条约》中，正式追加7000万美元资助以色列的“铁穹”短程火箭防御系统。

表2 用于美以反导的国防预算拨款（2006—2013财年）

（单位：百万美元）

系统类型	2006	2007	2008	2009	2010	2011	2012	2013
大卫投石索	10.0	20.4	37.0	72.895	80.092	84.722	110.525	
箭 II	122.866	117.494	98.572	74.342	72.306	66.427	58.955	
箭 III			20.0	30.0	50.036	58.966	66.220	
铁穹						205.0		
总计	132.866	137.894	155.572	177.237	202.434	415.115	235.700	99.836

资料来源：CRS Report for Congress7 - 5700：Jeremy M. Sharp，*U. S. Foreign Aid to Israel*，March 12，2012，p. 15。

（二）“狮”式战斗机

“狮”式战斗机研制方案最初于1979年宣布，由美国和以色列联合出资，以色列飞机工业公司研制。根据以色列军方最初的设想，“狮”式战

① CRS Report for Congress7 - 5700：Jeremy M. Sharp，*U. S. Foreign Aid to Israel*，March 12，2012，pp. 11 - 12.

② 新华网华盛顿5月17日电（记者孙浩、支林飞）：《美拟拨7000万美元为以色列装备“铁穹”》，新华网，转引自参考消息网，http：//mil. cankaoxiaoxi. com/2012/0518/39171. shtml。

斗机定位为轻型战斗机，在以色列空军的高低搭配中充当低档飞机，其主要任务是近距空中支援和阻断以及截击防空。

1983 年，美国国会通过一项修正案，允许以色列在 1984 年使用 5.5 亿美元的军事援助资金发展“狮”式战斗机。其中，2.5 亿美元可以在以色列花费，剩余 3 亿美元必须用在美国境内。但围绕该工程很快就起了争执。1984 年春，美国国防部长温伯格在向众议院外事委员会作证时争论称，以色列不需要发展一种可以以更低价格在美国购买到的飞机。因为美国政府在同类型飞机——诺斯洛普·格鲁门（Northrop Grumman）公司生产的F－20上没有投入“一分钱”，温伯格看不到美国支持以色列发展战斗机（此战斗机还将是F－20的竞争者）的任何理由。另外一些反对者关注的是，如果不再向以色列出售 F－15 和 F－16 飞机，将会损失很多工作机会。同时也对资助与本国产品相竞争的产品研发的原则提出质疑。但是，支持者还是占压倒性多数。1985 年众议院外事委员会又为“狮”式战斗机项目拨款 4.5 亿美元，其中 2.5 亿用于以色列本国。1986 年、1987 年又分别拨款 4.5 亿美元，但在以色列本国花费的数额提高到 3 亿美元。①

该项目研制过程中，美国不仅提供了大部分研制费用，同时提供了很多先进技术。根据以色列飞机工业公司总裁摩西·凯雷特（Moshe Keret）称：“约有一半部件，包括电动机和机翼，将是美国制造。”以色列国防部部长拉宾称，以色列将“狮”式战斗机看作“一项以色列飞机工业公司与美国航空工业的联合工程”。有超过 120 家美国公司作为次承包商参与了该工程。主要系统，如发动机、机身部分部件和机翼都是在美国生产的。②

在研发过程中，以色列军方不断提高对飞机的要求，使“狮”式战斗机发展成了一种性能优秀的战斗机，这就对美国的军机外销市场构成了严重的威胁。同时，伴随着飞机性能的提升，研制费用也不断攀升，超出了

---

① Bishara A. Bahbah，“The U. S. Role in Israel's Arms Industry”，*The Link*，Vol. 20，No. 5，December 1987.

② Bishara A. Bahbah，“The U. S. Role in Israel's Arms Industry”，*The Link*，Vol. 20，No. 5，December 1987.

原预算几倍以上，最终美国以费用太高为由压以色列停止研制“狮”式战斗机，以保证自己的军机外销市场。在美国政府压力下，以色列内阁于1987年8月30日决定停止该工程，此时该项目已花费了15亿美元（其中90%由美国提供）。[①] 但是，以色列仍然生产了第三架原型机用作发展先进战斗机机载设备的技术验证机。

虽然“狮”式战斗机项目被取消，但在和美国的九年合作过程中，以色列从美国学到了许多先进的航空技术，积累了很多研制经验。

（三）激光武器

战术高能激光武器系统是美以双方设计的反导系统的一部分，主要研究利用高能激光拦击火箭弹、近程弹道导弹、巡航导弹、无人机和炮弹。1995年3月，以色列启动了与美国共同开发战术高能激光武器的“鹦鹉螺”（Naultilus）计划。1996年4月28日两国就此及有关事项正式签署协议，以色列正式参与“鹦鹉螺”计划。美国汤普森—拉莫—伍尔德里奇公司（TRW）是该计划的主承包商，以色列的三家公司为子承包商。1995财年美国为该计划出资250万美元，以色列出资90万美元并为该计划提供了试验用的目标和其他设备。1996财年美国为“鹦鹉螺”试验计划拨款500万美元，同时为该计划的样机研制拨款500万美元，以色列将为该计划出资约100万美元。[②]

2000年6月7日，战术高能激光器先进概念技术演示器进行了首次试验，成功地拦截了一枚携带真弹头的火箭。随后又进行了多次试验，包括拦截单发的火箭或炮弹，以及齐射的多发火箭或炮弹。2001年，美国和以色列国防部在战术高能激光器系统的基础上联合研究下一代战术高能激光武器系统，称为“移动战术高能激光武器”（MTHEL）系统，该系统可安装到卡车上，是一种可以移动作战的地基战术激光武器系统。2004年5月4日，美国陆军利用研发出来的系统成功地拦截了一枚射程更远、飞行高

---

① Bishara A. Bahbah, “The U. S. Role in Israel's Arms Industry”, *The Link*, Vol. 20, No. 5, December 1987.

② 章雅平：《美国和以色列联合研制“鹦鹉螺”战术高能激光反导武器》，载《现代兵器》1996年第8期，第31页。

度更高和口径更大的火箭，并于同年8月成功拦截了多发迫击炮弹。然而，由于系统复杂、研究经费和后勤等方面的问题，美国于2004年年底宣布暂停移动战术高能激光器系统的发展与试验。2006年，以色列与巴勒斯坦和黎巴嫩真主党之间的武装冲突不断，给移动战术高能激光器系统项目的恢复提供了大好时机。据称，以色列国防部部长已经决定重新研究战术激光武器系统。①

第三节　军事交流密切

美国与以色列之间的军事交流与合作关系非常密切，内涵丰富，形式多样，而且涵盖几乎从战略到战术的各个层次。

一、军事交流密切

由于美以之间密切的军事关系，双方军事交流非常频繁。据报道，美军各军种的高级指挥官经常有规律地出访以色列，平均每个月就有300名左右的美国国防部和军方的人员前往以色列，而以色列军事人员访美的频率更高。以访问美国军事人员的数目与本国人口的比值来看，以色列军方访美人次数量远远高于美国的其他盟国，几乎每个以色列指挥官都曾去美国参观过军事设施或进行其他访问交流活动。②

此外，美国的各级军校里还有大量的以色列军事留学生和军事专家。可以说，美以两国军方之间已经形成了上至军队领导人和高级指挥官，下至基层作战人员的高效通畅的军事交流渠道。通过经常性军事交流，两国军方不但加深了相互间的了解，学习到对方的经验，还培养出一种相互敬佩、相互支持的情结。正是这种情结使得美以两国即便是在冷战后关系最为冷淡的时期，其相互间的军事合作也没有受到大的影响。

---

① 刘晓馨：《世界主要国家激光武器发展综述》，载《外军信息战》2008年第5期，第5页。

② http：//www. aipac. org/documents/unitedefforts. html.

二、联合军事演习与联合军事训练

美国与以色列举行联合军事演习的历史较长，且军演的频率也比较高。1984 年 6 月，两国开始联合空军和海军演习。[①] 1989 年 4 月美以首次举行营一级的联合军事演习（此前美以军事演习均是连一级的）。[②] 此后双方联演联训的层级不断提升，规模和范围不断扩大。目前，仅美国海军陆战队每年就要与以色列国防军举行两次沙漠作战训练。[③]

美以之间的联合军演技术含量高，战略层次高。双方经常举行以防空和导弹拦截为主要演练内容的联合军演。这些演习与美以两国在国防技术研发方面的最新进展有着直接的联系，其中包含着大量世界尖端科技。因此，演习客观上对美国积极研究和部署的全球和战区导弹拦截系统有着推动作用。以色列方面自海湾战争中遭受伊拉克弹道导弹袭击以来，也一直将导弹威胁，特别是伊朗的弹道导弹威胁，作为其国防战略上的一个重点。与美国举行防空和导弹拦截联合军演，不仅可以分享美国的技术，提升自己的实战能力，同时在战略上对敌对国家也是一种有效的威慑。

21 世纪以来，美以两国举行的联合军演又有了一些新的发展，其中最为突出的就是演练范围的扩大。例如：2001 年 3 月以色列国防军空军首次与美国空军的作战飞机共同完成了空中加油、格斗和对地攻击等多个科目的演习。这是美以空军举行的规模最大的一次联合军演，同时也是以色列国防军空军部队首次与外国作战飞机完成上述科目的演练。[④] 此外，参演国家的范围也有所扩大。自 1998 年以来美国、以色列就与土耳其一起举行年度海上搜救联合军事演习。2003 年 1 月，三国海军又举行了代号为“值得信赖的美人鱼—5”联合军事演习。

自 2001 年以来，美以代号为“杜松眼镜蛇”的例行军事演习每两年

---

① Clyde R. Mark, *Israeli – United States Relations* (Updated April 4, 2003), Issue Brief for Congress (Received through the CRS Web), Congressional Research Service ◆The Library of Congress.

② Camille Mansour, *Beyond Alliance*: *Israel in U. S. Foreign Policy* , New York: Columbia University Press, 1994, p. 175.

③ http://www. aipac. org/documents/unitedefforts. html.

④ http://www. us-Israel. org/.

举行一次。自 2012 年开始，“杜松眼镜蛇”的例行军演由代号为“严峻挑战”的联合军演取代。“严峻挑战—2012”在武器种类、人员数量、保密级别和情报分享程序方面全面超越以往的军演。一位以色列官员说：“这是在内容、规模和程序上的一大进步。这是对战略合作的历史性升级。表示合作已经超越了相互适应的目标，朝着联合策划与执行应急作战任务的方向迈进。”以色列消息人士称，参与上一次“杜松眼镜蛇”军演的大约有 1400 名美国海陆空官兵与同等数量的以色列国防军官兵。而参加“严峻挑战—2012”的人数超过 5000 人。①

由于以色列国防军实战经验丰富，因而美国特别重视与以色列军队一起举行的各种军事演习。加利福尼亚大学的史蒂芬·施皮格尔教授就认为以色列军队的作战经验至少为美军目前的战术带来了六个方面的改变。②

第四节　战略与安全合作

尽管从技术上看，以色列并不在美国的盟国范畴内，因为两国间不存在联盟协议。但是两国间密切的战略合作甚至超越了美国与很多正式盟国间的合作。

一、战略合作

冷战时期，特别是里根政府时期，美国将以色列视为“战略资产”，因为以色列是抵抗苏联势力进入中东的坚强堡垒。1981 年 11 月 30 日，美以签署的谅解备忘录，建立了两国间就提升国家安全和对抗苏联威胁进行持续磋商和合作的框架，目的是协调双方的军事政策和活动。

虽然由于以色列吞并叙利亚的戈兰高地，美国国防部宣布中止该谅解

① 美国《防务新闻》周刊网站 2011 年 4 月 4 日报道。

② 分别为：1. 减少探照灯的使用；2. 夜战时夜视设备使用的增加；3. 坦克和装甲车按照一前一后的队形排列；4. 对指挥、控制和通讯系统的改进；5. 让侦察部队展开电子战；6. 改进空对空导弹和电子战反措施。参见：Mitchell Bard, *U. S. – Israel Intelligence Cooperation*, http://www.us – israel. org。

备忘录。但是 1983 年 11 月，两国恢复了双边战略合作对话，并组成了联合政治—军事委员会来执行 1981 年备忘录的大部分条款。1986 年 5 月 6 日，两国签署协议，允许以色列参与“战略防御计划/星球大战计划”的研究。

1988 年 3 月，沙米尔总理访美期间签署了一个为期五年的协议，将里根总统时期在军事、经济、政治和情报等方面的工作安排正式化。该协议指明以色列为美国的“非北约主要盟国”。这使以色列获得了很多优待，如参与国防部合同的竞标，以较低的价格获得美国的军事装备，等等。①

1993 年 3 月 5 日，克林顿总统与拉宾总理在白宫会晤，两位领导人同意提升美以战略对话。以色列官方和非官方的一些消息来源经常提出关于抵抗伊斯兰原教旨主义的警告和建议，并将伊斯兰描述为西方和美国的敌人。这显示出以色列人希望制造一个伊斯兰对手以取代过去苏联这一威胁之源，从而保持住自己的战略地位。②

以色列在 1997 年被允许可以进入美国的卫星导弹预警系统之中。③ 根据新闻报道，1999 年 7 月 15 日至 20 日，克林顿总统和巴拉克总理会晤中的一个议题就是扩大战略合作。2000 年 7 月 27 日，克林顿总统在一次采访时说，他将评估美以战略合作，暗示美国将更加积极地看待美以关系。④

“9 · 11” 事件后，按照沙龙自己所承认的说法，当时“以色列同美国的战略协调已经达到了前所未有的维度”。⑤ 两国在 2001 年建立了年度“跨部门战略对话”，以讨论“那些长远的议题”。在以色列将美国的军事技术销售给中国的争议期间，这一论坛被临时取消，但却在 2005 年 11 月

① Clyde R. Mark, *Israeli – United States Relations* (Updated April 4, 2003), Issue Brief for Congress (Received through the CRS Web), Congressional Research Service ◆The Library of Congress.

② Clyde R. Mark, *Israeli – United States Relations* (Updated April 4, 2003), Issue Brief for Congress (Received through the CRS Web), Congressional Research Service ◆The Library of Congress.

③ 【美】约翰 · J. 米尔斯海默、斯蒂芬 · M. 沃尔特著，王传兴译：《以色列游说集团与美国对外政策》，上海人民出版社，2009 年版，第 38 页。

④ Clyde R. Mark, *Israeli – United States Relations* (Updated April 4, 2003), Issue Brief for Congress (Received through the CRS Web), Congressional Research Service ◆The Library of Congress.

⑤ 【美】约翰 · J. 米尔斯海默、斯蒂芬 · M. 沃尔特著，王传兴译：《以色列游说集团与美国对外政策》，上海人民出版社，2009 年版，第 342 页。

得以重新召集。①

美以反导合作也是美以战略关系的重要体现，国会和历届政府都坚定支持美以反导合作计划。2000 年 3 月 14 日美以联合开发的“箭”式反导系统列装以色列部队，这是世界上第一个进入运行的战区弹道导弹防御系统。这对于拦截可能的袭击以色列的导弹具有重要意义。美以随后又进一步发展了“箭 II”“箭 III”以及其他反导系统。

除了帮助以色列研发导弹防御系统以防范来袭导弹外，更为重要的是，美国将以色列的导弹防御系统纳入其全球导弹防御系统之中，这使以色列的导弹防御系统不仅具有地区意义，而且具有全球战略价值。2008 年，美国在以色列部署了 AN/TPY—2X 波段雷达（由雷神公司制造）。X 波段雷达系统的部署的重要意义，不仅仅在于该系统在探测来袭导弹的能力方面远远超过以色列当时所拥有的雷达系统”（以色列的预警系统探测距离为 100 英里，该型 X 波段雷达则为 500—600 英里），而更为重要的是，美国将此系统与其“防御支持计划”（Defense Support Program，DSP）中的全球卫星网络链以及全球弹道导弹防御系统（the global U. S. Ballistic Missile Defense System，BMDS）链接起来。“防御支持计划”是美国探测导弹发射的卫星早期预警系统的主要组成部分。X 波段雷达系统仍归美国所有，由美国部队和防务合约商共同操作。这是美国军队在以色列领土上的首次非明确存在。《2009 财年邓肯·亨特国防授权法案》（*The Duncan Hunter National Defense Authorization Act for Fiscal Year 2009*）（P. L. 110—417）授权拨款 8900 万美元用于 AN/TPY—2X 波段雷达系统在一个“秘密地点”（据报道在内格夫地区）的前置部署和激活使用。②

二、军事情报合作

美以之间的情报合作可追溯到 20 世纪 50 年代。以色列建国初期，美

---

① 【美】约翰·J. 米尔斯海默、斯蒂芬·M. 沃尔特著，王传兴译：《以色列游说集团与美国对外政策》，上海人民出版社，2009 年版，第 38 页。

② CRS Report for Congress7 - 5700：Jeremy M. Sharp，*U. S. Foreign Aid to Israel*，March 12，2012，p. 14.

国就看到了利用以色列的大量移民收集情报的价值。当时许多以色列人来自中东地区不同的国家，他们掌握着分析和解读从该地区收集来的情报所必需的语言、心理和其他方面的知识。美国认为只有这些犹太人才能够真正理解阿拉伯人的心理状态、政治程序和行为的"非理性"。另外，以色列还有大量的东欧移民，在收集苏联和东欧社会主义国家的情报方面同样也有着巨大的人力优势。1950 年，中央情报局和联邦调查局就开始向以色列提供当时最先进的密码分析计算机，并且还提供培训。[①] 同时，美国还以装备援助的方式提供了先进的无线电侦测器材，由阿穆恩（以色列军事情报局（Directorate of Military Intelligence，Aman））接管并在以色列设置了最早的一批监听站。

1951 年，以色列总理本—古里安访问美国期间，向美国政府表达了建立情报联系与合作的意愿，并与时任中央情报局的首脑比德尔·史密斯和艾伦·杜勒斯进行了会晤。1951 年 6 月，摩萨德局长希洛被派往华盛顿秘密协商合作条款，并与中央情报局签署了合作协议。协议对合作进行了原则规划，作为摩萨德和中央情报局之间情报交换与合作的依据。协议还要求双方就共同关心的问题相互通气，双方保证不进行针对对方的谍报活动，并同意交换联络官，以及各自的联络官将在本国驻另一国的大使馆里工作，等等。[②] 自此，摩萨德与中央情报局之间建立了日常工作联系。

20 世纪 50 年代末期，中情局通过秘密账户，把每年约 1 千万—2 千万美元的行动资金交由摩萨德，在中情局授意的国家或地区开展秘密行动，并特意把此项工作命名为"KK 山"。[③] 60 年代初，由于也门分裂，埃及支持在南也门建立一个亲苏亲埃的政权。美国决定要进行颠覆和破坏，并制定了一项援助反也门亲埃政权的计划，由摩萨德具体实施。摩萨德则派出了 50 年代初移民到以色列的也门犹太人返回故地，训练反对派武装，并开

---

① 【美】斯图尔特·史蒂文：《以色列间谍大师》，群众出版社，1986 年版，第 36 页。

② 【美】丹·拉维夫、【以】约希·梅尔曼：《每个间谍都是王子——以色列情报全史》，中国社会科学出版社，1992 年版，第 70—73 页。

③ Cockburn and Leslie Andrew：*Dangerous Liaison – the Inside Story of the U. S. -Israeli Covert Relationship*，Harper Perennial，1992，pp. 101 – 102.

展破坏活动。[1] 以同样的方式，七八十年代，摩萨德也在萨尔瓦多、危地马拉分别以提供武器和战术训练、破坏袭击、谋划颠覆等方式开展了类似的秘密行动。

冷战后期，1979 年伊朗伊斯兰革命的爆发使美国在中东的情报活动蒙受沉重打击，1983 年美国驻贝鲁特使馆被炸事件又致使中央情报局黎巴嫩站失去了实际工作能力。自那以后，以色列就成为美国在中东地区的情报特别是人力情报的主要提供者。[2] 根据英国记者迪利普·希罗调查，中央情报局在黎巴嫩内战中与"摩萨德"有着密切的合作。[3]

20 世纪 80 年代初，美国甚至可以让以色列得到与美国关系最紧密的北约盟国都得不到的一些情报。尤其引人注目的是，以色列几乎不受限制地得到精密的 KH－11 成像卫星资料。据以色列军队情报负责人说，可以得到的"不仅是信息，而且还有照片"，而英国进入同一资源则大受限制。1981 年，以色列轰炸伊拉克的奥希拉克（Osirak）核子反应堆之后，以色列进入这一资源受到限制。但是，在 1991 年海湾战争期间，据信老布什总统授权转让有关伊拉克飞毛腿导弹袭击的实时卫星信息。[4] 据报道，到 1985 年的时候，两国已经签署了大约 24 个情报共享协议。还有报道说美国出钱帮助过以色列在非洲的数次情报行动。[5]

冷战结束以后，美以之间的情报合作仍然十分紧密。根据冷战后中东地区形势的发展，美以两国加强了在防止大规模杀伤性武器及其运载工具和反恐怖方面的情报合作。

1997 年美以就分享有关导弹发射早期探测方面的情报达成了协议。"9·11"事件后，美以之间在反恐怖方面的情报合作又得到了进一步加强。2007 年，美以双方签署了《本土安全谅解备忘录》，把合作范围进一步扩

---

① Cockburn and Leslie Andrew：*Dangerous Liaison – the Inside Story of the U. S. -Israeli Covert Relationship*，Harper Perennial，1992，p. 129.

② Mitchell Bard，U. S. – Israel Intelligence Cooperation，http：//www. us – israel. org.

③ 【英】迪利普·希罗：《中东内幕》，天津人民出版社，1988 年版，第 318 页。该书译者将摩萨德翻译为"摩沙迪"。

④ 【美】约翰·J. 米尔斯海默、斯蒂芬·M. 沃尔特著，王传兴译：《以色列游说集团与美国对外政策》，上海人民出版社，2009 年版，第 38 页。

⑤ 【美】约翰·J. 米尔斯海默、斯蒂芬·M 沃尔特著，王传兴译：《以色列游说集团与美国对外政策》，上海人民出版社，2009 年版，第 38 页。

展到了航空安全、情报分析人员的相互培训和交流、应急方案的相互交流等。[①]

以色列在历次中东战争中之所以能够获胜，美国方面提供的及时高效的情报保障功不可没。在第三次中东战争之前，美国向以色列情报机构提供了苏军当时的战斗条令、作战大纲等，由于叙利亚军队大部分装备苏制武器并按照苏军战术组织战斗，为以军有效地对叙军实施攻击奠定了基础。[②] 战争期间，美国向以色列提供卫星影像情报，帮助以军迅速取得战争胜利。1973 年的第四次中东战争初期，以色列遭到埃及和叙利亚两军突袭，情势十分危急。危机时刻，美国拿出了秘密武器——SR－71 型“黑鸟”式侦察机，飞到炮火连天的中东战场上空，进行战场实时拍照。正是凭借这些影像情报中所显示的埃及两支进攻部队之间存在薄弱环节，以军才得以动用机械化突击部队实施迂回，挽救了战局。冷战后，美国方面则向以色列提供近实时的卫星侦测情报，帮助以色列提高了应对来袭导弹的预警能力。[③]

美以之间的情报合作是双向的，美国向以色列提供了重要的情报支持，而以色列也为美国提供了大量有价值的情报。美国军方非常看重 1982 年以色列在黎巴嫩战争中获取的情报，如美国武器装备在实战中的表现，苏制武器的性能。由于美国里根政府宣布暂停向以色列交付集束炸弹和 F－16战斗机，以及 1981 年《美以战略合作谅解备忘录》的中止。以色列为表达不满，拒绝向美国提供上述情报。[④] 1982 年 11 月底，美以关系有所缓和，双方签订了一项关于交换黎巴嫩战争相关情报的协议。几个月后，该协议得以实施。[⑤] 为了奖赏以色列同意分享其在黎巴嫩战争中获得的情报，美国向其提供了 200 枚“响尾蛇”（Sidewinder）导弹。[⑥] 冷战以后，以色列向美国提供了有关伊朗弹道导弹和核发展计划的情报。以色列还为

---

① “Israel and U. S. Signed the Memorandum of Mutual Understanding on Homeland Security”, *Jerusalem Post*, Feb 8, 2007.

② 【美】爱德华·卢特瓦克、丹·霍洛维茨著，庞祖戟译：《以色列国防军》，黎明文化事业公司，1978 年版，第 340—341 页。

③ http：//www. aipac. org/documents/unitedefforts. html.

④ Cheryl A. Rubenberg, *Israel and the American National Interest*: *A Critical Examination*, p. 311.

⑤ Cheryl A. Rubenberg, *Israel and the American National Interest*: *A Critical Examination*, p. 317.

⑥ Cheryl A. Rubenberg, *Israel and the American National Interest*: *A Critical Examination*, p. 322.

联合国核查小组对伊拉克的核查提供了大量情报。在反恐方面，美国依靠以色列掌握了大量有关中东地区恐怖组织的情报。[①]

三、防扩散问题上的合作

敌对国家和恐怖组织掌握大规模杀伤性武器的可能前景是美以两国的“梦魇”。美国将防止大规模杀伤性武器的扩散视为其核心利益之一，不遗余力地阻止恐怖主义与大规模杀伤性武器的结合。而以色列狭小的国土使其在大规模杀伤性武器的威胁面前显得更加脆弱。

由于在大规模杀伤性武器扩散问题上面临共同威胁，美以两国自冷战后采取了一系列措施，加强双方在这一问题上的合作。1996 年 4 月 30 日，美以两国领导人举行会晤，双方发表联合声明称，“考虑到对地区和平与稳定的持续不断的威胁，特别是大规模杀伤性武器和先进技术的扩散造成的危险，美以之间的战略合作将更趋重要。”[②] 这是美以建立战略合作关系以来第一次提出关于建立防扩散机制的问题。1998 年 10 月 31 日，美国与以色列签署了一项加强两国在防止大规模杀伤性武器扩散和在战略领域合作的协议。根据该协议，美以成立联合战略委员会，负责双方在技术、战略和军事领域的合作。美国将考虑，一旦以色列的安全利益受到威胁，即在中东地区部署中远程弹道导弹。[③] 1999 年 7 月 19 日克林顿与访美的巴拉克发表联合声明。双方同意提高全面的双边合作与协调，同时采取一系列措施帮助以色列应对大规模杀伤性武器和弹道导弹扩散的威胁。[④]

多年来，伊朗核武器问题成为美以两国关切的重大问题。正如以色列总理内塔尼亚胡 2011 年 5 月 25 日在美国国会的演讲中所称，“整个人类面对的最大危险，我们可能很快就要遭遇：一个激进的伊斯兰政权用核武器

---

① http: //www. aipac. org/documents/unitedefforts. html.

② “Israel – U. S. Joint Statement”, 30 April, 1996, available at http: //www. mfa. gov. il/mfa/go. asp? MFAH01i50.

③ 殷罡主编：《阿以冲突——问题和出路》，国际文化出版公司，2002 年版，第 375 页。

④ 参见第四章第二节。

武装了起来……所有的选择都摆在桌面上。”① 虽然两国在是否动用武力消除伊朗核能力方面存在分歧，但在阻止伊朗发展核武器这个总目标方面两国完全一致，并在事实上进行了密切的合作。

四、反恐合作

冷战结束之后，以恐怖袭击为代表的非传统威胁逐渐上升，成为美以国家安全的主要威胁之一。

克林顿总统曾宣称，在美国面临的挑战中，“没有一项挑战比向恐怖主义开战更为迫切”，“恐怖主义是美国在冷战后时代面临的最严重的安全威胁之一”。② 20 世纪 90 年代比较有影响的以美国为目标的恐怖主义事件有：1993 年世界贸易中心爆炸案、1995 年俄克拉荷马州联邦政府大楼被炸、1995 年 11 月和 1996 年 6 月美军驻沙特营地先后两次被炸、1996 年亚特兰大奥林匹克公园发生爆炸、1998 年 8 月美国驻肯尼亚与坦桑尼亚大使馆几乎同时被炸。21 世纪以来，以“基地”组织为代表的恐怖组织在全球范围内，甚至美国本土发动攻击，给美国带来很大危害。

而在中东地区，“哈马斯”“真主党”等极端组织针对以色列的恐怖袭击早就是以色列安全的重大威胁。1996 年 2 月 25 日，以色列连续发生两起炸弹爆炸事件，其中一起发生在 18 路公共汽车上，造成 26 人死亡，“哈马斯”宣称对两起事件负责；3 月 3 日，该路公共汽车再度发生爆炸，造成 19 人死亡；3 月 4 日，特拉维夫发生爆炸，造成 13 人死亡。③ 根据以色列外交部公布的数字，仅 2000 年 9 月 30 日到 2003 年 12 月 31 日期间，恐怖事件造成的以色列军民伤亡总数就高达 6049 人，其中死亡人数为 904 人。④

---

① “Full text of Israeli PM's speech” available at http://english.aljazeera.net/news/americas/2011/05/2011524172626343616.html.

② 【美】沃伦·克里斯托弗：《美国新外交：经济防务民主——美国前国务卿克里斯托弗回忆录》，新华出版社，1999 年版，第 142 页。转引自胡联合：《当代世界恐怖主义与对策》，东方出版社，2001 年版，第 333 页。

③ 李伟建等：《以色列与美国关系研究》，时事出版社，2006 年版，第 246 页。

④ “Casualties since 29.09.00 Updated 31.12.03,” available at http://www.idf.il/daily_statistics/english/1.doc.

面临的相同威胁促使美以加强了在反恐方面的合作。1996 年 4 月 30 日，美以两国领导人举行会晤，签订了《美以反恐怖主义合作协定》，成立的美以联合反恐工作组（JCG）。协议规定美以两国将分享有关恐怖分子和恐怖组织的情报和分析结果。该协定的签署为美以反恐情报合作提供了依据，标志着两国反恐情报合作的深化。[①] 2009 年 1 月，两国又签署了《关于防止恐怖主义组织获得武器和相关装备的谅解备忘录》，对美以在这方面开展情报合作、目标、义务及分工进行了明确规定。[②]

鉴于以色列在反恐方面的先进经验和技术，“9·11”事件之后，美国开始大量吸取以色列的反恐经验和技术，诸如借鉴以色列在机场、使馆等重要设施的安保措施，聘请以色列专家帮助其培训士兵等。美国还依靠以色列掌握了大量有关中东地区恐怖组织的情报。目前，美以两国的情报机构已经在实际工作和政策制定两个层面，就反恐有关的敏感情报交换以及联合战略的制定展开了合作。以色列现在是参加美国的“反恐怖技术支援工作组”的五个国家之一，同时也是该组织中唯一的非北约国家。[③]

第五节　美国对以色列安全的其他支持

美以双方的军事与安全合作涵盖内容非常广泛，除了上述援助与合作内容外，美国还直接或间接支持以色列的军事行动、提供经济援助以支撑以色列国防开支等方式对以色列予以关键性支持。

一、协助以色列的军事行动

协助以色列的军事行动是美国援助以色列的又一特殊方式，尤其表现

---

① *Mossad Warned U. S. of Impending Attack*, http://www. us – israel. org/.

② Israel Ministry of Foreign Affairs, “Memorandum of Understanding between Israel and the United States Regarding Prevention of the Supply of Arms and Related Material to Terrorist Groups”, http://www. mfa. gov. il/MFA/peace + process/reference + documents/israel – us_ memorandum – of – understanding_ 16 – jan – 2009. htm.

③ http://www. aipac. org/documents/unitedefforts. html.

出美以关系的非同寻常。

第三次中东战争爆发前后，驻扎在中东地区的美国军队以各种形式直接或间接协助了以色列的军事进攻。美国第六舰队在埃及和叙利亚沿海游弋，美国的航空母舰向以色列提供了“空中保护伞”，使以色列参谋部敢于做出以色列空军倾巢出击的决定。美国的电子情报船“自由”号负有监听阿拉伯国家通讯的任务，并将截获的重要情报转送给以色列，“自由”号还对埃及防空设施进行了电子干扰，为以色列空军的袭击帮了大忙。《偏袒：美国与好战的以色列之间的秘密关系》（*Taking Sides*：*America's Secret Relations with a Militant Israel*）一书的作者史蒂芬·格林（Stephen Green）宣称，在整个“六·五战争”中，美国空军一直为以色列进行侦察飞行。美国飞机被涂上了以色列国旗和以色列空军号码。格林说，来自美国的第38飞行中队的飞行员和来自第17飞行中队的技师身着民服，摘掉身上的身份牌，来到中东参与援助以色列的侦察飞行的行动。①

第四次中东战争开始时，尼克松和基辛格相信以色列很快会赢得胜利，所以对以色列最初的援助请求反应迟缓。其原因正如基辛格在他的回忆录中所叙述的那样：“如果以色列取得压倒性的胜利——就像我们起初预计的那样——的话，那么我们就要避免成为阿拉伯国家憎恨的焦点。我们必须阻止苏联成为阿拉伯国家的救星。……如果意料之外的事情发生，并且以色列陷入困难的话，那么我们将不得不对它进行必要的拯救。”② 确如基辛格所言，当以色列遭遇到出乎意料的困难，军事供应开始出现短缺的时候，尼克松和基辛格下令对关键的军事装备进行全面空运，并支付了22亿美元的追加军事援助担保。③ 尼克松还下令，调美国第六舰队的王牌——“独立”号航空母舰，从希腊海港比雷埃夫斯开往中东。尼克松宣称，这只航空母舰有80架舰载作战飞机，还有大量的堪称令人生畏的现代化武器；另外三艘航母“富兰克林·罗斯福”号、“约翰·肯尼迪”号、“瓜达卡纳尔”号也奉命浩浩荡荡地开赴中东。美国还向以色列提供侦察

---

① Cheryl A. Rubenberg, *Israel and the American National Interest*: *A Critical Examination*, Urbana and Chicago: University of Illinois Press, 1986, p. 124.

② Henry Kissinger, *Years of Upheaval*, Boston: Little, Brown, 1982, p. 468.

③ 【美】约翰·J. 米尔斯海默、斯蒂芬·M. 沃尔特著，王传兴译：《以色列游说集团与美国对外政策》，上海人民出版社，2009年版，第47页。

卫星获得的情报，使以军得以抓住埃军运河西岸兵力空虚的有利时机，从接合部突入运河西岸，建立了桥头阵地，摧毁了埃军几个防空导弹阵地，并迅速组织了五个旅的兵力，在空军的支援下，源源不断地渡过运河，从而扭转了战局，反败为胜。当以色列国防军包围了埃及的第三军，由此促使苏联直言威胁要使用自己的军队来进行干涉的时候，尼克松和基辛格下令进行全球军事警戒，并向莫斯科发出了不要进行干涉的警告。[①] 这对巩固以色列的胜利成果起到关键作用。

1982 年在以色列入侵黎巴嫩战争开始前，美国将其海军力量部署在东地中海，以防止苏联可能的干预。战争开始时，“肯尼迪”号航母已在靠近黎巴嫩的海域占据了有利位置，另外，包括“艾森豪威尔”号航母和“关岛”号直升机航母在内的 50 多艘战舰也集结部署完毕。美国这样做显然是向苏联发出强烈的信号，使其不要干预以色列的行动。[②]

二、以经济援助支撑以色列的国防和军事行动

美国还向以色列提供大量直接或间接的经济援助以支持以色列经济，这对于常年处于动荡和冲突中的以色列来说是非常重要的。据统计，自 1949—2013 财年，美国给予以色列的无偿经济援助总额为 308.97 亿美元，经济贷款 15.165 亿美元，移民安置费用 16.582 亿美元，其他援助 151.50975 亿美元。[③] 如果没有来自美国的这些援助，以色列的经济将不堪重负，难以发展；没有强劲的经济基础作为支撑，以色列的国防也就难以得到保障。

每当以色列经济面临困难时，美国的经济援助就会提升。1985 年，由于以色列经济陷入滞胀，美国向以色列提供了 15 亿美元的一揽子特别经济援助。美以双方建立了联合经济发展小组（the U. S. – Israel Joint Economic

---

① 【美】约翰·J. 米尔斯海默、斯蒂芬·M. 沃尔特著，王传兴译：《以色列游说集团与美国对外政策》，上海人民出版社，2009 年版，第 48 页。

② Cheryl A. Rubenberg, *Israel and the American National Interest: A Critical Examination*, Urbana and Chicago: University of Illinois Press, 1986, p. 270.

③ CRS Report for Congress7 – 5700: Jeremy M. Sharp, *U. S. Foreign Aid to Israel*, March 12, 2012.

Development Group，JEDG）以支持以色列的经济改革。1991 年，美国国会向以色列提供了 6.5 亿美元的紧急无偿援助，以弥补“沙漠风暴”行动给以色列带来的的损失。[①] 1984 年对外援助立法中还首次加入“格兰斯顿修正案”（Granston Amendment），至 1998 财年为止，每年的《对外援助拨款法案》中都要重复这一条款。该修正案规定，美国的“政策和意图”是，向以色列提供的经济援助“不少于”以色列所欠美国债务的年度还本付息额。1998 年，以色列接受了 12 亿美元的援助，而欠美国直接贷款的还本付息额为 3.28 亿美元。因此，很明显，“格兰斯顿修正案”已没有存在的必要了。[②]

1979 年，美国国会在《出口管理法》（Export Administration Act）中增加了两节。第八节禁止美国公司和个人对与美国友好的国家进行联合贸易抵制。这项法规是针对阿拉伯联盟对以色列的抵制。第七节（d）（3）授权总统向在 1979 年 6 月 25 日前与美国签订了双边石油供应协议的国家出售美国生产的石油，实际上此条款仅适用于以色列。另外一个支持以色列的渠道是通过 1983 年达成的协议而建立的自由贸易区（FTA）。自由贸易区于 1985 年 5 月正式被批准，从而实际上消除了双边商业活动中的所有贸易壁垒。[③] 美以自由贸易区的建立对以色列的好处是显而易见的，相当于世界头号经济强国向其完全敞开了市场。而只有几百万人口的以色列的市场对美国而言基本可以忽略不计。在当时以色列经济面临严峻困难的情况下，美以自由贸易区是美国对以色列经济的最大支持。

美国对以色列的另外一种形式的支持是贷款担保。1972 年开始，美国向以色列提供贷款担保。贷款担保是美国对以色列的间接援助形式，因为以色列只是需要美国政府出面担保，从商业机构以较低的利率贷款。美国财政部根据国会指令，设立一个专门账户，由美国政府或以色列政府提供一定数额的保证金，用于在以色列不能还款时赔偿贷款机构。保证金占贷

① CRS Report for Congress7 – 5700：Jeremy M. Sharp，*U. S. Foreign Aid to Israel*，March 12，2012，p. 28.

② Clyde R. Mark，“Israel：U. S. Foreign Assistance ”，in John E. Lang ed.，*Israeli-United States Relationship*，Nova Science Publisheers，Inc.，p. 9.

③ Clyde R. Mark，*Israeli-United States Relations*（Updated April 4，2003），Issue Brief for Congress（Received through the CRS Web），Congressional Research Service ◆The Library of Congress.

款总额的比例由贷款国的信用决定，以 1990 年度为例，其比率为 4.1%。20 世纪 90 年代初，为了安置苏联犹太移民到以色列定居的花费而进行融资，以色列从美国请求得到的贷款担保为约 100 亿美元。1992 年贷款担保成本的估计值介于 1 亿美元至 8 亿美元之间。① 2003 年，由于经济衰退，以色列总理沙龙要求给予 80 亿美元贷款担保，同时要求另外再给予 40 亿美元军事援助，以帮助以色列在伊拉克战争中防范可能的袭击。2003 财年《紧急战争补充拨款法案》（P. L. 108—11），授权三年内给予以色列 90 亿美元贷款担保，以帮助以色列恢复经济。②

以色列建国以来，不断有犹太人从世界各地迁入。为了安置这些移民，必须有大量资金来建造房屋和提供其他保障。自 1973 年以来，以色列从美国国务院的“移民和难民援助资金”（Migration and Refugee Assistance Fund，MRA）获得援助用于安置移民。1973—1991 年期间，美国给予约 4.6 亿美元，年度资金从 1200 万美元到 8000 万美元不等。2000—2013 年达 5.343 亿美元。③

以色列每年还从美国公民那里得到估计为 20 亿美元的私人捐款，其中直接援助和购买以色列的国家债券大约各占一半。根据美国—以色列收入税条约中的一项特别条款，许多给以色列的私人捐款可以享受减税的待遇。④

为了以色列的利益，美国还承担了其他的经济负担。例如，作为 1975 年埃以脱离接触协议的组成部分，国务卿基辛格签署了一份谅解备忘录，美国承诺在危机事件发生的时候保证以色列的石油需要，为以色列提供估计耗费数亿美元的“额外战略石油储备”。在 1979 年 3 月的埃以最终和平谈判期间，美国再次确认对以色列的石油担保。在那以后，美国就以色列

① 【美】约翰·J. 米尔斯海默、斯蒂芬·M. 沃尔特著，王传兴译：《以色列游说集团与美国对外政策》，上海人民出版社，2009 年版，第 32 页。

② CRS Report for Congress7 – 5700：Jeremy M. Sharp，*U. S. Foreign Aid to Israel*，March 12，2012，p. 22.

③ CRS Report for Congress7 – 5700：Jeremy M. Sharp，*U. S. Foreign Aid to Israel*，March 12，2012，p. 20.

④ 【美】约翰·J. 米尔斯海默、斯蒂芬·M. 沃尔特著，王传兴译：《以色列游说集团与美国对外政策》，上海人民出版社，2009 年版，第 32—33 页。

的石油供应不断进行重新担保。[①]

另外，美国为以色列与阿拉伯国家的和平还支付了巨额资金。美国向以色列数个邻国提供援助的重要考虑就是以色列的安全。埃及和约旦是美国对外援助的第二和第三大接受国，其中很大部分援助是对它们愿意同以色列签署和平条约的回报。1974 年，埃及从美国的援助中获得了 7170 万美元的援款，但是，随着西奈半岛第二阶段埃以脱离接触协议的完成，埃及在 1975 年和 1976 年（按照 2005 年的美元不变价值计算）分别得到了 11. 27 亿美元和 13. 2 亿美元的援款。美国对埃及的援助在 1978 年达到了 23 亿美元，在 1979 年猛升到 59 亿美元——这一年签署了《埃以和平条约》。开罗现在每年还从美国得到大约 20 亿美元的援助款。约旦在 1994 年得到的美国援助是 7600 万美元，而 1995 年虽然只有 5700 万美元，但是对于 1994 年侯赛因国王决定签署和平条约，美国国会的回报是免除约旦所欠美国的 7 亿美元债务，并取消美国援助的其他限制。1997 年以来，美国给约旦的援助一直是平均每年大约 5660 万美元。美国愿意以这样的方式回报埃及和约旦，显示的依然是华盛顿对以色列的另外一种慷慨大方。[②]

---

① 【美】约翰·J. 米尔斯海默、斯蒂芬·M. 沃尔特著，王传兴译：《以色列游说集团与美国对外政策》，上海人民出版社，2009 年版，第 35 页。

② 【美】约翰·J. 米尔斯海默、斯蒂芬·M. 沃尔特著，王传兴译：《以色列游说集团与美国对外政策》，上海人民出版社，2009 年版，第 35 页。

第七章 美以军事外交关系的特点

美以军事外交关系是世界上最为独特、最为密切的双边军事外交关系之一，具有其鲜明的特点。

第一节 长期稳定性

自以色列在美国的支持下立国之后，美以军事外交关系保持着长期稳定。从美以军事外交关系的历史可以看出，虽然杜鲁门和艾森豪威尔政府实行武器禁运政策，老布什政府对以色列的政策似乎也“不那么友好”，但即使是这几任总统任内，确保以色列的安全仍然是美国中东政策的核心目标之一，双方军事关系仍维持在一定的水平上。可以说，无论是冷战时期还是后冷战时期，不论国际风云如何变幻，美以军事外交关系均坚不可破，这在当代国际关系中是极为罕见的。

一、源源不断的“军事援助”

以军事援助为例，美国对以色列的军事援助最早可以追溯到以色列建国之初[①]，除了杜鲁门政府后期以及艾森豪威尔总统期间，在长达60年多年的双边关系中，这种援助几乎从未中断，而且，随着时间的推移，军事援助金额还不断上升。20世纪50年代军事援助数额为40万美元；60年代

① 甚至可以追溯至以色列建国前对巴勒斯坦地区犹太人武装的支持，参见第一章。

增加到2.469亿美元；70年代上升到110.55亿美元；80年代中期以后每年固定的军事援助达18亿美元，还不包括临时的和一些特别的军事援助。[①] 21世纪头十年每年达到20多亿美元，2011年后更是达到每年30亿美元以上。[②]

二、不断重申的“安全承诺”

对以色列安全的承诺，在两国领导人之间大量通信、谈话，两国之间的协议、备忘录，两国领导人和政府要员的讲话以及其他各种场合下被不断重申和强调。这使得以色列对于获得美国的安全支持确信无疑，正如以色列前外交部长阿巴·埃班所说：“在决定生命攸关的问题上，以色列几乎都可以得到美国的帮助。”[③] 美国对以色列的安全承诺的长期性、坚定性是无与伦比的，仅从自杜鲁门以后美国历届总统在这一问题上的表态就可以看出来。

杜鲁门总统在以色列建国之初，就向来访的魏兹曼做出了美国对以色列安全的承诺。自那以后，这种承诺不断被后续总统重申。艾森豪威尔虽然被认为是最不亲以的总统之一，但是在维护以色列生存问题上的态度仍是无可质疑的，他说：“我们一直将支持以色列这一新生国家——同时——加强我们与以色列和阿拉伯国家双方的关系视为美国政策的一个基本部分。”[④]

美以关系经历了艾森豪威尔任内的冷淡期，在肯尼迪和约翰逊总统任内，得到了实质性进展。1961年，肯尼迪上台后首创了美以“特殊关系”的概念。[⑤] 1962年12月27日，肯尼迪对来访的以色列外长梅厄夫人称：“美国与以色列有着特殊的关系，这种关系只有美英之间在广泛世界事务

---

① 张士智、赵慧杰：《美国中东关系史》，中国社会科学出版社，1993年版，第401页。

② CRS Report for Congress7 – 5700：Jeremy M. Sharp，*U. S. Foreign Aid to Israel*，March 12，2012，p. 30.

③ 赵伟明等：《以色列与美国关系研究》，时事出版社，2006年版，第2页。

④ President Dwight Eisenhower，“The United States Rejects the Use of Force in 1956”（October 31，1956），http：//www. jewishvirtuallibrary. org/jsource/US – Israel/ike56. html.

⑤ Cheryl A. Rubenberg，*Israel and the American National Interest*：*A Critical Examination*，Urbana and Chicago：University of Illinois Press，1986，p. 12.

中的关系才能与之相提并论。"[①] 继任的约翰逊总统在 1964 年 1 月 2 日给以色列总理艾希科尔的信中确认："我向你保证……我们无论公开还是私下对以色列安全的支持将会得到遵守。在这个问题上，美国政府的政策将不会改变。"[②]

1971 年 12 月 2 日，尼克松在会见来访的梅厄总理时确认："美国将继续保持正在发展中的关系（ongoing relationship），向以色列提供经济和军事援助。"[③] 1974 年 6 月 16—17 日，尼克松总统对以色列进行访问期间，重申了美国对以色列长期安全的承诺。[④] 1974 年 9 月福特上任不久，在与来访的以色列总理拉宾的会谈中，福特向拉宾保证美国将遵守尼克松总统（对以色列安全和提供武器）的承诺。继任的卡特总统也明确表示："继续与我们的朋友和盟友一道工作，以加强它们的能力，从而阻止对它们的利益以及我们的利益的威胁。"[⑤] "如果以色列被阿拉伯国家击败，那么美国在全世界所承诺的责任都会受到质疑。"[⑥]

里根总统任内美以军事外交关系得到制度性提升。在总统竞选中，里根总统称以色列是"美国在这一地区所剩的唯一能够依靠的战略资产"。[⑦] 1981 年 9 月，在与来访的以色列总理贝京的会谈中，里根向贝京保证："确保以色列的安全是本届政府的首要目标"，"把以色列作为一个盟国看待"。[⑧]

老布什总统虽然也被认为是最不亲以的总统之一，但是，1992 年 8 月 10—11 日以色列总理拉宾访美时，他仍重申以色列是美国的"战略伙伴"，"这种友谊……也是建立在对以色列安全，包括其军事质量优势的坚定承

---

① FRUS, 1961 - 1963: Near East, 1962 - 1963, V. XVIII.

② FRUS, 1964 - 1968: Arab-Israeli Dispute, 1964 - 67, Volume XVIII.

③ Mordechai Gazit, "Israeli Military Procurement from the United States", in Gabriel Sheffer ed., *Dynamics of Dependence*: *U. S. -Israeli Relations*, Boulder and London: Westview Press, 1987, p. 109.

④ Israeli Foreign Ministry, www. jewishvirtuallibrary. org/jsource/US - Israel/nixoninisrael. html.

⑤ Asaf Hussain, *The United States and Israel*: *Politics of a Special Relationship*, Islamabad: the Area Study Centre, Quidid - I - Azam University, 1991, p. 9.

⑥ Cheryl A. Rubenberg, *Israel and the American National Interest*: *A Critical Examination*, Urbana and Chicago: University of Illinois Press, 1986, p. 14.

⑦ Allan C. Kellum, "U. S. -Israeli Relations: A Reassessment", *The Link*, Vol. 15, No. 5, December 1982.

⑧ 张士智、赵慧杰：《美国中东关系史》，中国社会科学出版社，1993 年版，第 402 页。

诺之上。”①

冷战后，虽然国际格局剧变，美国对很多国家的政策也有重大调整，但是对以色列安全的承诺却始终如一。1999 年 7 月 14—20 日，以色列总理巴拉克对美国进行访问。克林顿总统向其重申了美国“对以色列安全、维持其质量优势及加强以色列自身威慑和防卫能力的承诺”。② 2005 年 4 月 11 日，小布什与来访的以色列总理沙龙在其德克萨斯农场举行记者招待会，小布什称：“美国对作为一个犹太人国家的以色列的安全和福祉有着承诺，这包括一个可防守的安全边界。我们承诺维持并加强以色列威慑其敌人并保卫自己的能力。”③ 现任总统奥巴马上任后采取了一系列动作，试图努力改善与伊斯兰国家的关系。但是在其举世瞩目的开罗演讲中，他仍强调美以关系：“美以关系是建立在深厚的文化和历史关系基础上，是牢固且不可动摇的。”④

三、军事外交关系制度化

美以军事外交关系制度化的表现之一是双方签署的几份重要的备忘录和协议。1972 年 2 月，美国与以色列达成了两份谅解备忘录，以色列第一次得到了它渴望已久的东西——与美国的长期武器供应关系。1975 年，卡特总统签署了一份协议备忘录（MOA - 75）。该协议规定，美国将完全“响应以色列的军事装备及其他防务需要”，“以色列对美国长期的军事供应的需求”将是两国间“定期讨论的主题”，“美国将以同情的态度审查以色列的要求，包括对先进的现代化武器的要求”，美国将与以色列“达成一个应急计划”，以备“在紧急情况下”向以色列“提供军事物资”。⑤ 1979 年，美国与以色列签署了另一个协议备忘录（MOA - 79），重申了

---

① Barry Rubin, The United States And The Middle Eest, 1992, http://meria.idc.ac.il/us - policy/data1992.html - - >.

② Ministry of Foreign Affairs, www.jewishvirtuallibrary.org/jsource/US - Israel/clinton _ barak.html.

③ The White House, www.jewishvirtuallibrary.org/jsource/US - Israel/bush041105.html.

④ http://new.sina.com.cn/w/2009 - 6 - 04/234417952992.shtml.

⑤ Yehuda Lukacs and Abdalla M. Battah eds., *The Arab-Israeli Conflict: Two Decades of Change*, Boulder and London: Westview Press, 1988, pp. 219 - 220.

MOA－75 的内容及其他先前的协议，并加强了对以色列的安全保证。1981 年 11 月 30 日，美国与以色列签署了一份谅解备忘录（MOU－81），虽然后来被取消，但是 1983 年 11 月，美国又与以色列签署了《战略合作协议》（Strategic Cooperation Agreement 1983，SCA－83），这份协议重申了 MOU－81 中的内容，增加了对以色列的军事援助，并且从 1984 年开始，对以色列的军事援助中的武器出售将全部改为赠予，并永久化。① 美国还大大加强了与以色列在其他方面的合作。1986 年，以色列作为非北约成员国，参加了美国的“星球大战”计划，双方的战略合作上升到一个新的水平。1988 年，美国又与以色列正式签署了“战略合作谅解备忘录”，称以色列是“美国的一个主要的非北约成员国”，从而把双方业已存在的战略合作关系正式化了。

美以军事外交关系制度化的表现之二是双方设立了一系列的军事合作机制。美以为了维护双方军事合作高效顺利地进行，还专门设立了三个协调机构：战略政策计划组（Strategic Policy Planning Group）、联合政治军事组（Joint Political－Military Group）以及联合部长援助计划组（Joint Secretary Assistance Planning Group）。上述三个机构对美以双方的战略规划、军务磋商以及援助规划进行了有效的协调，提高了美以两国军事合作的制度化，保证了两国军事合作的稳定进行。此外，为了便于在处理危机时及时沟通和协调，美以还在双方国防部长之间设立了热线。②

第二节　显著的非对称性③

美以军事外交关系呈现显著的非对称性，主要体现在战略需求、安全

① Yehuda Lukacs and Abdalla M. Battah eds. , *The Arab-Israeli Conflict: Two Decades of Change*, Boulder and London: Westview Press, 1988, p. 227.

② http://www. aipac. org/documents/unitedefforts. html.

③ 参见伍珊：《试论美以军事合作关系中的非对称性》，载《解放军国际关系学院学报》2013 年第 1 期。此文作者为笔者指导的研究生，该文也是在笔者指导下完成的，但“非对称性”特点是由伍珊本人提出。此处使用了该文的部分内容，但将原文中的“军事合作关系”改为“军事外交关系”，以与本书整体内容相统一，但又不违背原意。在此对伍珊表示感谢。

供给、合作弹性等方面。

一、战略需求非对称

国家间合作源自于国家利益的需求，但国家的独立性又注定各国国家利益不可能完全重合。美以两国间不同的国家安全利益，使其具有不同的战略需求。

中东地处于“五海三洲”之地，具有重要的地缘战略地位，同时有储量丰富的石油资源。根源于此，美国在中东的战略需求主要是对权势的追求和确保石油资源的稳定供给。但中东地区民族和宗教矛盾复杂，长期处于动荡之中，不利于美国的能源安全，也不利于顺利推行其中东战略。因此，美国需要在中东找到一个同盟，作为中东地区的战略堡垒，帮助其控制中东。以色列地处中东阿拉伯世界的中心，监视和威慑范围广阔，交通便利，有优越的地理位置并且与西方有相近的民主制度和文化传统，种种条件恰好符合美国的战略需要。

以色列外有反犹太的阿拉伯国家包围，内与巴勒斯坦的领土争端不断，其国家需求更多表现在领土需求、国际地位的被承认和国家民族尊严的被尊重，这促使以色列需要强大的国防实力，以强悍的部队和先进的武器来维护国家的生存和安全。天然的地理限制使以色列无法获得其理想中的实力和安全，寻找一个强大的靠山以获得庇护才是生存下去的唯一选择，由于历史、文化及制度等方面的原因，扮演这个保护角色的最佳人选就是实力强大的美国。

对比两国战略需要可以看出，美国在中东的利益只是全球霸权的一个重要部分，美国对以色列的需求只是整体战略中的一部分，不具唯一特定性。除了以色列，其他国家也可以成为美国的战略堡垒，助其推行中东战略。这表现为美国与以色列形成特殊关系之前，还让“巴格达条约组织”和伊朗充当过其在中东的战略支柱，并一直与大多数阿拉伯国家保持着贸易往来和和平友好关系。而以色列的需求出于国家生存安全考虑的基本要求，所涉及的国家利益对以色列而言是整体性的，是绝对必须的。由于世界上能够给予其生存保障的可能选项并不多，以色列的选择范围狭窄。因此，美国这样一个符合以色列需求的国家对以色列而言几乎就意味着全部。“和美国的‘特殊关系’是以色列外交的中心，始终不懈的谋求与美国建立战略盟友关系是以色列对外政策的基点。美国的支持和援助尤其是军事援助是以色列确保生存和安全的基础。”①

在美以军事外交关系中，以色列的战略需求的重要性和迫切性远远超过美国的中东战略需求，以色列对美国的依赖也远远高于美国对以色列的依赖，这种严重的不平衡，是美以军事外交关系非对称性特点之一。

二、安全供给非对称

从美以军事外交关系产生的效果看，双方所获利益并不一致，美以军事外交关系中的安全供给也呈现出显而易见的非对称性，以色列是获利多支出少的一方，美国是获利少支出多的一方。这一点在军事援助上体现得尤为突出。

20 世纪 60 年代中东局势变化以来，美以关系不断升温，美国解除对以色列的武器禁运，并不断提高军事援助金额，从肯尼迪时期开始向其出售防御性武器到约翰逊时期开始出售进攻性武器，进而发展到里根时期全面武装以色列。通过长期持续地推行援助政策，美国对以色列的军事援助逐渐制度化，军事援助甚至成为美国对以色列援助的主体。

当然，如本书第五、六章内容所表明的，以色列对美国的安全也发挥着重要作用，例如：为美国提供大量价值极高的情报；对美国反恐战争和反恐行动的帮助和支持；作为美国的武器市场，充当美国国内军工业的持续繁荣的强大动力；为美国武器提供免费宣传，并从实战应用中反馈武器检验结果，促进武器改进；与美国分享本国先进军事技术，合作研制改进武器；等等。但是，与美国巨大的军事援助数额、优厚的援助条件、精良的援助物资质量对以色列发挥的巨大效用性相对比，以色列在实物层面带给美国的好处就显得相对有限了。

① 雷钰：《以色列》，社会科学文献出版社，2011 年版，第 223 页。

三、合作弹性非对称

弹性源自于经济学概念，是指一个变量变动的百分比相应于另一变量变动的百分比来反应变量之间变动的敏感程度。弹性系数大意味着作为分析变量的因素的变化对作为结果变量的因素有强烈的影响；反之，则影响较弱。[①]

在美以军事外交关系中，弹性意味着美以双方对对方的影响程度。如前文所述，美国对以色列虽有重大需求，但并不意味着是美国需求的全部或是其需求的唯一选择，且以色列的供给对美国发挥的有利性相对有限，因此以以色列方面的变动为分析变量，美国为被影响的结果变量时，以色列方面的供给或变动只能局限于在中东战略上发挥对美国或推进或阻碍的作用，并不能决定美国中东战略的成败，对美国全球战略来说也更加谈不上发挥重大作用。也就是说，美国对美以军事外交关系的变动并不敏感，以色列对美国的供给弹性小，当双方关系发生变动时，美国受影响程度不高。在历史上美以发生冲突时，美国总是能毫不犹豫地挥舞“大棒”强迫以色列就范，一方面是国家实力的体现，另一方面也说明美国对于美以关系的变化并不具有惶恐心理，这种影响在其可承受范围内。

然而当等式两边的变量换位，以色列作为结果变量，美国作为分析变量时，情况就完全相反：以色列对于美国的战略需求是强烈的，不可替代的，美国的军事供给对以色列来说是效用巨大不可或缺的。如果没有美国及时、大规模的援助，以色列就不可能赢得第三次和第四次中东战争的胜利，而对以色列来说，失败就意味着亡国。如果美以军事合作中，美国方面出现减弱或撤销援助供给的变动，以色列在动荡的中东地区将会失去的是在战争和冲突中有力的军事后盾，以及和平时期对虎视眈眈的阿拉伯国家的威慑，周边环境将更为恶劣，严重威胁到国家生存与安全。此即反映了以色列对美国变量因素的高度敏感，美国对以色列的供给弹性系数大，对以色列的影响也是决定性的。双方在弹性分析上的两极结果再次显示了

---

① 详细分析见原毅军：《微观经济学》，科学出版社，2010 年版，第 2 章第 4 节。

美以对对方影响力的非对称性。

第三节　典型的结盟性

经典的联盟是指两国或多国在安全事务方面的正式合作关系，以缔结正式盟约为标志。然而，美国和以色列之间却没有签订正式的联盟条约，但是美以之间的盟友关系是很多具有正式盟约的同盟国家也无法比拟的。①

一、盟友的界定

国外学者对联盟的定义一般都强调“安全合作/承诺”②，国内学者汪伟民将联盟定义为：“根据联盟政治和联盟战略的实践，只要国家相互间存在事实上的 commitment（承诺）与 expectation（期望）关系，即只要成员国在安全和军事领域作出过某种合作的承诺，而另一方或多方也期望其盟友能在特定的情况下，针对某一或某些国家，乃至某些不确定的威胁，负有使用武力或考虑使用武力的义务，则上述主权国家间就构成了某种形式的联盟关系。”③

构成联盟最重要的标志应为利益上的一致性以及在此基础上形成的实质性合作关系。正如美国著名联盟理论研究学者罗伯特·奥斯古德所指出的：“联盟的全部实质和意义很少在正式的军事合作协定或条约中显露，就像婚姻的实质很少在婚姻证书中得到体现一样。”④ “当它们的利益明显地要求它们必须采取协调一致的政策和行动时，它们之间通过盟约的方式

---

① 国内有学者将美以之间的这种关系定义为“准联盟”，参见孙德刚：《多元平衡与“准联盟”理论研究》，时事出版社，2007 年版。

② 汪伟民：《联盟理论与美国的联盟战略：以美日、美韩联盟研究为例》，世界知识出版社，2007 年版，第 42—44 页。

③ 汪伟民：《联盟理论与美国的联盟战略：以美日、美韩联盟研究为例》，世界知识出版社，2007 年版，第 44 页。

④ Robert Osgood, *Alliance and American Foreign Policy*, Baltimore: The Johns Hopkins Press, 1968, p. 18.

对这种共同利益、政策和行动作出说明便成为多余。”[①] 但是“联盟却一定要以利益的一致为基础”。[②] 签订正式盟约的联盟很可能不起作用。这方面的典型例子是1778年美法缔结的正式联盟条约。美国借助该条约，获得了法国的大量援助，并取得了独立。但在1782年，美国未经法国同意即与英国签订了《巴黎和约》，而且在法国与欧洲君主国之间爆发了第一次反法联盟战争（1793年）后，美国却发表了中立宣言，从而完全抛弃了法国这位盟友。[③] 中苏关系也能很好地说明这一问题。1950年，中苏签订《中苏友好同盟互助条约》，两国正式结盟。但是60年代两国关系破裂，70年代两国关系走向全面对抗。虽然《中苏友好同盟互助条约》直到1980年2月14日期满30年后才被终止（中国全国人民代表大会常委会第七次会议于1979年4月3日决定《中苏友好同盟互助条约》于1980年2月14日期满后不再延长），但实质上整个20世纪60年代和70年代，中苏两国不仅谈不上是盟友关系，而且实际上成为敌对关系。

美国与以色列之间虽然没有缔结正式盟约，但双方是一对真正的、默契的盟友。[④] 在以色列遭受安全威胁的时候，美国都会不遗余力地予以政治与军事上的支持。美国历届总统都会重申对以色列的安全承诺。

美以同盟，对于美国来说，是追求和增进“权力”，权力界定利益，因此美国认为其利益遍布全球，进而由利益界定威胁，因为利益无所不在，所以威胁也无所不在；[⑤] 对于以色列来说，是追求安全，即安全利益。美以同盟，对美国来说，是为扩大其遏制政策范围的主要目的服务；对以色列来说，它为增强政治、军事和经济实力以抗衡和遏制其阿拉伯邻国的目的服务。

---

① 【美】汉斯·摩根索：《国家间政治——权力斗争与和平》第七版，北京大学出版社，2006年版，第219页。

② 【美】汉斯·摩根索：《国家间政治——权力斗争与和平》第七版，北京大学出版社，2006年版，第220页。

③ 陈效卫：《美国联盟战略研究》，国防大学出版社，2002年版，第4—5页。

④ 陈效卫：《美国联盟战略研究》，国防大学出版社，2002年版，第4—5页。

⑤ 汪伟民：《联盟理论与美国的联盟战略：以美日、美韩联盟研究为例》，世界知识出版社，2007年版，第84页。

二、美国对以色列的生存与安全予以背书

如前所述，美国历届政府都对以色列的生存与安全予以承诺。每当以色列安全处于重大威胁之际，美国就会及时迅速加大援助的力度。第一次中东战争、第四次中东战争中均突出表现了美国保障以色列生存与安全的决心。

确保以色列相对于阿拉伯邻国的"军事优势"是美国确保以色列生存与安全的重要体现和实际举措。历届美国政府都承诺确保以色列的"军事优势"（qualitative military edge，QME）。但是对于"军事优势"没有一个官方的或公开的定义。2008 年美国国会通过了一个法案，即《海军舰只转让法案 2008》（P. L. 110 －429，the Naval Vessel Transfer Act of 2008），其中对 QME 做出定义："通过使用自己拥有的足够数量的优势军事手段，对抗或击败任何可信的传统军事威胁，这种威胁来自某一国家，或可能的国家联盟，或非国家行为者，同时维持最小程度的毁伤和人员伤亡。这些军事手段包括武器、指挥、控制、通讯、情报、监视和侦察能力，它们的技术性能优于具有威胁的单个国家，或可能的国家联盟，或非国家行为者所拥有的同等手段。"该法案第 201 条要求在当前的基础上进行评估，相对于面临的军事威胁，以色列保持多大程度的质量优势。该法案还进一步修订了《武器出口控制法》，要求在向任何除以色列以外的中东国家出口武器的许可中，要包含一个限定，就是出售或出口的军事装备和军事服务将不会负面影响以色列相对于与其对手的军事质量优势。P. L. 110 －429 通过后，美国与以色列建立了一个双边小组，以色列可以"负面影响以色列的军事优势"为由对拟议中的美国对阿拉伯国家的军售提出反对。①

在实践上，美国严格遵守自己对以色列的承诺，不遗余力地确保以色列在军事上相对于阿拉伯邻国的优势。美国虽然视埃及为盟国，但在向埃及提供武器的问题上，采取了极其谨慎的态度。任何武器在未向以色列提供之前，决不向埃及提供。第四次中东战争后，埃及急需补充战争中的武

① CRS Report for Congress7 －5700：Jeremy M. Sharp，*U. S. Foreign Aid to Israel*，March 12，2012，p. 4.

器装备损失，向美国提交了一份购买武器的清单。美国为了保证以色列武器装备的优势，对埃及的武器清单作了更改和削减，以老式的 F－4 代替 F－16，拒绝提供“鹰眼”E－2C 预警机。虽然在失去伊朗这一战略支柱后，美国对埃及的军事力量有所求，从而同意向埃及提供比较先进的武器，但在数量上却做出了限制。沙特阿拉伯是美国在中东的另一个重要盟友，但它在武器装备上也不能获得与以色列同等的地位。卡特政府时期，沙特阿拉伯要求购买 F－15 战斗机的附加设备，主要是增加航程的燃料箱和空中加油机。美国拒绝了这一要求，1980 年 10 月 30 日五角大楼公布国防部长对这一决定的声明，声称“总统明确地说，‘……我们将不同意使这种飞机具有可能用来对付以色列的进攻能力，……’现在，人们提出了这样一个问题，除了炸弹架外，我们是否打算向沙特阿拉伯出售将会使这种飞机具有进攻能力，从而构成对以色列的威胁的另外装备，回答是否定的。这一声明代表国防部和政府的明确立场”。[①] 1981 年，里根政府虽然批准向沙特阿拉伯出售包括预警机在内的 85 亿美元的先进武器，但是美国政府获得了沙特政府的保证，确保了这些武器装备不会对以色列构成威胁。同时，沙特阿拉伯的军事力量在很大程度上受到美国的控制。据报道，1980 年大约有 1 万名美国的军事和文职人员在沙特阿拉伯国防机构和基地工作，沙特阿拉伯的空军基本上是在美国的控制之下。[②] 这在事实上确保了沙特阿拉伯的军事力量不会对以色列构成威胁。

三、以色列坚定支持美国

美以结盟性军事外交关系中[③]，主轴是美国对以色列安全的承诺。但是，以色列在维护美国的利益上也起到了积极作用。以色列前总理贝京曾说：“以色列对美国国家安全提供的战略支持和贡献，要比美国对以色列的国家安全提供的支持和贡献大。”贝京的话虽然不无夸张，但以色列的

① 张士智、赵慧杰：《美国中东关系史》，中国社会科学出版社，1993 年版，第 374—375 页。

② 张士智、赵慧杰：《美国中东关系史》，中国社会科学出版社，1993 年版，第 378 页。

③ 储永正：《美以结盟性军事外交关系》，载《解放军国际关系学院学报》2010 年第 2 期。

确一贯执行维护美国和西方利益为基础的政策。美国认为以色列是当今世界上最“忠心耿耿”的盟友之一。一旦美国面临强大挑战，可以获得以色列的坚定支持。

如前文所述，20世纪60年代中期以后，以色列屡次忠实地捍卫了美国的利益。以色列不仅在中东地区协助美国抵抗和威慑敌对势力（冷战前的苏联，冷战后的伊斯兰激进势力），还在全球范围充当了美国的代理人。

美国是个非常实用主义的国家，其结盟的对象当然必须得具备一定的价值。美国旧金山大学政治学系的史蒂芬·居恩斯博士在《中东政策》（Middle East Policy）上发表的《美国援助以色列的战略作用》一文中指出：“美国制定（援助以色列）政策的首要原因是以色列能够为美国发挥作用”，“以色列越是强大、越是愿意为美国的利益服务，美国的援助水平就越高”。[①]

第四节　军事援助条件极其优惠

应该说，最能体现美以军事外交关系的是美国对以色列的军事援助。美国对以色列的军事援助不仅数额巨大，而且条件之优惠，在美国军事援助的受援国中是无可比拟的。

一、赠款比例大

美国一开始是出售武器给以色列，并提供购买武器的优惠信贷。以色列从美国获得的贷款，按规定要求40年付清，头10年只需付2%的利息，后30年也只提高到3%，而且在以色列政府强调经济困难时，美国国会还往往通过改贷款为赠款的法案，一笔勾销。[②] 1974年以前，美国的军事援助是必须偿还的贷款，从1974年开始，美国对以色列的军事援助有了赠送

① Stephen Zunes, “The Strategic Function of U. S. Aid to Israel”, *Middle East Policy*, No. 4, 1996，转引自李伟建等：《以色列与美国关系研究》，时事出版社，2006年版，第210页。

② 张士智、赵慧杰：《美国中东关系史》，中国社会科学出版社，1993年版，第399页。

部分，1974年贷款为9.827亿美元，赠款为15亿美元，1984年计划中的贷款为8.5亿美元，赠款也为8.5亿美元，但后来全部贷款都改为赠款了。① 1987—1999年，军事赠款基本维持在每年18亿美元。2000—2010年，基本在20亿美元以上，2011年后，则达到每年30亿美元以上。② 自1949年到2001年，美国向以色列提供的军事贷款达112.125亿美元，赠款达395.749亿美元。③

二、冲销贸易安排

美国对以色列的军事援助中还有一种特殊的方式——冲销（offset）贸易，当以色列购买了美国武器装备时，美国也将购买一部分以色列的军工产品，以抵消其一部分费用。

1983年11月，里根政府发布行政命令，创立了对以色列的特别冲销规则。当利用美国资金购买美国制造的装备时，以色列可以坚持供货商购买一定合同价值比例的以色列货物或服务（在购买100万美元或以上产品时，以色列一般要求的比例是25%）。五角大楼军事援助办公室发言人唐·布朗基（Don Brownkee）中校称，联邦法律允许所有国家在使用自己资金购买军事装备时运用冲销安排。但他补充道，“只有以色列”被允许在使用美国资金资助的采购合同中运用冲销安排。④ 1983年，以色列购买F-16战斗机时，美国批准了3亿美元的冲销协议。1988年以色列购买价值17亿美元的F-16战斗机时，美国批准了6.4亿美元的冲销协议。⑤

1988年美国迫使以色列停止“狮”式战斗机项目。为了补偿因取消该项目带来的损失，美国同意将年度军事援助资金中指定用于在以色列国内

---

① Asaf Hussain, *The United States and Israel: Politics of a Special Relationship*, Islamabad: the Area Study Centre, Quidid-I-Azam University, 1991, p. 201.

② Jeremy M. Sharp, *U. S. Foreign Aid to Israel*, CRS Report for Congress7-5700, March 12, 2012.

③ Clyde R. Mark, *Israel: U. S. Foreign Assistance*, CRS, May 11, 2000.

④ Bishara A. Bahbah, "The U. S. Role in Israel's Arms Industry", *The Link*, Vol. 20, No. 5, December 1987.

⑤ Aharon Klieman and Reuven Pedatur, *Rearming Israel: Defense Procurement through the 1990s*, Boulder and San Francisco and Oxford: Westview Press, 1992, pp. 221-222.

采购的款项提高至4亿美元。[1] 自1988财年开始，年度援助法案都要包含在以色列国内进行专项采购的条款。[2] 1991年后，用于在以色列国内进行采购的金额提高到4.75亿美元。[3] 目前，以色列获得的军事援助资金中约26.3%的款项可以用于以色列国内采购（2012财年为8.087亿美元）。由于这种指定用途款项与拨款总额的百分关系，随着美国军事援助的增加，这种用于以色列国内采购的款项也逐步增加。[4]

这种冲销安排不仅减轻了以色列的国防采购负担，而且有益于以色列军事工业的发展。尽管冲销是商业合同中的惯例（直接与美国公司做生意国家），但美国国家审计总署称在对外军事援助（FMF）销售中应用冲销规则是不同寻常的，因为对外军事资助本身目的在于销售美国的物品和服务。[5]

三、援款支付及偿还安排

以色列接受美国军事援助资金的方式也特别优惠。一是现金转账。美国将援助资金直接交付以色列政府，不需要以特定项目名义提供援助。[6] 二是早期转账。1990年11月5日签署的对外援助拨款法案规定，以色列可以在该财年的第一个月一次性收到军事援助款项（对外军事资助），而且允许以色列将此资金投资在美国国库券上，从而获取利息。[7] 按照美国驻以色列大使馆的说法，提前向以色列支付军事援助款项，使得以色列在2004年赚取了大约6.6亿美元的额外利息。[8] 而美国政府因为预借资金每

---

① CRS Report for Congress7 – 5700: Jeremy M. Sharp, *U. S. Foreign Aid to Israel*, March 12, 2012, p. 6, Note 19.

② CRS Report for Congress7 – 5700: Jeremy M. Sharp, *U. S. Foreign Aid to Israel*, March 12, 2012, p. 5.

③ Clyde R. Mark , *Israel*: *U. S. Foreign Assistance*, CRS Issue Brief IB85066, April, 2003.

④ Jeremy M. Sharp, *U. S. Foreign Aid to Israel*, CRS Report for Congress7 – 5700, March 12, 2012, p. 7.

⑤ Clyde R. Mark , *Israel*: *U. S. Foreign Assistance*, CRS Issue Brief IB85066, April, 2003.

⑥ Clyde R. Mark , *Israel*: *U. S. Foreign Assistance*, CRS Issue Brief IB85066, April, 2003.

⑦ Clyde R. Mark , *Israel*: *U. S. Foreign Assistance*, CRS Issue Brief IB85066, April, 2003.

⑧ 【美】约翰·J. 米尔斯海默、斯蒂芬·M. 沃尔特著，王传兴译：《以色列游说集团与美国对外政策》，上海人民出版社，2009年版，第31页。

年要额外付出5000万至6000万美元。[①]

以色列还款的条件也非常优惠。1987年，美国国会在《对外拨款法案》(P. L. 100—202）中加入了“对外军事债务改革”（the Foreign Sales Debt Reform）的条款，允许那些欠美国军事债务利息超过10%的国家为这部分债务再筹款。1987年，以色列欠美国政府约100亿美元，其中60亿为军事贷款且利息超过10%。1988年和1989年，以色列以低于10%的利息向美国商业机构贷款（其中90%以上由美国政府担保），付清了这部分军事贷款。[②]

四、援款使用安排

与其他美国军事援助的受援国不同，以色列支配军事援助资金的自由度要大得多。按照《华尔街日报》的说法，以色列“在使用（军事援助）资金上享有异乎寻常的行动自由”。[③]

一是获得现金流支持（Cash flow financing)。以色列获得的军事援助资金可在当年全部使用，而不必预留资金用于多年采购。现金流支持实际上造成了美国对以色列持续提供资金支持的承诺，不断满足其将来军购所需的资金。[④]

二是使用过程中，无偿援助资金先于贷款资金使用。在对外军事资助贷款中，以色列被允许在使用贷款部分之前，先使用无偿援助部分（放弃偿还要求的部分)，这样就可以延迟支付贷款部分的利息。一般情况下，贷款和无偿援助的使用应是同步的。[⑤]

---

① Clyde R. Mark, “Israel: U. S. Foreign Assistance ”, in John E. Lang ed. , *Israeli – United States Relationship*, Nova Science Publisheers, Inc. , p. 12.

② Clyde R. Mark, “Israel: U. S. Foreign Assistance ”, in John E. Lang ed. , *Israeli – United States Relationship*, Nova Science Publisheers, Inc. , p. 8.

③ David Rogers and Edward T. Pound, “How Israel Spends $1. 8 Billion a Year at Its Purchasing Mission in New York,” *Wall Street Journal*, January 20, 1992. 转引自【美】约翰·J. 米尔斯海默、斯蒂芬·M. 沃尔特著，王传兴译：《以色列游说集团与美国对外政策》，上海人民出版社，2009年版，第36页。

④ Clyde R. Mark , *Israel*: *U. S. Foreign Assistance*, CRS Issue Brief IB85066, April, 2003.

⑤ Clyde R. Mark , *Israel*: *U. S. Foreign Assistance*, CRS Issue Brief IB85066, April, 2003.

三是可以直接与美国公司进行交易且合同金额不受限制。按照美国法律，其他国家主要是通过美国国防部从美国公司采购军品，但以色列购买的 99% 的军品是直接与美国公司交易的。其他国家每个合同金额最低额度为 10 万美元，但以色列不受此约束。① 按照美国审计总署的说法，“其他国家主要采用政府对政府这种途径进行采购，而以色列则采用商业合同来进行他们的 99% 的采购……通过采用商业采购途径，以色列可以避免美国国防部对对外军售征收 3% 的管理费。”② 以色列直接与美国公司进行交易的最大好处，还在于规避美国政府的监管。美国国防安全协作局（The Defense Security Cooperation Agency，DSCA）[原美国国防安全援助局（Defense Security Assistance Agency，DSAA）]，1998 年更名为美国国防安全协作局] 处理几乎所有的采购事宜，管理所有美国军事援助的其他接受方，但是以色列几乎所有的采购都是直接与军事承包商打交道，然后再从援助账户上进行偿付。③ “在以色列收到对外军售的资金之前，并不要求美国国防安全援助局对金额介于 5 万美元到 50 万美元之间的合同和采购订单进行审查”，而且“美国国防安全援助局对金额在 5 万美元以下的合同和采购订单不进行审查”。④ 根据美国审计总署报告，1989 年以色列下了 1.5 万个金额低于 5 万美元的订单，而且没有经过国防部审查（其他国家则必须如此）。对于其他国家在美国的采购，由美国政府直接支付款项给美国公司，但以色列在纽约的采购团可以直接支付购款给公司，然后由美国财政部付款给以色列。⑤

四是可以使用军事援助资金发展自己的武器系统。1977 年以色列被允

① Clyde R. Mark，*Israel*：*U. S. Foreign Assistance*，CRS Issue Brief IB85066，April，2003.

② U. S. General Accounting Office，“Security Assistance：Reporting of Program Content Changes，” GAO/NSIAD - 90115，Washington，DC，May 1990，pp. 8 - 9，p. 14. 转引自【美】约翰·J. 米尔斯海默、斯蒂芬·M. 沃尔特著，王传兴译：《以色列游说集团与美国对外政策》，上海人民出版社，2009 年版，第 58 页，注释 49。

③ 【美】约翰·J. 米尔斯海默、斯蒂芬·M. 沃尔特著，王传兴译：《以色列游说集团与美国对外政策》，上海人民出版社，2009 年版，第 36 页。

④ U. S. General Accounting Office，“Security Assistance：Reporting of Program Content Changes，” GAO/NSIAD - 90115，Washington，DC，May 1990，pp. 8 - 9，p. 14. 转引自【美】约翰·J. 米尔斯海默、斯蒂芬·M. 沃尔特著，王传兴译：《以色列游说集团与美国对外政策》，上海人民出版社，2009 年版，第 58 页，注释 49。

⑤ Clyde R. Mark，*Israel*：*U. S. Foreign Assistance*，CRS Issue Brief IB85066，April，2003.

许使用一开始拨付用于购买美国 M－60 坦克的 1.07 亿军事援助资金生产自己设计的梅卡瓦坦克。负责计划和资源的前助理国防部长多夫·扎克海姆（Dov Zakheim）说："没有美国的支持，这种独特的装甲车辆可能永远不会出现。"① 不久后，以色列要求另外 5000 万美元以将自己的坦克生产能力从 80 辆增加到 100 辆。1979 年，卡特政府给予以色列另外一项特别优待，允许使用 1.81 亿美元的军事援助资金用于发展普拉特·惠特尼（Pratt & Whitney）F－100 喷气发动机的改进型，这种发动机装备于F－15 和 F－16 战斗机上。② 可以说，以色列很多先进武器装备的研发都得益于美国军事援助资金的支持。

① Bishara A. Bahbah, "The U. S. Role in Israel's Arms Industry", *The Link*, Vol. 20, No. 5, December 1987.

② Bishara A. Bahbah, "The U. S. Role in Israel's Arms Industry", *The Link*, Vol. 20, No. 5, December 1987.

第八章
美以军事外交关系的影响

作为全球最强大的国家——美国与中东地区的“袖珍超级大国”——以色列之间的关系向来受到世界的瞩目，而美以关系中的核心——军事外交关系，更是令人关注。美以之间这种非同寻常的军事外交关系对以色列、对美国、对中东地区都具有重要影响。

第一节　对以色列的影响

美以军事外交关系是以色列生存与安全的关键保障，因此，这种紧密而重要的关系对以色列的影响关系重大。

一、美国的军事援助关乎以色列的国家安全

以色列国小，人口少，资源缺乏，经济力量有限，而为生存承受的安全负担又是如此之重。以色列国防开支相对于国民生产总值的比例，在1965年为7.5%，1970年为25%，1980年上升到30%。[①] 整个20世纪80年代，以色列的年均国防开支接近于政府实际预算的40%。[②]

以色列国防资金的来源有两个：一是国内税收，二是美国的军事援

① Aharon Klieman and Reuven Pedatur, *Rearming Israel: Defense Procurement through the 1990s*, Boulder and San Francisco and Oxford: Westview Press, 1992, p. 59.

② Ibid., p. 60.

助。1990财政年度，前者是26亿美元，后者是18亿美元。由于经济原因，以色列历届政府都在削减国内拨款部分，这一部分从20世纪80年代的约32.5亿美元到1990年的26亿美元，削减了6亿美元。而美国的军事援助基本保持在18亿美元，这就意味着美国的军事援助在以色列国防开支中所占的比例越来越大。美国的军事援助基本占以色列国防预算的30%—34%，1990—1991年更是达到50%。① 一般认为，和平时期国防开支若长期超过GDP的15%，就可能使国民经济陷入崩溃。而以色列长期把约四分之一的国民生产总值花在国防上，不但没有对国民经济带来负面影响，还带动了国民经济的发展，这很大程度上源于美国的援助。维持一定的国防开支对于维护一个国家的安全是必不可少的，而以色列目前的国防开支状况意味着以色列的国家安全进一步依赖于美国。美国不仅是以色列获取武器所需资金的主要提供者，而且也是以色列头号武器供应者。根据美国的规定，美国提供的军事援助资金必须在美国购买武器装备。虽然以色列在很大程度上享有例外待遇，但总体来说，以色列基本上依赖于美国的武器装备。

正是借助于美国的巨额军事援助，以色列得以建立起中东地区最强大的军事力量，以色列国防军也成为当今世界军事装备技术最先进的军队之一。以色列的常规部队可与世界上任何大国的军队相媲美；以色列军人的军事、文化素养很高，能熟练使用各种精密的美式武器，而且具有世界上最丰富的实战经验；以色列还有中东地区最庞大和最先进的军事工业以及效率极高的战争动员机制；更为重要的是，以色列在美国的默许和支援下，还拥有核武器及先进的导弹。以色列军事实力的绝对优势与美国对其长期的巨额军事援助是分不开的。

美国对以色列军事援助的重要意义最为明显的体现是历次中东战争。如果没有美国及时、大规模的援助，以色列就不可能赢得第一、第三和第四次中东战争的胜利，对以色列来说，失败就意味着亡国。和平时期，美国巨大的军事援助对阿拉伯国家是一个威慑，表明了美国对以色列的坚定支持，使阿拉伯国家意识到不可能通过战争来解决争端。

---

① Aharon Klieman and Reuven Pedatur, *Rearming Israel: Defense Procurement through the 1990s*, Boulder and San Francisco and Oxford: Westview Press, 1992, pp. 65 - 67.

表 3　以色列事开支与美国提供的军事援助　（单位：百万美元）

年份	军费开支	美国提供的军事援助
1972	409	401
1973	1253	1139
1974	1225	937
1975	1846	2003
1976	1555	2055
1977	1084	1633
1978	1612	2185
1979	1225	2218
1980	1713	2836

资料来源：《1980 年以色列银行年度报告》，载 1982 年 5 月 24 日《金字塔经济周刊》，第 43 页，转引自李霖、刘汉荣：《国际武器贸易》，解放军出版社，2004 年版，第 333 页。

二、对以色列外交政策的影响

建国初期，以色列的外交政策方针是在东西两大阵营之间保持中立，在苏联与美国之间搞“均衡外交”。朝鲜战争后，本—古里安逐渐确立了倒向西方的外交方针。随后，以色列不断努力，希望与美国紧密联系，从而获得这一超级大国的支持。以色列的努力在艾森豪威尔总统执政后期取得初步成效，并最终在肯尼迪总统任内获得突破。肯尼迪总统突破向以色列提供武器的限制后，美国对以色列的军事援助不断增加，提供的武器性能也不断提升，双方的军事外交关系日趋紧密，最终形成事实上的“结盟性军事外交关系”。

对于以色列这样一个安全环境恶劣且毫无战略纵深可言的弹丸小国来说，美以军事外交关系保障了以色列的生存与安全，因此，寻求和依赖美国的支持是其制定对外政策时必须优先考虑的因素。在定居点问题、耶路撒冷问题、与阿拉伯国家的和平谈判、巴勒斯坦自治等以色列的重大外交决策中，美国几乎都具有重要影响，有时甚至是决定性的影响。

美国政府也一直将对以色列的军事援助当作影响以色列政策，使其符合美国战略要求的工具。正常来说，受援国对援助国依赖的结果就是援助国取得了影响受援国的杠杆手段（leverage）。所谓杠杆手段，就是通过操控军事援助关系，以达到威压或利诱受援国，使其政策和行动符合援助国愿望的目的。一是威压（coercion），也就是拒绝提供正在进行中的或将来的援助（威胁或实际的惩罚）；二是利诱（inducement），也就是交付武器或许诺更多的军事援助（许诺或实际的奖赏）。[①]

正如以色列前总理沙米尔所指出的："美国是一个非常重要的政治与军事因素，我们所采取的每一步行动，都必须考虑美国的立场和态度。""我们始终支持美国，……与美国保持合作一直是至关重要的。"[②]

1969 年 9 月 25 日，以色列总理梅厄夫人访美，要求美国提供 25 架 F－4"鬼怪式"战斗机和 100 架 A－4"天鹰"战斗机。国务卿罗杰斯就建议尼克松利用以色列的此项武器要求作为杠杆手段，以此压以色列在领土问题上让步。罗杰斯认为以色列正在与埃及进行"消耗战争"，更加依赖美国的武器，因此杠杆手段会是有效的。根据罗杰斯的建议，尼克松发展了他的新政策——"硬件换软件"（hardware for software）。也就是说，只有以色列在谈判中显示出灵活性，美国才会批准它的武器要求。由于国内有人（包括基辛格）反对，更主要的是苏联持续不断地向埃及输送武器，尼克松的这一政策最终没有奏效。[③]

在戴维营谈判期间及前后，以色列政府都被告之，它的任何行为都会得到相应的惩罚或报偿。1978 年 10 月，当以色列拒绝冻结在西岸设立定居点计划，并反对卡特对戴维营协议中关于这一问题的解释时，美国国务院随即推迟向国会提交以色列的武器采购计划，说这一计划正在"审查"中。另一方面，美国政府同时运用了利诱的手段，许诺如果以色列能够有助于和平进程走向一个令人高兴的结局，它将会得到可观的回报，包括另外给予以色列 F－16 战斗机，以及提供集束炸弹和 FLIR 红外线武器系统。

---

① Nitza Nachmias, *Transfer of Arms, Leverage, and Peace in the Middle East*, New York · Westport, Connecticut · London: Greenwood Press, 1988, p. 10.

② Herbert Druks, *The Uncertain Alliance: The U. S. and Israel from Kennedy to the Peace Process*, Westport: Greenwood Press, 2001, p. 234.

③ Nitza Nachmias, *Transfer of Arms, Leverage, and Peace in the Middle East*, New York · Westport, Connecticut · London: Greenwood Press, 1988, pp. 35－42.

在谈判过程中，为了压以色列人让步，华盛顿暂时搁置新的对以武器出售计划（但不停止即将实施的武器运送）。另外还对合作生产武器和技术转让进行了限制，而这些对以色列自己的国防工业非常重要。美国还推迟了为以色列购买武器提供贷款和赠款的谈判。在这种强大压力下，以色列不得不做出一些让步，贝京提出的自治计划及达扬建议在日内瓦谈判中容许有巴勒斯坦代表都是以色列让步的表现。[①] 签署“戴维营协议”后，美国政府向国会提出在 1979 年中东援助计划中追加对埃及和以色列的援助，其中给予以色列的军事援助达 33 亿美元。美国政府还与以色列签署了谅解备忘录，许诺美国将与以色列在研发项目上进行合作，还许诺如果第三方的武器转让对以色列构成了威胁，美国将采取措施进行干预。另外，美国还将提交 F－16 战斗机的期限整整提前了一年。[②]

事实上，在同以色列打交道的时候，美国主要是通过利诱，而非威压，来达到目的的。例如，只是在尼克松私下保证将向以色列提供额外的飞机之后，以色列内阁才同意公开支持联合国的 242 号决议。促成以色列接受停火协议以结束所谓的与埃及的消耗战（从 1969 年 3 月持续到 1970 年 7 月）的，是由于美国保证加快将战斗机交付给以色列，保证向以色列提供先进的电子对抗设备来反击苏联向埃及提供的防空导弹，以及更为全面地“维持均势”。根据西蒙·佩雷斯——时任“不管部”部长——的说法：“至于美国向我们施压接受他们的计划这个问题，我愿意说他们更多地是以胡萝卜而非大棒来对付我们；在任何一次事件中他们都不曾用制裁来威胁我们。”[③] 这一模式持续了整个 20 世纪 70 年代。在与埃及脱离接触的谈判过程中，以及在导致 1978 年的“戴维营和平协议”和 1979 年“埃以和平条约”的谈判过程中，尼克松、福特和卡特三位总统均向以色列保证援助会不断加大。具体而言，在西奈半岛第二阶段协议完成后，美国对以色列的援助从 1975 年的 19 亿美元增加到 1976 年的 62.9 亿美元；在以色列与埃及的最终和平条约完成之后，美国对以色列的援助从 1978 年的

---

① Nitza Nachmias, *Transfer of Arms, Leverage, and Peace in the Middle East*, New York · Westport, Connecticut · London: Greenwood Press, 1988, p. 112.

② Ibid., pp. 119－120.

③ 【美】约翰·J. 米尔斯海默、斯蒂芬·M. 沃尔特著，王传兴译：《以色列游说集团与美国对外政策》，上海人民出版社，2009 年版，第 41 页。

44 亿美元增加到 1979 年的 109 亿美元。克林顿为推动奥斯陆和平进程，保证增加 12 亿美元的额外援助，以赢取以色列接受 1998 年的《怀伊协议》。①

由于威压方式很难被付诸实施，且威压利诱两种方式对以色列所起的作用不是很大。20 世纪 70 年代中期，卡特政府采用了另一种杠杆手段——向温和的阿拉伯国家大量提供武器。1978 年把对以色列的军事援助纳入了对沙特阿拉伯、埃及的军事援助的一揽子计划，而且此项计划中给予以色列的 F－16 战斗机本是基辛格在以色列与埃及签署脱离接触协议时就许诺给以色列的。当时，以色列与埃及之间正在进行的谈判似乎将要破裂。在这个时刻提出此计划是很耐人寻味的。②

美国不仅仅在其中东战略上“规范着”以色列的政策行为，而且极大地限制了以色列与其他国家间发展正常的外交关系。这方面最为显著的例子是以色列与中国的关系。以色列早在 1950 年 1 月 9 日就承认了中华人民共和国，是中东地区最早承认新中国的国家。但受到美国的压力，以色列直到 1992 年 1 月才与中国建立正式外交关系，成为最后一个与中国建交的中东国家。即使在中以建交后，美国因素也阻碍着双方关系的顺利发展。正是在美国的压力下，2000 年以色列被迫取消向中国出售“费尔康”预警系统。2005 年以色列又被迫取消对中国的“哈比”无人机进行升级的计划。

可以说，美以军事外交关系是罩在以色列头上的“紧箍咒”，对以色列的外交政策有着重大影响。

第二节　对美国的影响

美以军事外交关系不仅对以色列具有至关重要的影响，而且对美国政

① 【美】约翰·J. 米尔斯海默、斯蒂芬·M. 沃尔特著，王传兴译：《以色列游说集团与美国对外政策》，上海人民出版社，2009 年版，第 42 页。

② Nitza Nachmias，*Transfer of Arms*，*Leverage*，*and Peace in the Middle East*，New York · Westport，Connecticut · London：Greenwood Press，1988，pp. 108－109.

治、外交乃至经济也具有重要影响。

一、对美国政治的影响

如前文所述，正是因为以色列重要的地缘战略位置及其强大的军事力量，美国认为其具有“战略堡垒”和“战略支柱”的价值；同时以色列与美国相近的文化、宗教以及民主制度，使美国认为以色列具备成为“忠心耿耿的盟友”的可能。冷战前在遏制苏联势力渗透中东地区和打击泛阿拉伯主义上，冷战后在遏制伊斯兰极端势力和打击恐怖主义问题上，以色列确实成为美国的重要帮手。同时，以色列在情报、军工等方面对美国而言也具备重要价值。这些都是美国国内认为以色列是美国“战略资产”的重要论据。

但是，美国国内也存在另一种观点，那就是以色列非但不是“战略资产”，恰恰相反，而是“战略负担”。例如，以色列在中东地区的战略目标和行动往往与美国的中东战略相悖；为维护与以色列的关系，美国丧失了在中东地区阿拉伯国家的巨大经济利益；以色列对巴勒斯坦人民的暴行使美国的“道德形象”大打折扣；针对美国及美国人的恐怖主义袭击一般也认为是美国支持以色列的结果；随着美国经济的下滑，和不断增加的巨大财政赤字，也使美国逐渐难以承受对以色列的巨额援助。[①]

虽然美国国内存在着以色列是美国的“战略资产”还是“战略负担”的争论，但在今后相当长的一个时期内，维持美以之间密切的军事外交关系仍是美国国内的“政治正确”，即支持以色列已逐渐内化到了美国的战略利益之中，换言之，“保护以色列不再是为了美国的利益，而是因为这就是美国的利益”。[②] 美国领导人声明和讲话中经常会提到，美国与以色列之间有着“特殊关系”，“以色列的命运与美国的安全利益是连接在一起的”。[③] 美国政策中的问题变成“我们能够做些什么来支持以色列”（What

---

① 对以色列“战略资产”的质疑参见：【美】约翰·J. 米尔斯海默、斯蒂芬·M 沃尔特著，王传兴译：《以色列游说集团与美国对外政策》，上海人民出版社，2009 年版，第 67—97 页。

② 李伟建等：《以色列与美国关系研究》，时事出版社，2006 年版，第 44 页。

③ Asaf Hussain，*The United States and Israel*：*Politics of a Special Relationship*，Area Study Centre for Africa，North & South America，Quaid-I-Azam University，Islamabad.，1991，p. 3.

can we do to support Israel?)，而不是“什么样的政策最能为美国利益服务?”（What policy best serves American interests?）。甚至当美国确实考虑第二个问题时，以色列也被视为战略资产。1967 年之后，“以色列已成为美国的第 51 个州”。[①] 美国前众议院议长佩洛西曾表示，“我始终在为争取以色列所需的关键的经济和军事援助而努力，因为这不仅是以色列的利益所在，更是美国的利益所在。”[②]

支持以色列是美国的“政治正确”，因而，美以军事外交关系对美国国内政治产生着巨大影响，这在总统选举的过程中表现得尤为突出。

2008 年准备参选总统的政客——如参议员希拉里·克林顿、约翰·麦凯恩和来自特拉华州的民主党人乔·拜登，以及众议院前议长纽特·金里奇，均竭力表达了他们对以色列的支持。选举中，奥巴马获得了 78% 的犹太裔选民的支持。但是，当 2011 年 5 月 19 日奥巴马提出要求以色列重回 1967 年边界的提议之后，美国犹太人认为遭到了背弃，《纽约时报》老板祖克曼表示，一些举足轻重的犹太名人正考虑是否在 2012 年继续支持寻求连任的奥巴马。[③] 2011 年年底，奥巴马再次获得民主党总统选举提名后，为获得犹太人的支持，拜访了美国犹太人协会主席罗森，并在罗森家中与其竞选活动捐款人群体进行了对话。奥巴马表态称美国政府坚守保护以色列安全的承诺，“在涉及到以色列的安全问题时，我们不会妥协”。他还说，以色列是美国最重要的盟国。[④] 2012 年 3 月 4 日至 6 日，AIPAC 举行了其历史上最大规模的年度会议，自称参与者逾 1.3 万人。演讲嘉宾包括奥巴马和内塔尼亚胡，年近九旬的以色列总统佩雷斯也亲自出席。美国参众两院几乎全阵容出席。数千名与会者于 6 日分别前往国会山，与参众两院议员在约 500 场次的游说活动中“沟通”观点。6 日闭幕当天，适逢美国 2012 年“超级星期二”——这是共和党在多个州“扎堆”举行总统预选的日子，对激战正酣的共和党总统竞选人而言颇为重要。尽管如此，竞

---

① Asaf Hussain, *The United States and Israel: Politics of a Special Relationship*, Area Study Centre for Africa, North & South America, Quaid-I-Azam University, Islamabad., 1991, p. 3.

② 资料来源：Issue brief from “The American Israel Public Affairs Committee”. Dec. 29, 2006。

③ 中新网 5 月 23 日转载新加坡《联合早报》23 日报道。

④ 《奥巴马重申坚守保护以色列承诺》，中国新闻网，2011 年 12 月 1 日，转引自参考消息网，http://world.cankaoxiaoxi.com/2011/1201/7448.shtml。

选者们却不敢忽视 AIPAC 最后一日的活动。预选“领头羊”米特·罗姆尼和共和党大佬纽特·金里奇分别利用视频连线发声，而另一竞选人里克·桑托勒姆更是专程赶往现场。①

为拉拢犹太裔美国人，为其在总统大选中增添获胜砝码，共和党总统候选人罗姆尼于 2012 年 7 月至 8 月初访问以色列。罗姆尼在耶路撒冷会见了以色列领导人，并发表了其外交政策主张的演讲，在伊朗核问题、巴以问题等方面表现出对以色列的强力支持。在演讲中，罗姆尼称耶路撒冷为“以色列的首都”。在美以关系上，罗姆尼说，以色列和美国不但拥有共同利益，更拥有共同的价值观。他强调说，美以有共同的目标和敌人，以色列的安全对美国来说是“重要的国家利益”。② 为抵消罗姆尼访问以色列的影响，奥巴马于 7 月 27 日签署法案，追加 7000 万美元援助，以供以色列增加在“铁穹”系统上的投入，并承诺美国将在未来三年内继续追加对“铁穹”的援助。最终，奥巴马获得连任。第二任期伊始，2013 年 3 月 21 日，奥巴马抵达以色列，这是其就任总统后首次访问这个国家，也是其第二任期内首次出访的国家。奥巴马在以色列称美国与以色列是“最坚定的盟友和最好的朋友”，“我将此访问视作一个机遇，加深我们两国之间牢不可破的关系，重申美国对以色列安全作出的坚定承诺”，“我们之间的联盟是永恒不朽的”。③

二、对美国外交的影响

国家安全、经济利益和价值观，是美国对外政策的三大目标。“在中东地区，美国的国家安全利益就是确保以色列安全和打击恐怖主义，经济利益就是保证石油稳定供应，价值观利益就是推广民主、自由。”④

---

① 孙浩：《感受美国亲以集团“润物无声”》，来源：《国际先驱导报》，转引自参考消息网，http：//ihl. cankaoxiaoxi. com/2012/0320/19592. shtml。

② 王倩：《美国总统候选人罗姆尼耶路撒冷演讲“力挺”以色列》，国际在线专稿，转引自参考消息网，http：//world. cankaoxiaoxi. com/2012/0804/73292. shtml。

③ 《奥巴马第二任期首访以色列》，载《参考消息》2013 年 3 月 21 日，第 2 版。

④ 牛新春：《中东北非动荡凸显美国对中东政策的内在矛盾》，载《现代国际关系》2011 年第 3 期，第 18 页。

数十年来，保护以色列的生存与安全是美国历届政府中东政策的核心目标。在确保以色列生存与安全的大目标下，美国针对中东国家分门别类，实施不同的政策。一是鼓励温和的阿拉伯国家与以色列关系正常化。1979年，埃及与以色列单独媾和，这是阿以关系的里程碑式突破，对以色列的生存与安全具有至关重要的意义。此后，埃及一直扮演着以色列与阿拉伯国家之间的传话人、调解人的角色。美国因此视其为盟友，向其提供了大量军事和经济援助。二是对那些敌视以色列的国家进行打压。如一贯对以色列强硬的叙利亚和伊朗，美国不遗余力地对其加以制裁、遏制，尽可能地削弱其国家实力，消除其对以色列国家安全的危害。

但是，“确保以色列安全”与“打击恐怖主义”“确保石油的稳定供应”以及“推广民主、自由”之间存在着天然的矛盾。“确保石油的稳定供应”需要美国维持与沙特、科威特等产油国的良好关系，而这一政策在以色列看来往往会危及其安全。“确保以色列安全”的政策目标导致的对以色列的全面支持又是中东恐怖主义滋生的重要原因。这些矛盾后文有较为详细的论述，在此不予赘述。

这里特别要指出的是，“确保以色列的安全”与“推广民主、自由”之间存在的难以调和的矛盾。在中东地区，承认以色列，与以色列关系较好，被美国视为盟友的国家，几乎全是“不民主”“不自由”的国家，如穆巴拉克在埃及掌权30年，突尼斯的本·阿里政府执政20余年。而沙特、科威特、阿联酋、巴林和卡塔尔等更是世袭君主制国家。长期以来，由于这些国家的统治集团实行亲西方政策，较为积极地支持美国的中东战略，无疑大大减轻了以色列的生存与安全压力。因此，这些国家的统治集团也获得了美国的支持，使其得以无视民众的权利要求，实行高压统治，而这与美国推行“民主、自由”的价值观是完全相悖的。

美国政府，特别是小布什政府时期，希望通过自己的努力调和这一对矛盾。美国向埃及等国的执政者施加压力，要求他们推行民主政治改革。在小布什“大中东民主计划”的强大压力下，穆巴拉克开放了党禁，允许多政党参选，为其最终垮台埋下了种子。[①] 美国政府一方面希望维持这些

① 牛新春：《中东北非动荡凸显美国对中东政策的内在矛盾》，载《现代国际关系》2011年第3期，第18页。

国家的亲美政权，另一方面又希望推行民主政治，“鱼”和“熊掌”兼得，显然是不现实的。

2011 年中东动荡，很多阿拉伯国家的第三势力迅速崛起，推翻了亲美政权，至少是表面上实现了“人民的愿望”，选举出了代表人民的政权。这与美国推行“民主、自由”的价值观是相符合的，然而却极大地损害了“确保以色列的安全”这一首要政策目标。由于阿拉伯国家民众普遍反对以色列，这些国家未来的执政者将更难对以色列妥协。“中东政治动荡之后，以色列面临一个更加强硬、更难妥协的阿拉伯世界。这意味着美国为了兑现对以色列的安全承诺，必须加大对以色列的援助。实际上，2011 年 3 月 9 日，以色列国防部部长巴拉克已经向美国提出增加 200 亿美元军事援助的要求。”①

面对中东地区的民众抗议浪潮，为了捍卫美国“民主卫道士”的形象，奥巴马声称，美国必须支持“民主”，必须站在正确历史的一边。国务卿希拉里更是热情颂扬中东的“民主改革”是“战略必需”。② 但是，奥巴马政府对“民主化”的支持，遭到背弃盟友的指责。奥巴马政府在最后时刻抛弃了 30 年的盟友穆巴拉克，严重损害了美国与其阿拉伯盟友的互信。因此，当希拉里 2011 年 3 月提出访问沙特的请求时，被沙特国王以身体不适为由拒绝。③

考虑到反美势力通过“民主选举”上台的可能将导致美国重大的地缘政治损失。美国随后改变了高调支持“民主化”的态度，一方面呼吁通过和平方式解决政治分歧；另一方面则避免过度谴责保守的阿拉伯政权，支持保守政权的稳定计划，如沙特和巴林等国的“金钱换稳定”计划，同时又默许巴林、也门、约旦和沙特等亲美政权武力镇压民众抗议。④ 2013 年

① 张业亮、王石山：《奥巴马政府中东政策走向》，《现代国际关系》2011 年第 5 期，第 22 页。

② Hillary Rodham Clinton, “Democratic Change in Middle East a ‘Strategic Necessity’”, 5 February 2011, http://www.america.gov/st/peacesec - english /2011 /February/20110205154532nehpets9.201556e - 02.html.（上网时间：2011 年 3 月 29 日），转引自张业亮、王石山：《奥巴马政府中东政策走向》，载《现代国际关系》2011 年第 5 期。

③ 张业亮、王石山：《奥巴马政府中东政策走向》，载《现代国际关系》2011 年第 5 期，第 23 页。

④ 张业亮、王石山：《奥巴马政府中东政策走向》，载《现代国际关系》2011 年第 5 期，第 24 页。

9 月，奥巴马在联大讲话中首次称“推进民主进程不是美国的核心利益”。奥巴马的这一提法，被《华盛顿邮报》称为“现代美国总统发表的道德上最为扭曲的一次讲话”。[①]

执拗的支持以色列，也影响到美国在国际组织中关于中东问题的投票行为。不管是冷战期间，还是冷战后，美国都是国际组织中最具影响力的国家。建国以来，以色列屡屡违反国际道义，侵害甚至暴力压制巴勒斯坦民众，因此遭受国际社会的普遍谴责，而在以色列处于几乎完全孤立的境地时，却几乎每次都能得到美国的坚定支持。在联合国通过的有关巴勒斯坦问题的决议中，美国大多采取偏袒以色列的立场，甚至不惜将自己置于与整个国际社会对立的境地。例如，美国在联大和安理会中几乎否决了一切对以色列不利的决议，甚至警告国际社会说，“要是人们一定要跟以色列过不去的话，它宁肯跟以色列一道退出联合国。”[②]

当然，随着美国自身实力的相对下降，其对国际组织的影响力也远不如从前。巴勒斯坦在 2011 年联大正式提出“入联”要求，美、以坚决反对，坚持只有谈判才是结束巴以冲突和巴勒斯坦建国的唯一途径。结果巴勒斯坦“入联”愿望没能实现。但是，2011 年 10 月底，巴勒斯坦成功地被联合国教科文组织接纳为成员，投票结果是 107 票赞成，14 票反对，52 票弃权（包括美国的坚定盟国英国）。美国仍然是反对者之一。根据美国的相关法律，美国不能向巴勒斯坦为成员国的联合国机构提供资金，因此美国必须停止向联合国教科文组织提供每年 8000 万美元的资金。当美国发出这一威胁时，国际社会却没有什么反应。这是美国政策的一个重大挫折。[③]

第三节　对中东地区安全与中东和平进程的影响

由于阿以冲突是中东和平与稳定的核心问题，美以间的这种密切关系

---

① 姚匡乙：《美国中东政策的调整和困境》，载《国际问题研究》2014 年第 1 期，第 36 页。

② 杨曼苏：《以色列主宰美国?》，载《世界知识》2002 年第 8 期，第 21 页。

③ 陶文钊：《2011 年美国外交面临的挑战》，载《和平与发展》2012 年第 1 期，第 36 页。

毫无疑问对中东地区的安全以及中东和平进程具有重大影响。

一、对中东地区安全的影响

中东地区是一个宗教、民族矛盾错综复杂的地区，加之这一地区战略地位突出，石油资源丰富，因此，地区强国想称霸，世界强国欲控制。冷战后，以美苏划线的旧格局及力量均势都被打破，原来被两极格局抑制的各种矛盾，即伊斯兰原教旨主义、泛突厥主义、地区霸权主义等思潮都相继爆发，形势极不稳定。冷战后美国在全球要重点打击的五个目标中，有三个（伊朗、伊拉克、利比亚）就在中东，其中两伊更被美国看成是中东动乱的“震源”。目前，伊朗仍然是中东地区美国利益的主要威胁，美俄在叙利亚的争斗也将这个国家导入一片混乱，而2011年“阿拉伯之春”波及的其他国家局势也均不稳定，以“伊斯兰国”为代表的恐怖势力也在不断滋生蔓延。在大国争斗、各种势力交织的中东，美以军事外交关系仍然是地区安全最为重要的影响因素之一。

（一）“恐怖主义”产生的根源

美国对以色列的军事援助支撑着以色列的强大国防。以色列的军事优势使阿拉伯世界明白，在军事上是无法消灭以色列的。这就产生了两种后果：一是和谈，二是恐怖主义。

当阿拉伯世界明白在军事上无法消灭以色列时，在政府层面上开始了通过和平谈判政治解决争端的历程。但是，在非政府层面上，阿拉伯世界内部仍涌动着对美国及以色列的“不满”和“仇视”。许多组织和个人仍将消灭以色列作为目标。几次中东战争，有着强大美援支撑的以色列的辉煌胜利极大地打击了阿拉伯人民的自尊，整个阿拉伯世界弥漫着“沮丧”和“愤恨”。在无法通过正规军事途径打击和消灭以色列时，一些组织便诉诸“恐怖主义”。以色列自恃有着美国的强大支持，在中东和平问题上立场强硬，并动辄对巴勒斯坦人施以“过度”报复，这更激起了包括巴勒斯坦人在内的整个阿拉伯世界的强烈愤恨，从而激发了更多的恐怖主义活动。阿拉伯人的恐怖袭击和以色列人的报复性惩罚循环往复，贯穿了整个阿以冲突的历史。

20 世纪 90 年代以后，中东地区的“恐怖主义”出现活跃的趋势，破坏性也更大。不仅有针对以色列的“自杀式”袭击，也有更具深远影响的、针对美国的“9·11”袭击，最近几年崛起的“伊斯兰国”更是为祸不浅且难以消灭。“恐怖主义”危害了中东地区的和平与安全，也危害到世界的和平与安全。要根除“恐怖主义”，美国与以色列都要深刻反省自己的政策，以色列要放弃一味“惩罚”的政策，并在中东和谈中采取更为灵活的态度。美国要利用自己靠“军事援助”建立起来的巨大影响力，促使以色列的政策朝着积极的方向发展，而不是一味袒护。

（二）中东动荡的推动因素

美国偏袒以色列的态度令阿拉伯世界的民众非常不满。为了在中东地区执行亲以色列的政策，美国不得不通过经济、军事援助等手段扶持、拉拢其在中东地区的阿拉伯国家代理人，对其腐败独裁的专制统治则听之任之，完全不顾及其国内民众要求民主与公平的呼声。这在无形中削弱了阿拉伯国家政府和民众之间的情感纽带。出于从根源上消除恐怖主义的考虑，同时也为了优化以色列的地缘政治环境，从小布什政府时期，美国开始在中东地区大力推行中东民主化进程，虽然遭到了阿拉伯世界的广泛抵制，短期内收效不大，但是也起到了启蒙阿拉伯世界人民反对独裁统治，追求“公平”“自由”的民主理念的作用。奥巴马上台之后，意识到了在中东地区强行推进民主化进程的负面影响，因而不再将此作为美国中东战略的主要议题，但是他仍然支持通过推特网（Twitter）、脸谱网（Facebook）等柔性的媒体途径在本地区内进行文化渗透。而事实也证明了这些媒体手段在中东政治风暴中所发挥的巨大作用。

（三）军备竞赛的刺激因素

美国对以色列的长期军事援助支撑着以色列强大的国防，使其军事优势遥遥领先于中东其他国家。每一次军事援助都会使以色列的军事力量得到大幅提升，进一步加重中东地区的战略失衡。阿拉伯国家对自身安全深感忧虑，纷纷通过各种途径寻求先进武器，提升军事实力。

阿拉伯国家对以色列军事优势及其威胁的关注导致了地区军备竞赛。美国向沙特提供大量武器装备，促使海湾其他国家纷纷将石油美元转变为军事装备，寻求武器升级，以增强国防能力。沙特每年都要在国防上花费170亿—180亿美元，叙利亚和约旦都将国民生产总值的40%用于军事。[①]目前，阿联酋、科威特、卡塔尔和巴林等国纷纷提升导弹防御能力，波斯湾上空笼罩着浓重的军备竞赛阴云。另外，美国对海湾温和阿拉伯国家的军事援助同样使伊朗陷入“安全困境”，刺激了伊朗拥核的决心。

二、对中东和平进程的影响

美以军事外交关系，以维护以色列生存与安全为首要目标。美国希望在此基础上推动阿以和谈，确保其最大利益。

（一）以色列的军事优势促使阿拉伯国家政府相继走上和谈道路

如前文所述，以色列的军事优势使阿拉伯世界明白，在军事上是无法消灭以色列的。这就产生了两种后果：一是和谈，二是恐怖主义。

获得阿拉伯国家的承认并实现和平是以色列自建国以来一直寻求的战略目标。以色列对于和平的概念建立在力量与威慑的基础之上。以色列前总理沙米尔认为，“只要有了力量就有和平，力量为和平提供了机会。”[②]美国的军事援助使以色列获得了必需的力量。以色列军事力量的增长就意味着阿拉伯世界力量的削弱。军事力量强大的以色列已无战胜的可能，从而迫使阿拉伯国家政府逐渐放弃军事手段，寻求政治解决阿以争端，这是阿以和谈的内在原因。和谈的主动权掌握在以色列的手里。

当然，阿拉伯国家的目标有一个变化的过程。以色列建立之初，阿拉伯国家的战略目标是“消灭以色列，将犹太人赶入地中海”，因而奉行对以色列的不承认、不谈判、不媾和的“三不”政策。但是几次中东战争都

---

① Mohamed Rabie, “U. S. Aid to Israel”, *The Link*, Vol. 22, Issue 2, May-June 1989, p. 6.

② Abdul-Monem Al-Mashat, “The Arab-Israeli Conflict: A View from Cairo”, in Mohammed Ayoob ed., *Regional Security in the Third World: Case Studies from Southeast Asia and the Middle East*, London and Sydney: Croom Helm, 1986, p. 139.

是以阿拉伯国家的失败而告终。特别是“六·五战争”及赎罪日战争中，在美国强大的军事援助支持下的以色列取得了辉煌胜利，使一些阿拉伯国家意识到，在军事上消灭以色列已成为不可能。埃及、约旦等阿拉伯国家开始放弃消灭以色列的目标，只寻求收复失土。埃及前总理穆斯塔法·哈利尔（Mustafa Khalil）曾对伊各尔·亚丁·艾兹尔（Yigal Yadin Ezer）和魏兹曼说：“我们知道我们没有赢得战争的机会，我们也知道你们有原子弹。埃及没有军事上的选择，我们只能寻求另一种解决办法。”①

1977 年萨达特对以色列的访问是一个转折点，一个最重要的阿拉伯国家给予以色列事实上的承认。随后，埃及与以色列实现了和平。但是阿拉伯世界却因此分裂了。阿拉伯世界作为一个整体，对以色列政策的重大改变是在 1982 年召开的非斯会议上。这次会议通过的“非斯方案”，第一次含蓄地承认了以色列的存在，主张阿以和平共存。“非斯方案的通过反映了阿拉伯国家战略的巨大变化，从此，阿以之间从军事对抗走上了谈判对话的道路，进而推动了中东和平进程向前发展。”② 在此之后，中东和谈一波三折，但最终于 20 世纪 90 年代取得了重大进展。但是，进入 21 世纪后，由于以色列的强硬，美国在中东和谈上又相对超脱，导致中东和平进程陷入停滞。

（二）美国以军事援助为杠杆推动中东和平进程

如前文所述，美国利用军事援助威压或利诱以色列，使其政策和行动符合美国促进巴以和谈的战略目标，从而对中东和平进程起到辅助性的推动作用。自尼克松政府以来，美国坚持将其主导的阿以和谈与对以援助相挂钩，这是中东和平进程取得一定成果的重要推动因素。

当和谈进程停滞不前时，美国的援助可以为阿以双方打破僵局发挥关键作用。早在 20 世纪 70 年代末，埃及和以色列就决定通过和平手段解决双方间的争端。但和平进程需要彼此做出让步，由于双方在归还领土、撤

---

① Abdul-Monem Al-Mashat, “The Arab-Israeli Conflict: A View from Cairo”, Mohammed Ayoob ed., *Regional Security in the Third World: Case Studies from Southeast Asia and the Middle East*, London and Sydney: Croom Helm, 1986, p. 140.

② 彭树智主编：《中东国家和中东问题》，河南大学出版社，1991 年版，第 232 页。

除军事基地以及军队重新部署等涉及各自重大利益的问题上各持己见，一时难以妥协。最后由于美国答应通过援助的形式弥补双方特别是以色列的损失，才使和平进程最终得以取得实质性成果。当谈判涉及以色列撤除西奈半岛的军事设施、迁移犹太人定居居民等问题时，美国表示愿意承担相关费用。仅关于以色列撤除西奈机场而在内格夫沙漠新建两个机场的费用，美国就暗示可以支付 25 亿美元。1979 财年美国对以军事援助高达 40 亿美元，其中有相当一部分便是用来推动和平进程的。再如 1998 年 10 月 23 日，美巴以三方在经过九天的艰苦谈判后签订《怀伊协议》[①]，为落实该项协议，美国批准向以色列提供 12 亿美元的额外军事援助，用于拆除被占领土地上的军事设施以及部队的重新部署。[②]

当然，在以色列对和谈采取强硬立场的情况下，美国的援助理所当然地会被看作是对以色列的偏袒，从而引起阿拉伯国家不满，影响其对和谈的积极性。此外，中东和平进程已经进入关键问题的解决，双方均难以妥协。有些问题是不可能通过援助得到解决的，比如耶路撒冷问题，涉及双方的宗教感情，无法通过经济补偿或者以停止援助施压的方法来换取其中任何一方的让步。即使某些问题可以通过援助来换取让步，但代价高昂，却非当今美国所能承受。以戈兰高地为例，曾有报道称，若美国要让以色列在这一问题上妥协，以色列将要求美国为其提供安全方面的补偿，数额高达 170 亿美元。这不是一个小数目，在美国经济不景气，财政赤字居高不下的情况下，美国政府要批准如此巨额的援助恐怕不是一件易事。

---

① 1998 年 10 月 23 日，阿拉法特和以色列总理内塔尼亚胡在白宫签署的一项临时和平协议。主要内容包括：以色列将放弃约旦河西岸 13% 的领土；以色列将释放被其关押的 3000 名巴勒斯坦人中的数百人；以色列和巴勒斯坦共同商讨以色列的进一步撤军计划等。

② Clyde R. Mark，*Israel*：*U. S. Foreign Assistance*，Congressional Research Service，Updated October 3，2003，Order Code IB85066.

第九章
美以军事外交关系的困境与前瞻

目前为止，美以军事外交关系仍然相当密切，其涵盖的领域相当广泛，合作内容非常深入。但是这种关系并非没有问题，长期以来，美以两国国内对此都存有质疑之声。

第一节　以色列的两难困境

以色列从美以军事外交关系中的获益远远大于美国从中获取的利益。但是，这种关系给以色列也带来了一些难解的困境。

一、将自身的生存与安全委之于美国并不可靠

历次阿以战争虽然都以以色列的辉煌胜利结束，但是考虑到阿拉伯国家在人口和物质资源上显而易见的优势，以色列的安全仍然脆弱。本—古里安在 20 世纪 50 年代就非常深刻地指出以色列安全战略中无法解决的内在问题，那就是“我们的麻烦是，我们承受不起失败，因为如果失败我们就完蛋了……他们可以被击败一次、两次。我们击败埃及十次也没有任何意义”。30 年以后，以色列国防部长阿伦斯表达了同样的观点：“我们可以保卫自己。我们让阿拉伯人遭受惩罚。我们可以摧毁他们的军队一次。但

是一劳永逸地解决问题超出了我们的能力。”①

正是由于阿以之间巨大的资源差距，以色列在对待外国援助上的态度是非常矛盾的。首先，以色列希望采取“自助”（self-reliance）的政策，但是“自助”不可能意味着“自给自足”（autarky）。对以色列来说，由于自身条件的限制，美国的军事援助对维护其生存和安全有着至关重要的意义。但是历史和国际政治中的现实主义告诉以色列人：把自己的生存及安全委之于他人是危险的。1977 年国会选举时，领导中间派的争取变革民主运动的参选人伊加尔·亚丁警告说：“对于我们的精神上的前途和我们的独立，没有比从我们的兄弟和朋友那里得到的援助更危险的了。”②

美国虽然承诺保证以色列的国家安全，但是，美国与以色列毕竟是两个国家，彼此的国家利益并不完全相同，有时还会发生冲突。这就难保美国的军事援助会持久不变。从美以军事外交关系的历史可以看出，美国主要还是从自己的国家利益出发，根据不同时期的战略需要来确定对以色列的军事援助的。以色列前总理拉宾对美国的安全承诺也存有极度的不信任。他曾引用 1947—1948 年的例子，当阿拉伯人入侵以色列时，“没有一个大国帮助以色列，美国甚至对以色列实行武器禁运”。拉宾称，“以色列不能仅仅只依靠外部支持的保证。在面临任何威胁时，她必须有能力进行自我防卫。”③ 科索沃战争时期，沙龙也曾说过，“只要以色列和美国利益冲突时，说不定美国哪天也会打我们。”④

美国对以色列的军事援助还要受到各种因素的影响。如美国对以色列安全威胁的定义；政府受到亲以色列院外集团的压力大小；对以色列军售与对阿拉伯国家军售的平衡；在阿以冲突和中东和平进程上，美国期待以色列的报偿；等等。正是由于上述因素，美以之间在武器供应等军事外交关系问题上时有摩擦，如：1973 年美国拖延了紧急武器空运；1981—1982

① Yaacv Lifshitz, *the Economics of Producing Defense: Illustrated by the Israeli Case*, Kluwer Academic Publishers, Boston/Dordrecht/New York/London, 2003, p. 42.

② 【美】劳伦斯·迈耶著，钱乃复等译：《今日以色列》，新华出版社，1987 年版，第 155 页。

③ Herbert Druks, *The Uncertain Alliance: The U. S. and Israel from Kennedy to the Peace Process*, Westport, Conneticut · London: Greenwood Press, 2001, p. 14.

④ 李伟建等：《以色列与美国关系研究》，时事出版社，2006 年版，第 107 页。

年临时禁止向以色列提供战斗机和集束炸弹；在试制“狮”式战斗机样机时，美国拖延提供相关技术资料；1989 年以色列的一些研究机构试图购买美国的 Gray 2 超级计算机主机时遭到拒绝，美国官员给出的理由是这种计算机可能会被用于军事目的，如模拟原子弹爆炸和高速导弹的飞行。[①] 甚至一个偶然事件都有可能导致援助的中断，如 1989 年，当有报道说以色列正与南非在导弹及核技术方面进行合作时，美国媒体及国会就呼吁进行经济制裁，停止对以色列的援助。

二、美国对阿拉伯国家的军售问题

美国对阿拉伯国家的军售是以色列最为担心的问题之一。美国希望自己在阿以问题上扮演一个“诚实的、公平的”和平掮客，因而试图通过向温和的阿拉伯国家提供武器以稳定与他们的关系。而以色列将此视为对其安全的威胁，每一次美国对阿拉伯国家出售武器都会触动以色列敏感的神经。

1978 年 2 月 14 日，卡特政府宣布向沙特出售 60 架 F－15 战斗机，向埃及出售 50 架 F－5E 战斗机。为了安抚以色列的情绪和平衡美国国会内强烈的反对意见，卡特政府同时宣布向以色列出售 15 架 F－15 和 75 架 F－16战斗机。由于国会的反对，府院僵持不下，基辛格遂于 5 月 8 日向参议院对外关系委员会提出了一项折衷的建议：向以色列提供更多的武器，同时在向沙特出售武器的时候做出一定的限制。卡特政府不得不将向以色列出售的 F－15 战斗机提高到 35 架，加上前一次向以色列出售的 25 架 F－15，以色列获得的 F－15 将与沙特持平。同时，卡特政府还私下保证，将来会向以色列提供更多武器。在随后的一个月时间里，美以之间完成了价值 9 亿美元的武器交易，签署了一个谅解备忘录，在研究和发展项目方面进行合作，同时以色列还确保了一项加快 F－16 交付速度的协议。这样才最终平息了争端。

里根政府一上台，就宣布向沙特出售能够提高 F－15 战斗机的续航力和航程的副油箱、空中加油机和改进型的响尾蛇空对空导弹，随后还决定

---

① Aharon Klieman and Reuven Pedatur, *Rearming Israel: Defense Procurement through the 1990s*, Boulder and San Francisco and Oxford: Westview Press, 1992, pp. 170－172.

向沙特提供预警机。美国出售预警机的决定引起了以色列的剧烈反弹。以色列政府官员包括贝京总理本人多次向美国政府交涉，美国犹太院外集团也积极活动，试图阻止这一计划的实施。

1984 年，由于国会反对，政府收回了向约旦出售“毒刺”（Stinger）导弹的建议。美国政府 1985 年 10 月 21 日向国会提交的建议案，要求向约旦出售 40 架飞机、“霍克”导弹、“毒刺”导弹和“布雷德利”（Bradley）战车。由于以色列的反对，该建议案也被无限期推迟。①

海湾战争前后，又有大量美制先进武器流入埃及、沙特等与美国保持友好关系的阿拉伯国家，虽然美国一再坚持对以色列安全问题的承诺，但以色列仍对此深感不满。以色列担心美国的先进武器流入阿拉伯国家将使阿以双方在武器性能和质量上的差距进一步缩小，从而对以色列造成安全隐患。② 以色列认为，美国必须就此做出补偿，提高对以色列军事援助的档次和数额。1990 年 8 月中旬，美国宣布将考虑向沙特转让更多的武器以应对伊拉克的威胁后，以色列要求增加对其军事援助（从 18 亿增加到 25 亿），提供免费武器（爱国者导弹，F－15 战斗机，阿帕奇直升机等），并使用美国卫星情报数据。国会在对外援助拨款法案中增加条款，给予以色列价值 7 亿美元的装备，这些装备从欧洲剩余储备中提取交付以色列，并将在以色列的战略储备从 1 亿增加到 2 亿。以色列还在海湾战争中免费获得“爱国者”导弹。③

1990 年 12 月 11 日，以色列国防部部长阿伦斯在以色列议会对外关系及国防委员会上说：“由于向以色列和阿拉伯国家出口同样的武器，以色列在进口武器上的质量优势已不再存在了。”所以，以色列必须“通过自己生产的武器系统来取得质量优势”。④ 这反映出以色列在这一问题上的深度忧虑。

---

① Clyde R. Mark, *Israeli-United States Relations* (Updated April 4, 2003), Issue Brief for Congress (Received through the CRS Web), Congressional Research Service ◆The Library of Congress.

② 李伟建等：《以色列与美国关系研究》，时事出版社，2006 年版，第 108—109 页。

③ Clyde R. Mark, *Israeli-United States Relations* (Updated April 4, 2003), Issue Brief for Congress (Received through the CRS Web), Congressional Research Service ◆The Library of Congress.

④ Aharon Klieman and Reuven Pedatur, *Rearming Israel—Defense Procurement through the 1990s*, Boulder and San Francisco and Oxford: Westview Press, 1992, p. 204.

三、军事援助因素降低了以色列危机决策的灵活性和自主性

军事援助日益成为美国的"杠杆手段"，从而降低了以色列在危机中决策的灵活性和自主性。当以色列与美国在具体战略目标上发生冲突时，以色列必须服从美国的战略目标。本—古里安从一开始就坚定地相信："面对阿拉伯敌人，以色列需要盟友的帮助来维持自己的存在。但是，这些盟友必须支持以色列的政策，而不是操纵它的政策，即使是影响也不行。"① 但实则不然，以色列的外交在很大程度上还是要看美国的脸色行事。正如以色列已故总理拉宾曾经说过的，以色列外交政策的底线就是不能开罪美国，不能冒美国取消对以援助的风险。以色列前总理巴拉克的发言人也曾指出："以色列和美国的独特关系，必须给予最优先的地位。"②

特别是在涉及美国的核心利益时，以色列政府在相关问题上的决策受到的掣肘就会非常大。正如斯蒂芬·沃尔特所说："当充分涉及庇护国的核心利益时，庇护国促使被庇护国让步的能力就会增强，……（本—古里安的）继任者在 1967 年和 1973 年在是否进行先发制人打击问题上犹豫不决，担心失去美国的支持。而美国成功地迫使以色列接受了罗杰斯停火建议，因为美国对苏联在埃及的作用感到担心。当十月战争期间超级大国之间开始出现严重对抗时，美国毫不犹豫地迫使以色列解除对埃及第三军团的包围。总之，尽管超级大国的动机强度很少与被庇护国的一样强烈，但上面这几个例子说明超级大国还是能够将被庇护国对庇护国的依附关系转变成庇护国对被庇护国的影响力的。"③

四、美国援助的限制性条件

虽然美国对以色列的军事援助非常优惠，但另一方面也应看到，美国

---

① 【英】诺亚·卢卡斯著，杜先菊、彭燕译：《以色列现代史》，商务印书馆，1997 年版，第 358 页。

② 李伟建：《以色列与美国关系研究》，时事出版社，2006 年版，第 104 页。

③ 【美】斯蒂芬·沃尔特著，周丕启译：《联盟的起源》，北京大学出版社，2007 年版，第 231 页。

的援助不是无条件的。美国军事援助的条款明确规定，除非另有规定，美国的军事援助款项必须在美国使用，购买美国的军用物品。虽然以色列在很大程度上享有例外，但并非完全不受限制。1988 年 7 月的一则消息说，尽管以色列在生产军用轮胎方面可以自足，但以色列国防军还是要在美国购买轮胎。1990 年，以色列国防军宣布，将不再向以色列的一家工厂订购军服，而改为向美国生产商订购。给出的理由是，以色列拥有的谢克尔（以色列货币）不足，而美国援助的美元又有余。① 但是实际上，这显然是满足美国条件的一个让步。

1952 年，美以双方的《相互防务援助协议》以及随后的武器协议限定了美国提供的武器装备只能用于防卫目的。美国的《武器出口控制法》规定，如果将美国援助的武器用于非“合法自卫”目的时，美国有权停止向该国提供援助。1982 年，由于以色列使用美国的集束炸弹攻击平民，里根政府停止向以色列提供集束炸弹达六年时间。②

进入 21 世纪后，以色列在与巴勒斯坦人以及黎巴嫩战争中，屡屡被控非法使用美制武器，虽然以色列并不担心美国“不痛不痒”的惩罚措施，更不会在冲突或战争中考虑使用美制武器的合法性问题，但是美国对提供给以色列的武器所加的限制性条件多少会使以色列在国际道义上背负谴责，在美国国内遭受是否“合法”的质疑、指控甚至调查。

五、向第三方转让武器问题

20 世纪 70 年代以后，以色列开始将对外销售军火作为其换取相关国家的友好以及促进国防工业发展的一项重要战略。20 世纪 80 年代以后，以色列向外国出售武器问题逐渐成为美以军事关系中的一个摩擦点。

目前，以色列向世界上 60 多个国家出口军火，每年军火出口达 30 多亿美元。2003 年至 2010 年，以色列是全球第八大军火销售国，销售额为

---

① Aharon Klieman and Reuven Pedatur, *Rearming Israel: Defense Procurement through the 1990s*, Boulder and San Francisco and Oxford: Westview Press, 1992, pp. 165—166.

② CRS Report for Congress7 - 5700: Jeremy M. Sharp, *U. S. Foreign Aid to Israel*, March 12, 2012, p. 16.

120 亿美元。①

由于以色列生产的武器装备中，有很多使用了美国的部件或技术，美国要求出口这些武器装备必须取得它的同意。所以，以色列与军事有关的出口都有可能受到美国的否决。

以色列对巴勒斯坦的所作所为，使其国际形象大打折扣，外交受到一定的挫折。在这种情况下，利用武器出口打开孤立局面是以色列外交的一大特色。一个很好的例子就是印以关系的发展。1962 年印度军队在中印边境的军事冒险遭到失败。随后，印度政府向以色列求购武器，希望借此提升其国防能力。以色列以两国建交为条件，向其提供 120 毫米口径的迫击炮。虽然在阿拉伯世界的强大压力下，印度最后时刻退缩了，但印以之间秘密军火交易的“地下通道”却从此打开。新加坡与以色列关系的发展也有一定的代表性。1965 年新加坡独立后，为了尽快提升国防实力，曾邀请以色列帮助建立自己的军队。精明的以色列人趁势向其出口改进的 AMX－13 轻型坦克。更重要的是，两国也通过军事合作建立了正常的外交关系。

1982 年，美国政府官员在国会听证会上表示，以色列未经允许将美国武器转让给伊朗以及南黎巴嫩军队。1992 年，美国政府指责以色列未经许可，将武器装备或技术转让给中国、南非、智利、埃塞俄比亚以及其他国家。② 美国还否决了以色列向拉丁美洲国家出售安装有通用电气公司生产的 J－79 引擎的“狮”式和“神秘”（Mysteres）式飞机，因为美国极力避免在该地区引起军备竞赛。③

特别是 20 世纪 90 年代以后，以色列向中国转让军事装备和技术的问题在西方媒体的炒作下逐渐发酵，几度造成美以关系的紧张。譬如，2000 年，美国以取消对以色列每年高达 20 亿美元的军事援助相威胁，强迫以色列停止向中国出售价值 2.5 亿美元的“费尔康”预警系统。2005 年，由于以色列计划为中国升级“哈比”无人机，美国冻结了以色列参与研发联合

① CRS Report for Congress7 －5700：Jeremy M. Sharp，*U. S. Foreign Aid to Israel*，March 12，2012.，p. 7.

② Clyde R. Mark，“Israel：U. S. Foreign Assistance ”，in John E. Lang ed.，*Israeli-United States Relationship*，Nova Science Publisheers，Inc.，p. 10.

③ Clyde R. Mark，*Israeli-United States Relations*（Updated April 4，2003），Issue Brief for Congress（Received through the CRS Web），Congressional Research Service ◆The Library of Congress.

攻击战斗机的计划，并对双方的防务联系施加了其他限制。最终以色列取消了此项交易。①

据报道，2008 年，美国拒绝同意以色列向俄罗斯出售 100 架“苍鹭”（Heron）无人机，该无人机包含美国生产的部件。以色列防务出口控制处也更为严格地审查了所有对俄罗斯的军品出口。2010 年，美国恢复与以色列磋商向俄罗斯出售“苍鹭”无人机问题。有报道称，以色列飞机工业公司（Israel Aerospace Industries）与俄罗斯武器制造商国防工业股份公司（Oboronprom）于 2010 年 10 月签署组建合资企业的协议，计划于 2011 年开始在俄罗斯生产“苍鹭－1”侦察无人机，总额达 4 亿美元。报道分析，该协议之所以能够达成，可能是由于俄罗斯取消了向伊朗出售 S－300 地对空导弹系统，美国投桃报李，在这个问题上网开一面。②

为了使以色列的武器转让过程更为透明，时任美国国防部部长的拉姆斯菲尔德及以色列国防部部长莫法兹于 2005 年签署了一个双边协议，规定以色列在向第三方转让敏感武器时必须同美国政府协商。以色列政府也建立了自己的武器出口控制机构以监督军火销售。2005 年 8 月 17 日，美国国防部与以色列国防部发布了一个联合声明称，双方已经签署了一个谅解协议，以解决过去曾严重影响了双方技术安全关系的问题，并在技术安全领域重建信任。这一协议给予美国在以色列向第三方出售武器问题上以事实上的否决权。2005 年 6 月，以色列《国土报》（*Ha'aretz*）报道，虽然以色列没有加入《瓦森纳协议》，但将自愿遵守其规定。2007 年 7 月 17 日，以色列议会通过《防务出口控制法案》（Law on Control of Defense Exports），根据此法，国防部内将设立一个新的机构以监管防务出口，并首次规定外交部参与监管过程。这样，美国才同意建立一个高技术论坛以使美以之间为解决双方技术贸易、投资及相关问题的高层对话制度化。③

由于上述种种原因，以色列力求实现“安全自助”，但由于自身先天

---

① CRS Report for Congress 7－5700：Jeremy M. Sharp，*U. S. Foreign Aid to Israel*，March 12，2012.

② CRS Report for Congress 7－5700：Jeremy M. Sharp，*U. S. Foreign Aid to Israel*，March 12，2012，p. 19.

③ Jeremy M. Sharp，*U. S. Foreign Aid to Israel*，CRS Report for Congress7－5700，March 12，2012，p. 19.

不足（国小、人口少），以色列在武器上完全自助是不可能的。虽然在以色列存在着"安全自助"与"依赖美国"的两难困境，但是在目前以及可预见的未来，美国的军事援助对以色列仍是头等重要的安全需求。以色列虽然在某些具体问题上要屈从于美国的压力，服从美国的战略目标的需要，但这些让步不会损害它的根本安全利益。两害相权取其轻，对以色列来说，美国的军事援助是不可放弃的。

第二节　美国的两难困境

美国在发展与以色列的军事外交关系上，特别是向以色列提供军事援助问题上也存在着两难困境。

一、以色列安全与中东和谈之间的悖论

在中东地区实现和平是美国的一个重要的外交政策目标。然而阿以之间的目标相去甚远，阿拉伯国家要求以色列撤出被占领土，而以色列认为在领土方面妥协之前，自己要建立起战略优势，并且自己的安全需要能够得到满足。因此，美国不断向以色列提供武器，希望以色列能够妥协。然而这种形势造成了一个两难困境：武装以色列是以色列撤出被占领土的前提，而武装后的以色列更能够抵抗美国的压力。[①] 基辛格曾说："当我让拉宾做出让步时，他说他不能这么做，因为以色列太弱小。于是我给了他武器，然而他说他不需要做出让步，因为以色列很强大。"[②]

虽然存在这种困境，但是美国对以色列安全的承诺不会动摇。在这个基础上，美国政府从自己的战略目标出发，根据自己对以色列安全的评估，调整军事援助的力度，诱迫以色列放弃或改变自己的目标和要求，从

---

① Nitza Nachmias, *Transfer of Arms, Leverage, and Peace in the Middle East*, New York · Westport, Connecticut · London: Greenwood Press, 1988, pp. 6 – 9.

② Cheryl A. Rubenberg, *Israel and the American National Interest: A Critical Examination*, Urbana and Chicago: University of Illinois Press, 1986, p. 165.

而使中东和平进程得以继续。

二、"美以关系"同"美阿关系"之间的矛盾

美国在一些温和的阿拉伯国家有重要的军事和经济利益，美国希望与它们保持良好的关系，但对以色列的军事援助使这些国家感到不快，这是美国与阿拉伯国家之间关系的关键所在。由于袒护以色列，美国在阿拉伯国家也丧失了许多重要商机。

美国中东战略目标之一是确保中东石油以合理的价格稳定地供应给美国及其盟友。而阿拉伯产油国与以色列矛盾重重，美国就不得不经常在"石油"和"盟友义务"之间做出选择。1973 年的石油禁运使美国及西方盟国遭受了巨大打击。据估计，以 2001 年可比价格计算，石油价格上涨给美国造成的直接损失为 4500 亿美元，另外由于石油短缺而造成的经济萧条给美国带来的损失约为 4200 亿美元。[①] 因此，弗吉尼亚大学退休教授、著名的现代中东历史学家鲁希·拉玛扎尼（Ruhi Ramazani）说："从华盛顿的视角来看，事实是，在支持以色列的同时又要确保海湾地区石油的安全供给一直是一条艰难的道路。"[②]

美国的一位政治家乔治·波尔（George Ball）曾说："作为公认的以色列的朋友，只要以色列与其阿拉伯邻国的争执不停，我们在政治上就被缚住了手脚。"[③] 所以，美国中东政策的根本点是促进中东和平进程持续进行下去。只有和平才能确保石油的稳定供应，也只有和平才能使美国维持与以色列及阿拉伯国家双方的友谊。

以色列的国家利益并不总是与美国的国家利益相一致，有时以色列的行为甚至与美国的利益是相抵触的。因此，以色列的政策往往导致对和平

---

① David R. Francis, *Economist tallies swelling cost of Israel to US*, Work & Money: "Economic Scene" Column from the December 09, 2002 edition, quoted in http://www.csmonitor.com/2002/1209/p16s01 - wmgn.html.

② By Peter Grier | Staff writer, "The US & Israel", *The Christian Science Monitor*, the October 26, 2001 edition.

③ Asaf Hussain, *The United States and Israel: Politics of a Special Relationship*, Islamabad: the Area Study Centre, Quidid-I-Azam University, 1991, p. 185.

的破坏，从而影响到美国的利益。20 世纪 70 年代中期，为了敦促以色列进行和平谈判，美国将对其援助与和平进程紧密联系起来。以色列在一些不重要的、象征性的问题上所表现出来的不灵活态度（如反对约旦和巴勒斯坦共同组成一个代表团），使美国觉得它是一个不妥协的国家，促使福特政府“重新审查”其中东政策，这是美国政府第一次由于中东和平进程而向以色列施压。但是由于以色列的战略作用，美国也要尽量避免通过减少或停止军事援助来向以色列施压，因为这会削弱以色列的力量，进而损害美国在这一地区的利益。同时，美国追求的是全球的影响力，要向现在的及将来的受援国/附庸国（Client State）显示其作为援助国/保护国（Patron State）的信誉。它不能也不会在危机时抛弃自己的附庸国/被庇护国。正如亨利·基辛格所指出的，美国“不能让苏联的被庇护国击败美国传统的朋友”。[①] 斯蒂芬·沃尔特分析道：“提供援助特别是军事援助，通常将援助提供者的声誉托付给了受援者的命运上。……庇护国通过限制援助来实现强制服从的意愿将减弱，因为庇护国担心一旦被庇护国与其他国家重新结盟或被打败，自己将丧失声望。”[②] 萨达特总统摆脱苏联，恢复与美国的关系的一个重要考虑就是认为美国是一个更可信赖的保护国。因此，利用威压的手段会损害美国作为保护国的声誉。以色列也非常清楚美国的这个两难困境，常常利用这一点来操纵美国的军事援助为其政治及战略服务。

三、支持以色列与遏制伊斯兰激进势力及恐怖主义之间的矛盾

美国加强与以色列的战略联盟的一个目的是为了对付伊斯兰激进势力，但这样做的后果反而可能会刺激伊斯兰激进势力的发展。伊斯兰激进势力在中东地区的迅速增长，在一定程度上反映了阿拉伯民众反对美国和以色列情绪的增长。本·拉登在“9·11”事件后多次表示，“9·11”事件针对的是美国支持以色列的政策，是对美国长期偏袒以色列的报复。在

---

① Henry A. Kissinger, *Years of Upheaval*, Boston: Little, Brown, 1981, p. 468.

② 【美】斯蒂芬·沃尔特著，周丕启译：《联盟的起源》，北京大学出版社，2007 年版，第 230 页。

2001 年 10 月 7 日的录像带中，本·拉登这样结束他的声明：“在我们生存于巴勒斯坦之前，安全对于美国人或居住于美国的人来说都只是一个梦想。”乔治梅森大学（Geoge Mason University）国际关系教授耶胡达·卢卡斯（Yehuda Lukaces）说：“美国公众现在已经醒悟到与以色列关系的代价”，“这是一个以前从未应对过的问题”。①

四、国内公众支持的基础逐渐动摇

美国大力向以色列提供军事援助的一个重要政策基础是国内公众的支持。但是，这个基础已经开始出现了动摇。美国对以色列的道德承诺来源于对大屠杀的鲜明记忆，对犹太难民和包围于强大阿拉伯敌人之中，生存时刻受到威胁的“弱小的以色列国”的深切同情。随着时间的推移，这种记忆越来越淡出，特别是几次中东战争中，以色列的辉煌胜利，以及逐渐增长的相对于阿拉伯国家的巨大军事优势，使这种同情更加受到削弱。在美国人的心目中，以色列是个民主国家的概念也已逐步褪色。以色列对东耶路撒冷的占领，成了造成犹太教—伊斯兰教两大宗教冲突的导火线。以色列在其占领区内实施某种程度的种族歧视政策，穆斯林被当作二等公民看待，这同美国的“独立宣言”立国精神的理念是背道而驰的。在对待巴勒斯坦人问题上，以色列的强硬态度也使其头上所笼罩的“民主前哨”的光环失去了光泽。以色列对“六五战争”中所占领土的吞并，使人们怀疑其促进和平的诚意。

20 世纪 80 年代以来，美国国内对中东的态度已经出现了一些变化。许多美国人对以色列的黩武行为和屠杀巴勒斯坦人的暴行十分厌恶，纷纷要求改变美国军事上支持以色列的政策。美国公众对巴勒斯坦人的苦难和不公正待遇的同情也不断增加。当以色列议会于 1981 年通过法案，将戈兰高地置于本国司法管辖之下时，纽约州的民意调查显示，公众对援助以色列的支持率显著降低了。1989 年 2 月 21 日公布的《华盛顿邮报》和美国广播公司的联合民意调查结果表明，52% 的人对以色列已有不好的印象，

---

① By Peter Grier | Staff writer, “The US & Israel”, *The Christian Science Monitor*, October 26, 2001.

只有 44% 的人仍然对以色列有好感。此外，56% 的人认为以色列不是美国的可靠盟友，而在 1981 年，持这种看法的美国人只占 24%，当时有 64% 的美国人把以色列视为可信赖的朋友。[①]

皮尤大众与媒体研究中心（the Pew Research Center for the People and the Press）多年来一直就美国人是否更同情以色列或巴勒斯坦人这个问题展开调查。对以色列的同情一直以来总比对巴勒斯坦人要高得多，但是从 1993 年至 2006 年，对以色列持同情态度的人数超过 50% 只有一次——即第二次黎巴嫩战争期间的 52%，而且 2005 年 7 月更是低至 37%。[②]

美国犹太人对以色列的支持也不是无限的，尤其是当以色列政府在和谈问题上过分强硬时，美国犹太人也会表示不满。1980 年，贝京政府决定在约旦河西岸建立定居点，5 月 15 日，美国约有 90 名著名的犹太人呼吁贝京与任何放弃恐怖主义并走上和谈之路的巴勒斯坦实体进行谈判，因为这是“在以色列解决冲突的唯一途径”。7 月 1 日，另外 50 名有影响的犹太领导人谴责了贝京的极端主义政策。这被认为是以色列政府与美国犹太人社团之间“第一次重大的公开分裂”。[③] 1989 年 4 月 5 日，250 多名著名美籍犹太人呼吁正在访美的以色列总理沙米尔立即停止被占领土上的流血行动并与巴解组织进行直接对话。这些美籍犹太人在当天《纽约时报》上发表的文章中说，“许多美籍犹太人不支持镇压巴勒斯坦人和继续占领约旦河西岸和加沙地带”，数百万美籍犹太人认为沙米尔的“现行政策不道德，违背犹太人的优良传统，损害以色列和美籍犹太人的根本利益”。文章还说，以色列有权保障自身安全，但同时也不应剥夺巴勒斯坦人的民族自决权。[④]

1997 年 8 月初，近 100 名著名犹太人在《纽约时报》的一则广告上公开表态，热烈欢迎奥尔布赖特上个月发表的保证美国将更积极发挥调停作

---

① 尹常敬主编：《中东问题 100 年（1897—1997）》，新华出版社，1999 年版，第 407 页。

② 【美】约翰·J. 米尔斯海默、斯蒂芬·M. 沃尔特著，王传兴译：《以色列游说集团与美国对外政策》，上海人民出版社，2009 年版，第 140 页。

③ Asaf Hussain, *The United States and Israel*: *Politics of a Special Relationship*, Islamabad: the Area Study Centre, Quidid-I-Azam University, 1991, p. 185.

④ 尹常敬主编：《中东问题 100 年（1897—1997）》，新华出版社，1999 年版，第 405—406 页。

用的讲话。美国最大的两个犹太人宗教组织——约菲的美国希伯来教徒联合会和犹太教保守派教会联合会在上面签了字。签名者还包括左翼犹太和平组织的代表，美国主要犹太人组织主席会议、美以公共事务委员会、犹太人联合呼吁会等主要组织的前领导人。《犹太人的力量》一书的作者戈德堡说："我们现在看到主流派犹太人和犹太团体与以色列的政策保持距离的意愿比过去强烈得多。"这些组织"正在变得更愿意鼓励美国施压，因为它们对利库德集团普遍感到愤怒，认为它正在破坏和平进程"。①

2001 年 3 月上台的沙龙政府对巴勒斯坦方面采取强硬政策，致使巴以冲突愈演愈烈。美国犹太人普遍主张平息冲突，恢复和谈。"9·11"事件发生后，据 2001 年 11 月对美国犹太人的一次最广泛的民意调查结果显示：85% 的美国犹太人支持巴勒斯坦建国，认为平息巴以冲突将有助于美国在全球范围内赢得对其领导的反恐战争的支持。有近 3/4 的被调查者主张，即使同以色列产生分歧，美国也应在中东和平进程中发挥积极作用。② 近年来，对主要犹太人组织支持的主张的不满正在增加，一些温和的犹太人团体，如"以色列公共政策论坛""犹太人正义和平联盟""为了现在和平的美国人""J 街"（J Street），已经变得更加为人所知了。据报道，他们正考虑合并以提高他们的影响力，并鼓励美国对两个国家的解决方案做出更大的努力。许多著名的美国犹太人也已经考虑成立一个新的游说团体，该团体明确打算提供一种比美以公共事务委员会更加合理的选择。③

另一方面，近年来，美国国内几百万阿拉伯族裔的影响力开始上升。在争取美国公众同情的斗争中，阿拉伯族裔与犹太人族裔进行的是一场"零和"博弈，随着形势的发展，美国公众的"同情"显然在转向阿拉伯一方。当这种情况达到一定的临界点，也就是说，美国公众对巴勒斯坦的同情超过了对以色列的同情，那就会对美国政府造成压力。美国政府面临的将会是一个更为棘手的两难困境：从现实主义出发，美国应该继续向以

---

① 《华盛顿邮报》1997 年 9 月 19 日文章，记者：卡里尔·墨菲，转引自尹常敏主编：《中东问题 100 年（1897—1997）》，新华出版社，1999 年版，第 410—412 页。

② 陈双庆：《美国犹太人对美国中东政策的影响》，载《现代国际关系》2002 年第 6 期，第 41 页。

③ 【美】约翰·J. 米尔斯海默、斯蒂芬·M. 沃尔特著，王传兴译：《以色列游说集团与美国对外政策》，上海人民出版社，2009 年版，中文版序言第 III 页、第 514—515 页。

色列提供军事援助，但这一政策会遭到美国公众的强烈反对。到那时，美国将像在“越战”后期一样，遭受到巨大“援以综合征”的困扰。

五、美国精英阶层的质疑

乔治·凯南早在30多年前就对美国大力支持以色列进行了质疑：“我们对以色列的承诺是一项重大利益吗？毫无疑问，这是重要的利益之一，但它是否重大呢？如果我们就这个词的最严格的意义而论，那它就不是。如果最坏的事情在那里发生了，那将是对美国与世界信念的一个巨大的打击，但就实质上而言，它将不会对我们国家的生存带来致命的损害。”① “以色列的命运如何与我们的利益密切相关，这一点是无疑的。大约30年前，当我们为了建立这个国家而慷慨提供援助时，世界上那个地区的居民从未对这项发展表示过赞同。我们答应对这项事业的成功承担部分责任，至少在最初的阶段是这样的。这并不是一项永久性的承诺。没有哪一个美国的行政部门拥有这样的权力：让我们的政策永久地对一个不属于美国管辖的、位于美国海岸线几千里之外的国家的安全负责。的确，任何一个主权国都不能期望别的国家会这样做。”②

随着时间的推移，美国的精英阶层对美以间这种特殊的军事安全关系的质疑越来越多，最近较为著名的就是约翰·J. 米尔斯海默与斯蒂芬·M. 沃尔特，他们在合著的《以色列游说集团与美国对外政策》一书的最后总结中说：“然而，美国和以色列的利益从来不曾是相同的，而且以色列目前的政策同美国自己的国家利益和某些美国的核心价值相左。不幸的是，近年来以色列游说集团的巨大政治影响力和在公共关系上的敏锐力，已经使得美国领导人没有勇气追求那些将推进美国利益、防止以色列犯下最严重错误的政策。简而言之，以色列游说集团的影响力对两个国家都是有害的。”③

---

① 【美】乔治·F. 凯南：《当前美国对外政策的现实——危险的阴云》，商务印书馆，1980年版，第76—77页。

② 【美】乔治·F. 凯南：《当前美国对外政策的现实——危险的阴云》，商务印书馆，1980年版，第76页。

③ 【美】约翰·J. 米尔斯海默、斯蒂芬·M. 沃尔特著，王传兴译：《以色列游说集团与美国对外政策》，上海人民出版社，2009年版，第516页。

六、美国全球战略与以色列地区战略之间的矛盾

二战后，美国成为全球性大国，其国家目标是建立和维持单极世界霸权，其中东地区战略必须符合其全球战略。而以色列只关心自己的生存与安全。两国战略目标有着显著差异。1981 年《美以战略合作谅解备忘录》明确两国加强战略合作的目的是“针对苏联或从这个地区以外被引进这个地区的受苏联控制的势力所造成的对这个地区和平和安全的威胁”。以色列把《美以战略合作谅解备忘录》的签订作为美以结盟的标志，认为美国会无条件支持其侵略扩张，因此兼并了戈兰高地。这不但引起阿拉伯人的愤怒，而且也招致世界舆论的遣责，一致认为是美国怂恿和支持的结果。这使里根政府受到很大的压力。不得不暂停《备忘录》的执行。与 1981 年《美以战略合作谅解备忘录》一样，美国和以色列在对《美以战略合作协议》的理解上也存在着根本性的分歧。美国的目的是针对苏联；而以色列的目的是针对阿拉伯国家。

以色列情报机构摩萨德前负责人沙布泰·谢维特（Shabtai Shavit）特别强调了这一点，“我们做我们认为最有利于我们的事情，而如果碰巧满足了美国的要求，那只不过是两个朋友之间关系的部分内容而已。”摩西·达扬曾经评论：“我们的美国朋友给钱、给武器、给建议。我们拿钱、拿武器，但拒绝建议。”[①] 这很明显地表现了美以在战略目标相异的情况下，以色列不可能牺牲自己的关键利益来迎合美国的政策要求。

七、以色列非法使用美国提供的武器问题

美以之间 1952 年的《相互防务援助协议》（Mutual Defense Assistance Agreement）以及随后的一些武器协议限制以色列只能将美国武器用于防卫目的。《武器出口控制法》（Arms Export Control Act）明确表明，如果受援国将美国的军事援助用于非“合法自卫”的目的时，美国可以停止对其援

① 【美】约翰·J. 米尔斯海默、斯蒂芬·M. 沃尔特著，王传兴译：《以色列游说集团与美国对外政策》，上海人民出版社，2009 年版，第 480 页。

助。1978 年 4 月 5 日以色列入侵黎巴嫩，1979 年 8 月 6 日以色列对南黎巴嫩的一系列突袭，1981 年 6 月 10 日以色列轰炸伊拉克核反应堆，1982 年以色列入侵黎巴嫩这四次事件后，国务院都向国会提交报告，称以色列"可能违反了"武器出口控制法和相互防务援助协议。2001 年 2 月，美国调查了以色列是否在 2000—2001 年巴勒斯坦人"因提法达"（Intifadah）中错误使用了美国装备，特别是使用阿帕奇直升机暗杀被怀疑为恐怖分子的巴勒斯坦人。2001 年 6 月初，国会议员要求政府核算办公室调查以色列使用 F－16 飞机攻击巴勒斯坦设施的情况。①

2006 年 7—8 月间的黎巴嫩战争中，以色列再次使用了美国提供的集束炸弹。自从 8 月份以色列与真主党之间停火后，不断有报道称，战争中遗留在南黎巴嫩广大地区未爆炸的集束炸弹导致了黎巴嫩平民的伤亡。美国国务院下属的防务贸易控制处（Directorate of Defense Trade Controls）进行了一次调查。2007 年 1 月 28 日，国务院向国会提交了初步调查报告，结论是以色列有可能违反了美以双方就美国提供的集束炸弹的使用进行限制的秘密协议。美国国务院随即要求以色列就此提供更多情况。以色列方面进行了几轮调查。2007 年 12 月，以色列国防军结束调查，称："显而易见，大部分集束炸弹投放在空旷并无人居住的地区。真主党武装从这些地区发动了（针对以色列）"的攻击，而且这些地区没有普通民众存在……一旦确定为了阻止向以色列境内发射火箭弹而使用集束炸弹是一种实实在在的军事需要的话，那么这种武器的使用就是合法的。以色列国防军还宣布，不会对 2006 年战争中下令使用集束炸弹的军官提出起诉。②

只要阿以问题一天不解决，以色列与巴勒斯坦人乃至其他阿拉伯国家之间的冲突就在所难免。一旦发生军事冲突甚至战争，以色列是不会考虑使用武器是否违反美国法律的问题。因此，美以之间在这个问题上的摩擦也将会持续下去。

---

① Clyde R. Mark, Israeli-United States Relations (Updated April 4, 2003), Issue Brief for Congress (Received through the CRS Web), Congressional Research Service ◆The Library of Congress.

② Jeremy M. Sharp, *U. S. Foreign Aid to Israel*, CRS Report for Congress7 – 5700, March 12, 2012, pp. 16 – 17.

八、美国的财政压力

自里根政府以来，美国历届政府大都实施赤字预算刺激经济，导致债台高筑。只有克林顿任内，美国国债水平有所下降。2002 年以来，美国预算赤字再度急剧上升。小布什执政期间，美国国债先后五次突破政府法定限额，国债总额从 2001 年的 5.8 万亿美元飙升至 2008 年年底的 10.7 万亿美元。金融危机后的大规模经济刺激计划，最终将美国债务送上了 14 万亿美元的历史高位。2009 年、2010 年和 2011 年是美国预算史上的三大预算赤字年，总额分别为 1.41 万亿、1.29 万亿和 1.5 万亿美元。2009 财年财政赤字占到了 GDP 的 9.9%，2010 财年为 8.9%，远超出 3% 的国际警戒线。2010 年，美国国债相当于 GDP 的 92.28 %，而国际警戒线为 60%。美国扩张性经济政策虽有助于危机后的经济恢复，使其重获动力，但也使美国联邦赤字再次接近记录性水平，预计 2015 年年底，国债/GDP 比率将从 2010 年的 92.28% 跃升至 110% 以上。[①] 据测算，如果按美国目前的举债速度和赤字增加速度，到 2023 年，美国政府的全部收入将主要用于偿付到期债务及利息，根本不可能用于国防、教育、卫生等正常的公共开支。换言之，届时，美国政府将被“债务大山”压倒。[②]

面临巨大的财政压力，美国政府和国会不得不紧缩财政预算。2011 年 8 月，国会通过《财政控制法案 2011（BCA）》（P. L112 – 25），意图在 2012 至 2021 财年期间，至少削减 2.1 万亿美元的财政赤字。[③] 美国国防预算也因此而受到影响，盖茨留任奥巴马政府国防部长后，或拖或减了美军超过 30 种武器系统的研发，其中包括陆军未来战斗系统、F – 22 隐形战斗机、2 个导弹防御系统以及“朱姆沃特”级导弹驱逐舰。2010 年，盖茨进一步提议关闭美军联合部队司令部，并从 2011 年起连续三年以 10% 的比

---

① 李雪莲、魏民：《美国国债危机与解决前景》，载《国际问题研究》2011 年第 5 期，第 113 页。

② 李雪莲、魏民：《美国国债危机与解决前景》，载《国际问题研究》2011 年第 5 期，第 117 页。

③ CRS Report for Congress7 – 5700：Jeremy M. Sharp，*U. S. Foreign Aid to Israel*，March 12，2012.

率减少对美军承包商项目的拨款。他还要求美军在未来五年内“提升效率、节约开支”，节省至少1000亿美元开支。① 2011年1月，盖茨公布了上述动作带来的成果。他对新财年美军军费的计划是5530亿美元（不包括战争拨款），较2010财年的5490亿美元稍有增长。盖茨表示，未来五年内军费将裁减780亿美元，这标志着美国军费开始从“无节制花钱”向“节约和节制”转变。②

美国庞大的财政赤字，使很多国会议员要求削减对外援助，甚至完全停止。据估算，到2002年为止，巴以冲突给美国造成的费用高达3万亿美元，其中对以色列的援助达1.8万亿美元，除资金支出外，美国对以色列援助每年还耗费了27.5万个工作岗位。③ 2008年7月，时任美国国防部部长的盖茨也表示，“相对我们传统的军事开支，更重要的是我们在这个世界上拥有的责任和面临的挑战，长久以来美国的国民外交和发展机构一直都是人员和资金不足。”④ 这些经济上的负担加剧了美国的财政赤字和政策调整的难度，直接表现为当前奥巴马政府在金融危机后做出灵活政策调整的艰难。⑤

美国国内民众绝大部分支持削减对外援助，但在削减对以色列援助的问题上还存在较大分歧。根据2011年1月的盖洛普调查，59%的美国公众支持削减对外援助。而根据2011年2月以色列的一项调查，当问及美国是否应继续向以色列提供援助以购买美国军事装备时，47%的受调查者给予正面回应，40%的受调查者认为美国应削减对以色列的援助。⑥

① 樊吉社、张帆：《美国军事：冷战后的战略调整》，社会科学文献出版社，2011年版，第286—292页。

② 新华网2011年2月12日电。

③ Thomas R. Stauffer, “The Costs to American Taxpayers of the Israeli-Palestinian Conflict: $3 Trillion”, *Washington Report on Middle East Affairs*, June 2003.

④ Secretary of Defense, Robert Gates, Speech delivered at the U. S. Global Leadership Campaign, Washington, D. C., July, 15, 2008.

⑤ 仝品生：《浅析美国对中东的援助及其影响》，载《西亚北非》2011年第2期，第38页。

⑥ The national survey of 1, 000 likely voters was conducted by Greenberg Quinlan Rosner February 7-9, 2011. Available online at: http://www.theisraelproject.org/atf/cf/%7B84dc5887-741e-4056-8d91-a389164bc94e%7D/2011-02USNATIONALADD-ONSPRESENTATION-HILLVISITS.PDF., quoted in CRS Report for Congress7-5700: Jeremy M. Sharp, U. S. Foreign Aid to Israel, March 12, 2012.

至今为止，美国政府在向以色列提供援助的问题上仍然没有出现任何动摇。2011 年 11 月，负责政治军事事务的助理国务卿德鲁 · J. 夏皮罗（Andrew J. Shapiro）公开重申了奥巴马政府维持对以色列的援助水平及保持以色列“质量上的军事优势”（QME），他说：“但是，在今天这样一个预算紧缩的时代——有人会问为什么我们还继续向以色列提供援助？是的，以色列是我们的一个长期的民主盟友，而且我们有着特殊的盟约——但是一些质疑者还是会问这些理由是否足以支持我们将美国纳税人辛苦挣来的钱花在以色列的安全上。我可以直截了当地回答这些质疑者——我们不仅仅是因为一个长期的盟约去支持以色列，我们支持以色列是因为这么做符合我们国家的利益。我们与以色列之间关系的这一方面常常被忽略了。美国对以色列安全与繁荣的承诺已经延续了数十年，这是因为两国的领导人早就意识到强有力的美以安全关系符合两国的利益。我们对以色列安全的支持有助于在这一地区维持和平与稳定。如果以色列变得弱小，它的敌人就会变得胆大妄为。这将可能造成范围更为广泛的冲突，这对于美国在这一地区的利益来说是灾难性的。正是以色列的军事力量阻止了潜在的侵略者，从而有助于培育和平与稳定。因此，确保以色列的力量及其在本地区的优势对地区的稳定具有至关重要的意义，从根本上来说，也是美国的核心利益所在。”①

但是，如果美国经济状况得不到好转，财政压力继续加大，同时面临国内强烈质疑的话，美国政府也难以维持高企的对以军事援助水平。

第三节　美以军事外交关系中的其他问题

除了上述以色列和美国各自面临的困境之外，两国军事外交关系中还存在诸多其他问题，主要有以色列核问题以及以色列针对美国的间谍活动问题等。

① CRS Report for Congress7 – 5700：Jeremy M. Sharp，*U. S. Foreign Aid to Izrael*，March 12，2012，p. 3.

一、默许以色列“拥核”严重损害国际核不扩散机制

众所周知，以色列是一个事实上的“核国家”，但关于以色列究竟有多少核弹头，却众说纷纭。据斯德哥尔摩国际和平研究所1996年调查，以色列在1995年年底至少已生产了400枚核弹，总当量约为5000万吨，并且每年还在生产5—10枚核弹头。① 大部分观点认为以色列拥有200枚核弹头。

以色列的核计划由来已久，也是美以之间一个重要摩擦点。

1958年美国U-2侦察机发现了迪莫纳基地。1960年1月3日，美国驻以色列大使奥格登·里德（Ogden Reid）受华盛顿指示，向以色列外交部部长梅厄夫人提交一份文件，提出了关于以色列核计划的五个问题：（1）以色列会将迪莫纳核反应堆生产的钚用于何种目的？（2）以色列是否会同意对这些铀进行监管？（3）以色列是否同意国际原子能机构官员访问该反应堆？何时可以访问？（4）以色列准备再建设另一个反应堆吗？（5）以色列是否准备好公开宣布没有制造核武器的计划？本—古里安虽然对文件中的措辞非常恼怒，但还是给予了回答，要点是：（1）迪莫纳生产的钚将返回给提供铀的一方；（2）来自友好国家的代表可以于1961年访问反应堆；（3）只有所有其他拥有相同设施的国家都这么做的情况下，以色列才会允许国际原子能机构检查该反应堆，同时检查人员中不得有苏联人；（4）以色列没有建设另一座反应堆的计划；（5）以色列没有制造核武器的计划。②

肯尼迪入主白宫后，不断努力寻求把迪莫纳核反应堆置于美国控制或监督下。美国政府要求以色列政府同意对迪莫纳进行一年两次的核查。而以色列只同意每年一次检查。鉴于以色列坚决反对国际原子能机构对迪莫纳进行检查，同时本—古里安承诺，以色列将不是第一个将核武器引入中东的国家。肯尼迪政府决定，暂时不让国际机构介入，而是由美国科学家

① 郑治仁：《核武器的过去、现在与未来》，载《兵器知识》2001年第11期，第23页。

② Michael Karpin, *The Bomb in the Basement: How Israel Went Nuclear and What that Means for the World*, New York: Simon & Schuster, 2006, pp. 178 - 179.

对迪莫纳进行一年一次的检查。美国小组曾七次检查迪莫纳基地，但以色列善于隐蔽，七次调查报告的结论都是没有发现研制核武器的证据。1963年，肯尼迪总统曾询问时任以色列国防部办公厅主任的佩雷斯："你们在制造原子弹吗?"佩雷斯回答："我能向您保证，以色列不会是第一个向中东地区引进核武器的国家。"①

约翰逊政府继续对以色列进行施压，但对此问题没有予以过多关注。1967年，以色列告诉美国，鉴于其安全需要和得不到美国的安全保障，以色列不能放弃核选择，将不签署《不扩散核武器条约》。1968年9月和10月，腊斯克会见了以色列外长阿巴·埃班，要求以色列签署核不扩散条约，并许诺如果以色列放弃这种"战略武器"，美国将出售其传统武器。而埃班以艾希科尔政府制定的标准说辞予以回答：以色列将不会是第一个将核武器引入该地区的国家。② 约翰逊政府后期，希望将出售"鬼怪"式战斗机与以色列签署不扩散协议联系起来，但由于以色列的强烈反对、美国精力有限（忙于越战）以及犹太院外集团的强大压力，最终约翰逊没有坚持这么做。③ 1968年，中央情报局局长理查德·赫尔姆斯告知约翰逊，美国的情报结论是以色列事实上已经获得了核能力。约翰逊的反应是，要求赫尔姆斯保证不会使任何其他人得到证据，包括国务卿腊斯克和国防部部长麦克纳马拉。根据新闻记者西摩·赫什的报道："约翰逊很明显要打发走赫尔姆斯——以及他的情报：他不想知道中央情报局要告诉他的东西，因为他一旦接受了那一情报，他将不得不据此采取行动。到1968年的时候，总统没有任何意愿来阻止以色列的核弹了。"④

1969年，梅厄与尼克松达成谅解：以色列承诺"三不原则"：不公开（宣布其拥有核武器）、不开展核试验、不运用核选择刺激阿拉伯国家。美国则接受以色列拥有核能力的事实，不再要求以色列签署《不扩散核武器

---

① Seymour M. Hersh, *The Samson Option: Israel Nuclear Arsenal and American Foreign Policy*, New York: Random House, 1991, p. 119.

② Michael Karpin, *The Bomb in the Basement: How Israel Went Nuclear and What that Means for the World*, New York: Simon & Schuster, 2006, p. 298.

③ Michael Karpin, *The Bomb in the Basement: How Israel Went Nuclear and What that Means for the World*, New York: Simon & Schuster, 2006, pp. 299 – 314.

④ 【美】约翰·J. 米尔斯海默、斯蒂芬·M. 沃尔特著，王传兴译：《以色列游说集团与美国对外政策》，上海人民出版社，2009年版，第40页。

条约》，停止派专家检查迪莫纳基地。[①]

卡特政府是在核不扩散立场上比较强硬的一届政府，但由于各方面因素考虑，也无力迫使以色列放弃拥核，不得不以提供先进的常规武器来换取以色列对发展核武器的克制。里根时期是美以军事合作关系发展的成熟阶段，美国对以色列的核发展计划更是三缄其口。

冷战结束后，防止大规模杀伤性武器扩散问题成为美国政策的重中之重，尤其是“9·11”事件后，美国的核政策也由防扩散转为反扩散。反扩散战略强调对扩散行为及其结果的打击，甚至不惜“先发制人”。奥巴马上任后，提出“无核世界”理念，并于2010年4月13—14日主办了核安全峰会，47个国家的领导人或代表出席会议，但其中却未见以色列总理内塔尼亚胡的身影，这不免让东道主感到尴尬。

当然，在美国的压力下，同时也是从更好地维护以色列战略利益的角度考虑，以色列一直保持着核模糊政策，即不承认也不否认拥有核武器。以色列知道，国际社会，包括美国，绝不会同意以色列合法拥有核武器。如果以色列公开宣布“拥核”，将会面临强大的国际压力，要求其销毁核武器。阿拉伯国家更是永远不会公开接受以色列的核垄断地位。如果以色列不销毁武器，那么阿拉伯国家就会理所当然的以制衡以色列为由，启动其自身的核计划。

同时，核模糊政策使以色列享有核威慑的各种好处，而不需要冒任何风险。只要美国继续在核武器问题上庇护以色列，以色列就可继续利用其核威慑。以色列享有国际不扩散机制的所有好处，而不必接受任何国际核监督和检查。

美国政府曾向几十个国家施压，要求它们签署1968年的《不扩散核武器条约》，但是美国却不要求以色列中止核项目和签署该协议。2003年3月20日，美国在未掌握充分证据的情况下，便以“伊拉克疑似拥有大规模杀伤性武器”为由，悍然发动伊拉克战争，推翻了萨达姆政权，然而美国最终也没能找到传说中的“大规模杀伤性武器”。此外，在朝核、伊核以及叙利亚核问题上，美国也坚持采取强硬姿态。然而，在以色列的核问

---

① Michael Karpin, *The Bomb in the Basement: How Israel Went Nuclear and What that Means for the World*, New York: Simon & Schuster, 2006, p. 318.

题上，美国却只能采取睁一只眼，闭一只眼的态度。甚至有证据表明，美国对以色列的核计划进行过资金支持，如米尔斯海默和沃尔特指出："华盛顿长期以来一直资助一个秘密进行大规模杀伤性武器活动的盟国，而这个盟国的此类活动是众所周知的，它的核武器已成为其数个邻国寻求大规模杀伤性武器的强大动力。"① 这种明显的"双重标准"成为美国被国际社会诟病的焦点，损害了其国际形象，大大降低了其反核扩散的道义力量和说服力，严重阻碍了美国防扩散战略的实施。2009 年 1 月 2 日，朝鲜《民主朝鲜》报发表评论，指责美国在核问题上推行"双重标准"，实际上起到了核扩散的作用。② 2010 年 5 月 3 日，伊朗总统内贾德指责美国及其西方盟国在核政策上奉行双重标准，破坏了国际防扩散体制。③

防止大规模杀伤性武器扩散是美国一项重要的战略目标。但是，美国在以色列和其他国家发展核武器问题上的"双重标准"，相当大程度上损害了美国自己的防扩散努力。

二、以色列对美国开展间谍活动问题

对美以军事外交关系产生负面影响的另一个突出问题是以色列针对美国的间谍活动。以色列知道，美国虽然是以色列最特殊的盟友，美以两国情报机构之间也有情报合作协议，但是美国人还有很多情报没有交给以色列。因此，研究美国对以色列和中东国家的秘密政策，获得美国的先进军事和科技情报是以色列情报机构的重要任务。

摩萨德早在 1978 年就在美国建立了一个隐蔽很深的情报组，代号"AL"，雇佣了 30 名前摩萨德工作人员，开展情报刺探活动。④ 2000 年，美国媒体披露，以色列情报机构持续监控美国政府一些最保密线路的电话

---

① 【美】约翰·J. 米尔斯海默、斯蒂芬·M. 沃尔特著，王传兴译：《以色列游说集团与美国对外政策》，上海人民出版社，2009 年版，第 40 页。

② 新华网平壤 2009 年 1 月 2 日电，http：//news. xinhuanet. com/world/2009 -01/02/content_10590588. htm。

③ 新华网联合国 2010 年 5 月 3 日电，http：//news. xinhuanet. com/world/2010 -05/04/c_1271526. htm。

④ 刘守功、杨洪亮、刘志刚：《间谍帝国与间谍战争》，金城出版社，1996 年版，第 175 页。

和现代通信。以色列对美国的情报刺探活动从未停止或减弱。[①]

多年来，美国不断破获有关以色列针对美国的间谍案。最为著名的以色列间谍案是至今仍在影响两国关系的“波拉德间谍案”。

1954 年 8 月 7 日，乔纳森·波拉德（Jonathan Pollard）出生于得克萨斯州加尔维斯顿的一个犹太人家庭。1976 年，波拉德从斯坦福大学毕业，进入塔夫茨大学弗莱切法律与外交学院攻读研究生，但没有取得硕士学位。1977 年申请加入中央情报局，但由于测谎未通过而被拒绝。1979 年，他又申请加入海军情报机构并如愿以偿，被海军聘为文职情报分析员，此后他在海军调查局、海军情报和支援中心等一些海军情报机构供职。

1983 年，美军贝鲁特军营被炸。美国在海军情报调查局新设了一个恐怖主义警备中心。波拉德作为为数不多的幸运者被选中，也因此可以接触范围更广的机密材料。他不仅有一台可与联邦情报系统数据库联网的计算机，有权阅读绝密文件。而且还拥有更高级的接触“封闭性机密的材料”的许可证。凭这种借阅证，他可以进入六家受限制的机密档案馆，包括中央情报局、联邦调查局、国家安全局、国防情报局、海军情报局及国务院情报与研究局。

1984 年 5 月，波拉德邂逅了一位以色列商人，又通过这位商人结识了正在美国进修的以色列空军上校阿维姆·塞勒（Aviem Sella）。波拉德向塞勒坦露了希望充当以色列间谍的意愿。塞勒立即通过特别途径把这个情报告诉以色列空军司令部。随后，空军司令部又将塞勒的报告转交给拉卡姆——以色列专门负责搜集绝密技术情报的机构。在波拉德间谍案未暴露之前，人们只知道以色列的秘密情报局“摩萨德”、军事情报机构“阿穆恩”和以色列反间谍机构“辛贝特”，“拉卡姆”的名字还是第一次听到，其重要性可想而知。

经总参谋长和空军司令同意，“拉卡姆”的负责人拉菲·艾坦（Raphael Eitan）让塞勒上校负责此项特殊行动。

刚开始工作时，波拉德每隔两周就向以色列传递一批文件，选择何种文件由他自己决定。后来以色列人先指定下次要获得的文件，然后由波拉

---

① 参见方晟、石漂主编：《情报与安全概览（2000 年）》，时事出版社，2002 年版，第 68—70 页，“以色列间谍多次渗透白宫电脑”内容。

德去搜集，其准确性就像菜单上点菜一样容易保证。因此可以断定，另一名以色列间谍隐藏在美国政府内部。

波拉德是一个责任心极强的间谍。他认为无论是什么情况，只要与中东有关，以色列就应该知道。因此，他把注意力集中在以色列的几个外围敌人如利比亚、阿尔及利亚、伊拉克和巴基斯坦。此外，中央情报局有关中东局势的分析材料，美国驻中东地区各基地之间的电文、美国情报人员和间谍卫星发现的苏联向阿拉伯国家提供武器的详细情况以及这些卫星的传真照片都在他搜集的范围之列，他还提供了巴解组织驻突尼斯总部的照片。根据这些照片，以色列空军于 1985 年 10 月 1 日突袭了巴解组织总部。

波拉德提供的情报极为丰富。艾坦专门为他配备了几名情报分析员分析他的情报，但是他们也跟不上波拉德的速度，被搞得精疲力竭。

1985 年 10 月，波拉德的间谍行为被其上司和同事觉察。12 月 21 日，波拉德驾车闯进了华盛顿的以色列驻美国大使馆。以色列使馆拒绝了其寻求庇护的要求。波拉德被赶出使馆，随即被联邦调查局逮捕。

里根总统获悉波拉德为以色列情报机构充当间谍后感到不可思议。在里根时代，美国政府对以色列的支持可以说到了登峰造极的地步，里根困惑地说："我不理解他们为什么这么做?"

美国立即向以色列派遣一个核查小组。为了表示诚意，以色列政府也成立了一个联合小组，为美国调查小组提供一切方便。后来以色列又成立了两个调查小组调查波拉德一案。它们认定波拉德是为拉菲·艾坦工作。以色列政界要员包括总理沙米尔和国防部长阿伦斯都承认他们收到了波拉德提供的一些情报，但都否认知道情报来源。

波拉德向以色列提供的秘密文件如果摆在一起，足有 1.8 米长、3 米宽、1.8 米高。他对美国国家安全造成的危害是显而易见的。为了弥补他所造成的损失，美国人起码要花上 10 亿美元修复。

1987 年 3 月 4 日，波拉德被判处无期徒刑，他的妻子安妮则被判处五年有期徒刑。其他四名以色列人也受到指控，包括以色列空军上校塞勒。而在以色列，塞勒和艾坦都获得了晋升。

波拉德案发后，以方承诺不在美国安插情报人员，并多次试图争取波拉德获释。1990 年安妮被释放，随后移居以色列，并同波拉德离婚。1996 年，波拉德获得以色列国籍。在 1998 年同巴勒斯坦人在怀伊谈判过程中，以色列将寻求释放波拉德作为谈判的一部分。克林顿总统曾对此事做了认真周密的考虑。[①] 2002 年 3 月 20 日，沙龙在会见小布什总统时，郑重要求美国释放波拉德。沙龙说："波拉德已经被关押了这么长时间，现在应该释放他了。" 2011 年 1 月，以色列总理内塔尼亚胡请求奥巴马释放波拉德，同时承认，以方行为"错误，完全不可接受"。[②] 内塔尼亚胡的请求遭到拒绝。2012 年 4 月 8 日，波拉德因病住院后，以色列总统希蒙·佩雷斯致信奥巴马总统，请求释放波拉德。内塔尼亚胡呼吁："现在正是释放波拉德的时候……为寻求他获释，我已经做了许多，将继续努力。"白宫国家安全委员会发言人汤米·维托于 9 日告诉媒体记者，美国的立场没有改变，不会释放波拉德。[③]

有美国学者认为，除了案犯个人原因，美国官方对处理"以色列间谍活动"的态度，在一定程度上助长了此类间谍案的频发。美利坚大学国际服务学院的邓肯·克拉克撰文表示，最令人担忧的不是以色列的行为，而是容忍这些行为的美国高级官员。[④] 例如，2000 年 5 月，新闻报道称以色列情报部门已经窃听了白宫和国务院的通讯，但联邦调查局后来的调查开脱了对以色列的这项指责。[⑤]

三、以色列窃取美国技术问题

以色列也秘密从美国窃取或走私技术。1985 年，美国米尔柯（Milco）

---

① Clyde R. Mark, Israeli-United States Relations（Updated April 4, 2003）, Issue Brief for Congress（Received through the CRS Web）, Congressional Research Service ◆The Library of Congress.

② 惠晓霜：《美联社：美国严防以色列偷情报》，参考消息网，http：//world. cankaoxiaoxi. com/2012/0730/66407. shtml。

③ 李良勇《外媒：美国拒绝释放以色列间谍》，参考消息网，http：//world. cankaoxiaoxi. com/2012/0410/26900. shtml。

④ 郭爽：《美以特殊关系下谍影飞舞（2）》，《国际先驱导报》，转引自参考消息网，http：//ihl. cankaoxiaoxi. com/2012/0406/25567_ 2. shtml。

⑤ Clyde R. Mark, *Israeli-United States Relations*（Updated April 4, 2003）, Issue Brief for Congress（Received through the CRS Web）, Congressional Research Service ◆The Library of Congress.

国际公司的理查德·史密斯（Richard Smyth）在加利福尼亚被指控在1979—1983年向以色列出口了800个Kryton。Kryton是一种高逗电子开关，可以用来引爆核弹。史密斯在保释期间逃跑，于2001年被西班牙当局逮捕，并于2001年11月引渡回美国。随后受到30项违反武器出口控制法和提供错误陈述的指控。① 以色列坚持称Kryton只是用于与激光有关的传统武器上，而且声称自己不知道米尔柯国际公司没有获得出口许可。②

1985年12月，美国海关突击搜查了三家美国公司，它们非法向以色列出售可以提高120毫米坦克炮炮管性能的电子镀（electoplate）技术以及机器。这种新技术可以大幅度提高坦克炮炮管的精确度和耐用性。③

1986年，美国展开调查，以确定三名以色列空军官员是否从瑞肯（Recon）光学公司窃取技术。瑞肯公司是世界主要军用航空侦察系统制造商。这三名军官被派驻该公司监督为以色列生产的侦察系统的生产。该公司在上诉案中指控这三名以色列军官企图从该公司下属工厂转移五万页技术文件。④

1986年7月8日，在获取情报称有一个向以色列转让集束炸弹的技术信息的计划后，美国海关人员搜查了三家美国公司。1986年8月8日，一家伊利诺伊州的公司称，以色列人试图窃取有关航空侦察照相机的数据。⑤

1997年2月，在密歇根州一家军事试验工厂工作的一位工程师承认在过去10年中，他"并非故意地"向以色列提供了秘密资料。⑥ 退役陆军机械工程师本—阿米·卡迪什2008年承认20世纪80年代向以色列泄密，允许以方人员翻拍资料，涉及核武器、改装版F-15型战机和"爱国者"地

---

① Clyde R. Mark, *Israeli-United States Relations* (Updated April 4, 2003), Issue Brief for Congress (Received through the CRS Web), Congressional Research Service ◆The Library of Congress.

② Bishara A. Bahbah, "The U. S. Role In Israel's Arms Industry", *The Link*, Vol. 20, No. 5, December 1987.

③ Bishara A. Bahbah, "The U. S. Role In Israel's Arms Industry", *The Link*, Vol. 20, No. 5, December 1987.

④ Bishara A. Bahbah, "The U. S. Role In Israel's Arms Industry", *The Link*, Vol. 20, No. 5, December 1987.

⑤ Clyde R. Mark, *Israeli-United States Relations* (Updated April 4, 2003), Issue Brief for Congress (Received through the CRS Web), Congressional Research Service ◆The Library of Congress.

⑥ Clyde R. Mark, *Israeli-United States Relations* (Updated April 4, 2003), Issue Brief for Congress (Received through the CRS Web), Congressional Research Service ◆The Library of Congress.

对空导弹。他在法庭上说："我觉得我在帮助以色列，同时没有损害美国的利益。"中情局前高级官员、国会事务办公室主任约瑟夫·韦珀说，"这是一种复杂的关系，……他们有他们的利益，我们有我们的利益。对美国而言，需要找到平衡点。"①

根据美国司法部、海关和国务院弹药控制办公室的调查员称，"以色列警察利用其在纽约的采购办公室（雇佣了近 200 名军事和技术专家）……越过美国有关机构窃取美国武器技术。"对于以色列的行为，美国很少传唤以色列采购团成员。②

第四节　从历史管窥未来：美以军事外交关系前瞻

根据对美以军事外交历史的考察，我们可以看出，虽然确保以色列的生存和安全是美国政府一以贯之的政策，但是对以色列的军事援助政策却经历了不断的变化和调整。国家政策是为了实现国家战略目标而制定和实施的。由于美国在不同时期内全球特别是中东战略目标有所不同，其对以色列的军事援助政策也就有所变化和调整。

杜鲁门和艾森豪威尔时期，美国在中东地区的战略目标是排挤英国，取而代之，使自己成为中东事务的掌管者，同时拉拢阿拉伯国家，试图组织一个亲西方的联盟，从而遏制苏联对中东地区的扩张。所以美国政府实行的是限制向以色列提供军事援助的政策，以期不过于得罪阿拉伯国家。当然，美国执行这一政策的前提是，美国认为自己通过经济援助等方式提供给以色列的美元足以使以色列从其他渠道购买必需的武器。

肯尼迪上台后，改变了限制向以色列出售武器的政策，这主要是因为美国在中东地区与苏联的争夺中形势不利，美国政府认为大力武装以色列可以威慑和打击亲苏的阿拉伯国家，从而遏制苏联势力在这一地区的影

---

① 惠晓霜：《美联社：美国严防以色列偷情报》，参考消息网，http：//world. cankaoxiaoxi. com/2012/0730/66407. shtml。

② Bishara A. Bahbah，"The U. S. Role In Israel's Arms Industry"，*The Link*，Vol. 20，No. 5，December 1987.

响。约翰逊继承并推进了这一政策。由于其亲以色列情感因素，约翰逊不断突破对以色列的军售政策，美以军事外交关系得以深化。

尼克松上台后，从实际出发，在亚洲采取了撤退战略，全球战略格局转变为苏攻美守阶段，在美苏争夺的另一个关键地区——中东，尼克松也改变了一味支持以色列的做法，一方面抓住萨达特上台后的有利时机，向埃及等温和的阿拉伯国家提供军事援助，促使这些国家向美国靠拢；另一方面继续大力援助以色列，威压诱迫以色列走上与阿拉伯国家和平谈判的道路。美国由此取得了对阿以双方的影响力，从此以后美国就把中东和平谈判的主导权紧紧掌握在自己的手里了。福特和卡特政府基本延续了尼克松的这一政策。这一时期，美国虽然在中东和平谈判进程中取得了巨大成果，但在整个中东地区所面临的形势却更为严峻，苏联通过军事援助巩固了在伊拉克、叙利亚等阿拉伯国家的影响力，1979 年派兵入侵阿富汗，直接威胁中东地区。伊朗伊斯兰革命的胜利，更是对美国战略的沉重打击，美国不仅失去了在中东地区的一个“战略支柱”，更为深远的影响是美国从此以后面临着又一个难以对付的敌人——激进的伊斯兰势力。

里根为了扭转美国战略劣势，大力重振军备，与苏联展开全面争夺。在中东地区，美国仍向埃及、沙特阿拉伯等亲美的阿拉伯国家提供军事援助，以维持对其影响力，但其政策重点又一次转向了以色列，将以色列视为全球范围内与苏联对抗的一个重要战略伙伴，通过《美以战略合作协议》等几个文件提升了与以色列的战略关系，并将对以色列的军事援助及其他军事关系制度化。

乔治·布什任内世界格局发生了巨变，苏联解体，冷战结束。克林顿上台也正值冷战后初期，世界进入两极格局崩塌后的深刻调整阶段。但是，由于中东地区重要的战略位置及丰富的石油资源，仍是各个大国明争暗斗的场所。同时，与激进的伊斯兰势力有着密切联系的各种恐怖活动日益猖獗。所以后冷战时期，美国认为以色列的价值并没有丧失，只是美以战略合作的目标有所改变而已，从冷战前针对苏联转变为遏制中东地区激进的伊斯兰势力的蔓延并打击国际恐怖主义势力。因此，美国不仅没有削减对以色列的军事援助，反而在 1999 年决定在 10 年内将对以色列的军事援助从 18 亿美元逐步提高到 24 亿美元，美以军事外交关系经过重新定位继续向前发展。

小布什政府任内的主要战略目标是“反恐”。“9·11”事件后，美国将恐怖主义视为今后相当长时期内的头号威胁。而针对美国的恐怖主义又与中东地区的伊斯兰极端势力紧密相连。在伊斯兰激进势力增长浪潮的冲击下，一些阿拉伯国家甚至土耳其都变得不可靠，最终可能依靠的唯有以色列。基于对以色列价值的认知，再加上小布什本人的亲以色列情结，其任内美以军事关系得到进一步加强。

奥巴马上台后，先后实施“巧实力外交”和“亚太再平衡战略”。美国的战略重点从“打击恐怖主义”再次转向防范和遏制可能挑战美国“霸权地位”的新兴大国上，战略目标逐渐聚焦中国，战略重心因而逐渐东移，“亚太再平衡”成为美国全球战略的核心。虽然美国有从中东脱身之意，但源于历史、地缘及“霸权的责任和信誉”等因素，中东仍是美国全球战略中一个极为重要的地区。中东地区的不稳定必然会牵制美国的精力，事实上，这一地区的动荡局势已经在一定程度上影响了美国战略重心东移的速度。而要维护中东地区的和平与稳定，以色列作为战略支柱的价值就仍然存在。

从美以军事外交关系的历史可以看出，美国主要是从现实主义出发，根据其全球战略的需要来决定双方军事外交关系的紧密程度，尤其是据此决定是否向以色列提供军事援助以及援助的力度。冷战前，援助以色列是为了遏制苏联势力的扩张，冷战后，以色列在美国的战略棋盘上的地位和作用没有降低，是美国构想的冷战后中东安全的重要因素之一，对保持地区均势、抗衡阿拉伯激进势力、打击恐怖主义、实现美国在中东的战略利益有着重要的作用。贯穿始终的是以色列重要的地缘战略位置，有了以色列这个“桥头堡”，再拉上几个亲美的阿拉伯国家，美国就算控制了中东，控制了这个地区的战略资源——石油。稳定了中东，就可以呼应“两洋战略”，防范和遏制亚洲大陆潜在挑战大国的崛兴就多了一层保障。

虽然战略考虑是美国大力向以色列提供军事援助的主要原因，但以色列自身与西方在宗教、制度及文化上的天然联系，以及美国国内具有巨大政治影响力的犹太人的积极活动与大力支持，对美国政府的政策也具有重要的影响。同时，以色列在几次中东战争中的表现，使美国相信以色列是一个有能力维护其利益的伙伴。

美以之间以军事援助为主要内容的军事外交关系对以色列、美国两国及整个中东地区都有重要意义。对以色列来说，如果没有美国的巨大军事援助的支撑，不仅其安全得不到保障，而且生存都是不可能的。对美国来说，通过军事援助可以影响以色列的政策，使其成为自己的战略帮手。对中东地区来说，美国坚定地向以色列提供军事援助，使阿拉伯国家意识到通过军事手段解决阿以争端是不可能的，从而使和平谈判成为可能，这使中东地区总体趋向和平和稳定；但在另一个方面又促使一些阿拉伯民众和组织走向极端，希望通过恐怖主义打击以色列和美国，这给中东地区带来了不稳定，也阻碍了和平进程的发展。

美以军事外交关系到目前为止还是相当稳固的，但其中也存在着一些问题。对以色列来说，这种关系意味着受制于美国，降低了自己决策的自主性和灵活性，同时这种将自身安全委之于美国的作法在以色列国内也引起了一些质疑，所以在以色列在国防建设上存在着“自助”与“依赖”两条路线的争论。由于特殊的国际国内环境，在可见的未来，以色列国防还是要依赖美国巨大军事援助的支撑。对美国来说，支持以色列虽然使其获得了一个可靠且有用的战略伙伴，但也在阿拉伯世界引起了不满与愤恨。美国的中东政策一贯都是在确保以色列的安全的基础上，努力改善和巩固与阿拉伯国家的关系，对以色列的坚定支持一直影响着与阿拉伯国家的关系，从而也影响到自身的某些利益。特别是普通民众对美国的愤恨和仇视所引发的恐怖主义更是影响到美国自身的安全。国家政策是为国家利益服务的，如此大力支持以色列是否能最大限度地维护美国的利益在美国政府内以及普通民众中有所争论。

美国与以色列毕竟是两个国家，其国家利益不可能完全一致；同时国际局势风云变幻，以色列在美国全球战略中的定位也并非一成不变。因此，双方立场不同、观点相左的情况还会时有发生。尽管如此，由于两国关系构成基础中的战略、文化、宗教、政治等因素使然，特别是两国在相当长的时期内仍然互有所需，所以双方的战略盟友关系在可预见的未来不会改变。不难推测，只要国力还可以承受，美国对以色列的军事援助政策也就不会有大的变化，美以军事外交关系也可以不断超越障碍，维持相对稳定。

第十章
中、美、以三角军事外交关系

中国、美国、以色列已形成一个较为微妙、较为复杂的三角关系。在军事外交领域，这种三角关系更显得敏感而又突出。其中，美国因素对中以军事外交关系的影响最大，中国因素对美以军事外交关系无足轻重，以色列因素对中美军事外交至目前为止也不起什么作用。本章主要梳理中以军事外交的历史与现状，分析美国因素对中以军事外交的限制，探讨如何利用以色列因素促进中美军事外交关系的发展，并分别从美、以两个方面分析提出美以军事外交关系对中国的启示与借鉴价值。

第一节　中以军事外交关系的历史与现状

1950 年 1 月 9 日，以色列政府总理摩西·夏里特致电周恩来总理："我荣幸地通告阁下：以色列政府已决定承认贵政府为中国合法政府"。①以色列成为中东地区第一个承认中华人民共和国的国家。但是直到 40 多年后的 1992 年 1 月 24 日，中以才建立正式的外交关系，以色列又成为中东地区最后一个与新中国建立正式外交关系的国家。从 1955 年 1 月以色列一个官方代表团访问中国，到 1987 年 9 月两国外交部长在联合国大会期间的首次会晤，30 多年的时间内，两国政府实际上没有任何正式接触。中以关

① Telegram：Moshe Sharett to Chou En Lai [sic]，January 9，1950，State of Israel Ministry of Foreign Affairs Archives，Folder 41/150/A，quoted in Jonathan Goldstein ed.，*China and Israel*，*1948—1998*：*A Fifty Year Retrospective*，Westport：Praeger Publishers，p. 16.

系发展之所以历经曲折，美国因素起着相当重要的作用。

朝鲜战争爆发后，以色列迫于压力逐步偏向美国，导致中以建交的第一次机会就此错失。20 世纪 50 年代，以色列总理摩西·夏里特对与中国建立外交关系表现出明显的优柔寡断，担心这会危及以美关系。

1955 年万隆会议后，中国政策也发生重大变化，执行与阿拉伯国家友好的政策排除了与以色列建交的可能。此后，中美间的矛盾对抗和美以“特殊关系”使得中以渐行渐远。从 1956 年的苏伊士运河战争到 20 世纪 70 年代末，以色列被中国贴上了“帝国主义侵略的工具”和“美帝国主义走狗”这样的标签。

1971 年，中美关系解冻，随之带来中以关系的改善。1975 年，由航空工业部与航天工业部联合组成的中国代表团参观法国巴黎航展，中国代表造访了以色列飞机工业公司的展位，和以色列方面进行了首次交流。[①]

随后，中国意识到自身武器装备水平严重落后，必须引进吸收外来技术才能在短时间内缩短与世界先进水平的差距。在中美关系改善的大背景下，长期得到美国技术援助并在军工研发上居于世界先进行列的以色列就成为一个可行的军事技术来源国。

由于长年与阿拉伯国家作战，以色列获取了改进苏联武器的技术和经验。中国装备的基本都是苏式武器，以色列这方面的技术尤其符合中国的需求。因此，从 20 世纪 70 年代开始，中国与以色列进行秘密的军事技术合作，当然，双方都公开否认这种合作的存在。[②]

1979 年夏，经秘密安排，一个以色列军品公司代表团访问北京。尽管这次访问的具体内容没有公开，但之后关于中以军品贸易的消息便不断出现在欧美媒体上。据报道，此后，以色列开始经由第三国向中国出售非致命性装备。第一笔生意是以色列塔迪兰公司向中国出售北约规格的 5 号碱性电池，用于解放军少量进口的北约制式无线电设备。随后，以色列便开始专注于提供中国无法生产的成套武器装备和系统，在 20 世纪 80 年代前半期以陆军领域技术为主，如当时时兴的激光制导炮弹、电子火控系统、

① 李英：《中国与以色列军事合作秘闻》，载《兵工科技》2011 年第 4 期，第 60 页。

② A. Klieman, *Double-Edged Sword: Israel Defense Expots as an Instrument of Foreign Policy*, Tel Aviv, Israel: Am Oved, 1992.

夜视仪、反坦克导弹等。除了军品现货贸易之外，中以两国之间的军事交往还包括了技术支援，包括技术工艺、图纸输出，以及中方派遣学员前往以色列学习和以色列向中国派遣技术人员。据法国《法兰西周刊》报道，在20世纪80年代中期，约有200名以色列顾问在中国工作，协助中国改造升级老旧的苏式火炮、坦克等武器。[①]

20世纪80年代后半期，中以两国军事合作领域更加广泛，特别是在空军领域进行了密切合作。这方面最重要的两项合作，一是引进以色列"怪蛇"-3空空导弹，另一个是获得以色列"狮"式战斗机技术资料。1987年年底，双方就"怪蛇"-3空空导弹达成技术转让协议，合同金额高达1.5亿美元。中国除购买数百枚"怪蛇"-3导弹成品外，还在以色列军事工业公司的帮助下发展了本国新一代空空导弹"霹雳"-8。据英国《空中力量》杂志报道，从1991年开始，中国自主生产的"霹雳"-8导弹交付部队，年产量高达600枚以上。另外，有传言称以色列飞机工业公司向中国提供了早年开发的"狮"式战斗机的部分技术，对中国歼-10战机的研制起到一定作用。[②]

1991年以色列国防部部长阿伦斯访问中国，在两国尚未建交的情况下，以色列国防部部长的访问表明中以军事外交关系的发展已先于两国政治关系的发展。1992年1月21日，以色列外长戴维·利维应邀访问中国。1月24日，中国外长钱其琛与以色列外长利维在北京签署正式文件，宣布两国建立正式外交关系。

随着中以正式建交，双边军事交流与合作走向公开。据美国军控和裁军署估计，以色列在1984年到1994年期间出售给中国的武器总额达到了57亿美元，年均军售额达到5.26亿美元。[③]

但是，随着苏东剧变，中国从美国"准盟友"地位变为美国"对手"，中以两国军事技术合作受到严重影响。1997年，以色列飞机工业公司准备向中国出售性能超过美国E-3A的"费尔康"预警系统，美国不断施压，最终迫使以色列方面取消该项目。在"费尔康事件"后，美国逐步增大了

---

① 李英:《中国与以色列军事合作秘闻》，载《兵工科技》2011年第4期，第61页。

② 李英:《中国与以色列军事合作秘闻》，载《兵工科技》2011年第4期，第61—62页。

③ 李英:《中国与以色列军事合作秘闻》，载《兵工科技》2011年第4期，第62页。

对以压力，要求以色列停止向中国出售一切进攻性武器。2000 年年底，美以联合成立专门负责评估对华军品出口情况的委员会，该委员会破坏了以色列为中国升级“哈比”反雷达无人机的业务。

对中国而言，在美欧对华武器禁运的情况下，以色列是获取西方先进军工产品和技术的重要渠道。对以色列而言，与中国的军工合作也有几重意义：首先，对华军工产品和技术出口，使其获得一个重要的军工产品市场，这对于维持其国防工业的正常运转和发展具有重要价值；其次，对华军售和军工合作是其促进与中国建交并发展中以关系的重要手段；再次，以色列认为与中国的军事合作可以影响中国的中东政策，特别是可以影响中国对中东地区的武器出口政策。[①]

从 1992 年中以关系正常化一直到 2005 年美以《谅解备忘录》的签署这期间，美国对于中以间军事关系的态度是逐渐强硬的。1992 年，围绕着“爱国者”导弹产生第一次冲突。在接下来的几年里，围绕以色列的对华军售美以间爆发了三场更大规模的冲突（1993 年“狮”式战斗机技术，1999 年“费尔康”机载预警系统，2005 年“哈比”无人机系统）。正是 2005 年“哈比”无人机事件，导致了美国对以色列武器出口进行严格监管的《谅解备忘录》出台。

2005 年 8 月 16 日，美以两国签署了一份联合谅解备忘录。备忘录的具体内容保密，据称包含一个两国间的基本协议：保证以色列共享的美国技术不会转让给中国和其他国家。合约实际上是赋予了美国对以色列武器出售的否决权，那些对对华军售感兴趣的以色列军事工业在进入市场谈判，甚至在整个销售之前，必须首先得到美国国防部的许可。对此，“中以学术交流促进协会”（SIGNAL）创始人卡里斯·维特说：“以色列并不害怕中国，是美国害怕中国。以色列认为中国是解决问题的答案，我们也尊重中国的崛起。以色列对于对华军售受限感到很遗憾，我们对于当时未能采取更多措施将矛盾的影响最小化感到抱歉。以色列不害怕道歉，说我们错了。现在虽然以色列能向中国出售什么受到美国的限制，在这个范围

---

① 关于中国向中东国家出售武器的情况，参见 Yitzhak Shichor，“The Chinese Factor in the Middle East Security Equation：An Israeli Perspective”，in Jonathan Goldstein ed.，*China and Israel, 1948－1998*：*A Fifty Year Retrospective*，Westport：Praeger Publishers，pp. 1153－1178。

之内，以色列希望和中国尽可能地分享（技术）。我们也希望这样的双边交流是互惠的，中国在获得以色列先进技术的同时，也会考虑以色列面临的生存和安全问题。”①

第二节　美国因素对中以军事外交关系影响的几个典型案例

中以军事外交的主要内容是以色列对华武器装备和技术出口。美国兰德公司的报告将以色列形容成中国获得西方武器技术的“后门”。根据美中安全评估委员会的报告，以色列是仅次于俄罗斯的中国第二大武器设备供应国，它成了转让尖端军事技术的一个渠道。美国一直怀疑以色列帮助中国升级了很多武器系统，提供了先进军事技术和装备。因此，美国不断加大对以色列的压力，迫使其停止对华出售武器装备和转让军事技术。

以色列首要关注的是自身的生存与安全，而美国是其生存与安全的最大保障。这就使得它在任何时候都不会不顾忌“美国因素”而与中国发展军事外交关系。因此，对于以色列来说，在中以军事外交关系上有两个基本原则：一是以中关系服从于以美关系，二是商业利益服从于安全利益。美国由此成为中以两国军事外交关系中的特殊角色。中美关系好的时候，中以军事外交关系相对就会平稳；中美关系不好的时候，中以军事外交关系就会困难重重。

美以间密切的军事外交关系对于以色列来说是不可或缺的。美国正是运用这一杠杆对中以军事外交关系施加关键性影响。这具体反映在美以之间围绕中以军事技术合作的几次典型冲突中。

第一次是1992年围绕着“爱国者”导弹产生的冲突。《华盛顿周刊》（*Washington Times*）1992年3月12日报道，布什政府一直在调查以色列未经美国允许向中国转让“爱国者”导弹技术的问题。《华尔街期刊》（*Wall Street Journal*）次日报道，国务院总检察长和美国政府情报机构一直都在调

---

① 谢来：《以色列希望与中国靠得更近》，载《国际先驱导报》，转引自参考消息网：http：//ihl. cankaoxiaoxi. com/2011/1103/5175. shtml。

查以色列未经授权向中国等国家转让技术的问题。以色列领导人否认未经允许向他国转让技术，并否认以色列违反了美以关于武器安全和转让的协议。4 月 2 日，国务院宣布，3 月 21 日派往以色列的一个调查小组没有发现以色列向中国转让了“爱国者”导弹技术的证据。但是同一天，总检察长发布的报告称，以色列确实未经美国的适当授权向其他国家转让了其他装备和技术。①

第二次是西方专家认为以色列转让“狮”式战斗机技术。1994 年，以色列被美国公开指责将与“狮”式战斗机有关的技术转让给了中国。当时，美国运行至中国上空的监视卫星发现了几架新式战斗机。美国的影像专家画出了这种战斗机的草图，结果惊奇地发现中国最新的战斗机实际上就是以色列的“狮”式战斗机的翻版。②“狮”式战斗机项目是在美国的压力下于 1987 年被迫取消的。但是，以色列开始为“狮”式战斗机技术寻找市场。2006 年，中国公开展出 J－10 战斗机，据西方航空专家称，它“与‘狮’式战斗机有着令人怀疑的相似”。③ 以色列“转让”“狮”式战斗机技术导致以色列和美国爆发了严重的冲突。美国声称这项交易破坏了美国的战略利益，并违反了美国的法律。

第三次是“费尔康”预警系统交易。1996 年，以色列与中国签订合同，向中国交付一套机载预警、指挥和控制雷达系统［Airborne Early Warning and Command and Control（AEW）radar system］，价值 2.5 亿美元，将装在中国从俄罗斯购买的“伊尔”－76 飞机上。该系统可以在 250 英里（400 公里）范围内同时监控据说多达 200 个目标。第一架飞机交付日期定于 2001 年 10 月。美国抱怨向中国出售“费尔康”将“危害”台湾地区，并在美国“保卫”台湾地区“抵抗”中国大陆时对美国飞机构成“危胁”。同时中国人掌握了“费尔康”就会打破亚洲的军事“平衡”。以色列官员称，他们已于 1996 年就此项交易通知了美国，美国当时并未反对；

---

① Clyde R. Mark, *Israeli-United States Relations* (Updated April 4, 2003), Issue Brief for Congress (Received through the CRS Web), Congressional Research Service ◆The Library of Congress.

② Killgom, A. I., “US Gets Tough on Israeli Arms Sales to China”, *The Washington Report on Middle East Affairs*, August 2005, pp. 34－55.

③ J. Gee, “Phalcon flight over a Last, as Israel agrees to Pay China $ 350 million', *The Washington Report on Middle East Affairs*, 2002, 21 (3), p. 47.

同时“费尔康”只是防御系统（如同美国向沙特出售 AWACS 一样，并未考虑以色列的关切）；再者，即使以色列不出售此系统，其他国家，如英国或法国等，也可能出售“费尔康”给中国；以色列需要从该项交易中获取收入。2000 年，美国以终止对以色列每年高达 20 亿美元的军事援助相威胁，强迫以色列取消向中国出售“费尔康”系统。最终，以色列同意向中国赔付 3. 5 亿美元作为取消交易的赔偿。

第四次为“哈比”无人机事件。从 1999 年起，以色列开始向中国出售“哈比”无人机。2004 年 12 月，以色列应中方要求将这批无人机送返国内进行维修。美方认为这些无人机是被运回以色列进行升级的，要求以方扣押这批武器，以色列刚开始对美国的要求不置可否。此后美国国防部多次表示，美国对以色列向中国出售和转移防卫设备和技术非常关切，并以实施制裁相威胁。在这次制裁中，美国宣布停止以色列空军参与新一代 F－35 战斗机的研制。此外，美国还停止向以色列军队提供“猎杀者”－2 歼击机的配件，以及改进型地面部队伪装系统和夜视仪的技术合作。两国军方间的高层交流也受到了影响，每六个月举行一次的双边军事高层战略研讨会被无限期推迟。

为解决这一危机，美国对以色列提出了三项要求：一是要求以色列提供近年来与中国进行的 60 项军事交易的详细资料；二是严格检查安全设备的监控系统；三是要求以色列与美国签署武器出口备忘录。①

面对美国的强大压力，以色列于 2005 年 6 月决定同意美国的要求，扣押了这批无人机，美国对以色列长达半年的军事制裁才得以解除。6 月 19 日，以色列外长沙洛姆在美国国务卿赖斯访以之际，就向中国军售的问题公开向美国致歉，承认五角大楼有权对以色列向第三方军售的事务予以监管，并表示此后以色列军火出口由华盛顿把关。沙洛姆还表示：“如果我们做了什么美国不能接受的事情，我们很抱歉。不过我们做这些事情是完全无意伤害美国的。”②

① 许德斌、陶斌：《道路坎坷的中以军事交流合作之路》，载《军事文摘》2006 年第 7 期，第 34 页。

② 《美国要求以色列提供近几年对华军售详情》，中国网，2005 年 6 月 28 日，http：//www. china－com. cn/chinese/news/900768. htm。

不久，以色列与美国签署了一项武器出口备忘录，规定以色列向第三方转让敏感武器时必须事先同美国政府协商。该备忘录实际上给予美国对以色列军火出口的否决权。除该备忘录之外，以色列还向美国保证，将加强对军火出口的监控，引入新的监督机制和条例，加强对违规出口军火行动的执法力度和惩罚力度。2007 年 7 月 17 日，以色列议会通过《防务出口控制法案》。根据此法，国防部内将设立一个新的机构以监管防务出口，并首次规定外交部参与监管过程。①

此后，以色列禁止本国公司向中国出售任何可能导致它与华盛顿关系恶化的高科技军事装备。不过，尽管有这样的禁令，以色列和中国的军事关系还是取得了很大进展。埃胡德·巴拉克 2011 年 6 月访问了中国，这是以色列国防部长 10 年来首次访华。中国人民解放军总参谋长陈炳德两个月后到访以色列，成为第一位访问以色列国防军位于特拉维夫总部的中国军方将领。

2011 年中以军事官员较为频繁的互访使观察家们相信，双方都在试图慢慢扩展双方之间的关系。中国已经成为以色列的主要贸易伙伴，是以色列商品的第二大市场②。分析人员认为："从军事上说，中国不仅对原创技术感兴趣，而且对更为广泛的知识感兴趣。拥有广泛战斗经验的以色列，被中国认为是一个权威的（作战经验）来源……至于军事技术转让，从其政治经验和政治耐心出发，中国认为现在的出口限制总有一天会被解除，因此会继续在不同场合提出这一问题。"③

第三节　对中、美、以军事外交关系的思考

中国可以从美以军事外交关系中获得诸多启示，借鉴美以在军事外交

---

① CRS Report for Congress7 - 5700: Jeremy M. Sharp, *U. S. Foreign Aid to Israel*, March 12, 2012.

② 《2011 年中以双边贸易情况》，中华人民共和国驻以色列经商处，2015 年 5 月 26 日，http://il.mofcon/gov.cn/article/zxhz/201505/20150500985618.shtml。

③ CRS Report for Congress7 - 5700: Jeremy M. Sharp, *U. S. Foreign Aid to Israel*, March 12, 2012, pp. 18 - 19.

上的做法，运筹好对美军事外交，积极发展中以军事外交，从而获得有利的战略环境，并增强自己的国防力量。

一、运筹对美军事外交

美国是影响中国社会发展与稳定、影响中国实现国家统一、牵制中国崛起的最大外部因素。正如学者叶自成所说，“美国是现在唯一与中国具有战略性矛盾的国家，也是唯一有能力对中国发动大规模战争因而对中国国家安全构成威胁的国家，再加上美国国内也有一部分顽固反华并且对美国对外政策具有较强影响力的人，因此美国也是唯一一个既有意愿也有能力遏制中国成长的国家；美国对华战略与中国对美战略如何制定，将决定中国以什么方式、在多长时间、能不能实现中华民族伟大复兴和成为世界大国。”①

当前，美国虽然面临诸多困难，但不论是从经济、科技、文化，还是从军事方面看，仍然是独步天下的超级大国。美国追求的外交战略目标除了维护其安全利益、经济利益之外，还有维护自身处于主导地位的世界秩序的目标，任何有可能挑战其领导地位的新兴国家都是美国遏制和打压的对象。随着中国经济的快速发展和综合实力的提升，中美之间的这种结构性矛盾将继续发展。

在美国一超地位仍将持续且对中国战略压力增大的大背景下，如何运筹对美军事外交，促进中美关系的稳定发展，对于中国的和平崛起具有重要意义。

（一）寻求共同点，减轻美对华疑虑

以色列建国之初，美国对其也充满疑虑，但在本—古里安的一再努力下，最终说服美国，以色列执行的是“亲美路线”，更为重要的是以色列一再证明自己对美国是有价值的。

中美在战略上是对手，价值观相左，但并非没有共同利益。例如，双

① 叶自成：《中国迈向世界大国之路》，载《国际政治研究》2003 年第 3 期，第 81 页。

方可以在维护二战后的国际秩序、全球治理等方面找到共同点。

当前，国际社会面临诸多共同挑战，如恐怖主义、防扩散问题、气候变暖问题、环境问题、能源资源安全、传染性疾病问题，等等。“面对复杂的形势和严峻的局面，任何一个国家都无法置身事外，也难以独力应对。”① 中美在这些攸关共同安全的问题上存在共识，双方可以就此加强相互间的合作与支持。

特别是防扩散和反恐问题上，中美合作空间非常大。冷战后，防止大规模杀伤性武器扩散是美国外交战略目标之一。所以，美国军方主张同中国军方进行接触和交流，希望在军备控制和反扩散方面取得中国的合作。“9·11”事件之后，反恐也成为美国全球范围内的重要战略任务。为了在全球范围内有效地打击恐怖主义，美国也需要中国的支持。近年来，中国面临的恐怖主义威胁也有大幅度增长。可以说，在反恐问题上，中美利益相同，互有需求。

二战期间，中美是盟国，美国给予中国的抗日战争以大力援助。同时，中国战场对二战的胜利也发挥了重要作用。维护二战之后的国际秩序也是中美共同利益。尤其在日本日益右倾，企图否定战后国际秩序的情况下，中美加强这一方面的合作具有重要的现实意义。

（二）充分利用旅美华人华侨对美国外交决策施加影响

通过分析美以军事外交关系的动因，可以发现，以色列非常积极、聪明，也非常有效地动员了美国犹太人，而经过充分调动并组织起来的美国犹太人在美国的外交政策尤其是中东政策的制定上发挥着举足轻重的作用，极大地维护和促进了以色列的利益。美国华人族群也非常庞大，我们可以借鉴以色列的某些做法，发动华人华侨的力量，为中美关系的发展做出努力。

中国人移民美国的历史可以追溯到19世纪40年代。1848年加利福尼亚州发现了金矿，中国广东一带的百姓远赴海外谋生。此后，美国华侨华人日益壮大。今天，华侨华人已经成为美国社会中一个不容忽视的群体。

---

① 《深化非传统安全领域的务实合作 积极维护人类的共同安全》，中国军事科学学会会长、军事科学院院长刘成军2008年10月24日在第二届“香山论坛”上的演讲。

美国华人全国委员会与马里兰大学美籍亚裔中心2010年2月10日联合发布的“2011年美国华裔人口动态研究报告”显示，截至2009年，美国华裔人口达到363.9万，占美国总人口的1.2%。报告指出，华裔人口在10年后可能超越犹太裔成为美国第三大少数族裔，华裔在政坛的影响力也会随之越来越大。如此庞大而且与故土保持着某种联系的华侨华人群体，在中美关系的发展过程中发挥了重要作用，成为中美关系的润滑剂和助推器。①

更为有利的是，华人在美国的影响力呈日益上升态势。2000年美国人口普查显示，46.3%的美国华人拥有学士及以上学位，而美国白人拥有学士及以上学位的仅约为26.1%。华人中从事专门及科技类职业的比例在1980年为30%。尤其值得一提的是，有不少从事各类专门、科技和文教工作的华人学者、专家、科学家和工程师成就突出，已成为美国科学研究和文化教育领域中的重要力量，有多位华人获得诺贝尔奖。据1989年美国统计资料显示，全美大约十二三万的第一流科学家和技术专家中，华人占2万余人。美国《洛杉矶时报》1999年10月18日刊登了该报撰稿人埃弗兰·伊里塔尼撰写的一篇文章——《硅谷：中国的科技精英引起怀疑》。从标题可看出，作者还未摆脱冷战思维，但文中对华人科技人才在硅谷的卓越成就给予了高度的评价，文章指出：“华人控制的硅谷公司有2008家，占硅谷公司的五分之一。”②

我们可以借鉴以色列的某些做法，高度重视并充分而适当地运用旅美华人华侨这一资源，使其在中美关系的发展中发挥出更大作用。

首先，可以通过旅美华人华侨开展对美公共外交。旅美华人华侨了解美国文化和社会，能够更好地与美国普通民众进行沟通交流，通过他们能够更好地宣传中国，从而影响美国的公众舆论和公众态度。

其次，支持美国华人创办新闻媒体。近年来，美国华文媒体呈繁荣发展的态势。美国目前有华文日报七家，即《世界日报》《星岛日报》《侨

---

① 娄亚萍：《美国华侨华人与中国对美公共外交：作用机制与政策思路》，载《美国问题研究》2011年第2期，第73页。

② 李爱慧：《透视当代美国华人的社会经济地位》，载《东南亚研究》2005年第4期，第76—77页。

报》《明报》《旧金山时报》《国际日报》和《自由时报》，还有许多免费派送的周报，估计有40—50家，如《美洲时报》等。近年来，华语卫星电视、华文互联网站迅速拓展。华文媒体不仅满足不同口味的华裔观众的需求，更为美国的英语、西班牙语和法语观众打开了一扇了解中国的窗口。① 我们不仅要鼓励和支持华人创办中文媒体，还要支持创办英文，乃至其他语种的媒体，扩大在美国民众中的影响，从而影响舆论和民意。

再次，支持建立华人华侨团体，形成具有影响力的院外集团，对美国的政策施加直接影响。目前，这一方面已经有了一些可圈可点的成就。成立于1990年的百人会（Committee of 100）是美国的一个华人精英组织，目前有会员140人左右，由在美国社会中有影响力与知名度的华裔组成。其宗旨是：旅美华人能在美国立足生根做贡献；增进中美邦交；改善两岸关系。该组织是美国最有影响力的华人组织之一，每年的年会都会邀请美国政、商界的重要人士参加。每逢中美之间发生重要事件，百人会都迅速作出反应，也产生了积极的影响。例如，1998年春，美国不少人反对克林顿总统访华，百人会立即发表题为《求同存异——对华政策致胜之途》的白皮书。1999年李文和事件让每一个华人心痛，百人会集合数十个亚裔团体，为不公平的处理方式提出严正质疑，以具体行动要求对华裔进行公平对待。它不但为李文和进行保释募捐，而且理直气壮地对美国司法部门在审理李文和事件中不合法的审理程序提出质疑，使李文和案件最后向着有利的方向发展。②

当然，现在美国华人的影响力总体与美国犹太人的影响力还有很大差距，以色列利用美国犹太人影响美国政治及对外政策的某些手段我们也难以运用。但是，我们可以利用现在比较不错的基础，从上述几个方面开展工作，坚持下去，必有成效。

（三）以军事外交促进整体外交

军事外交是国家总体外交中的重要组成部分，是“维系和发展双边军

① 娄亚萍：《美国华侨华人与中国对美公共外交：作用机制与政策思路》，载《美国问题研究》2011年第2期，第79页。

② 娄亚萍：《美国华侨华人与中国对美公共外交：作用机制与政策思路》，载《美国问题研究》2011年第2期，第77—78页。

事与安全关系的重要纽带”。① 美以间密切的军事外交关系，既是双方“特殊关系”的重要体现，同时也对双方的总体外交关系起着重要的稳定和促进作用。从中以两国关系的发展中也可以看出，中以之间的军事外交关系的发展先于两国的政治关系发展。以色列更是通过军火销售、军事援助等军事外交手段打开了与很多国家之间的外交关系之门。

在发展与美国的关系时，我们应更加重视军事外交对两国关系的稳定和促进作用。显而易见，中美两国关系遇到严重困难的时候，首先受到伤害的必定是两国军事关系，而在两国关系发展比较顺利的时候，军事关系发展就相对顺利。如果反向来看，如果中美军事关系发展良好，那么肯定会对整体关系起到稳定和巩固作用。

二、大力推进对以军事外交

在美国的掣肘下，中以军事外交当前仍存在较大困难。但是，我们应该看到，美国对以色列的影响不是绝对的，以色列出于自身利益考虑，有发展对华军事外交的积极性。我们可以因势而为，积极推动，中以军事外交的前景还是非常广阔的。

（一）继续大力引进以色列军工技术，发展中国国防工业

近年来，中国军工技术获得突飞猛进的发展，但是也应该清醒地看到，中国与美国等西方国家在军事技术上的差距仍然非常巨大。如何实现跨越式发展，缩短差距，是中国和平发展过程中必须解决的重大问题之一。

与此同时，美国将中国视为战略对手，纠集其他一些西方国家，对中国实行装备和技术封锁。虽然美国对以色列向中国提供武器装备技术横加阻挠，但是，由于中以之间长期形成的军工合作关系的良好基础，同时还由于以色列对美国并非完全听命，所以我们仍有可操作的空间，继续加大对以军事外交工作，引进并消化吸收以色列先进的军工技术，为中国国防

① 储永正等：《军事外交学》，国防大学出版社，2015 年版，第 117 页。

现代化服务。

例如，由于“哈比”无人机事件导致的中以军事外交关系一度停滞，但是这种状况并没有持续太久。2010 年，以色列国防军一些将领对中国进行了访问，其中包括本土守备司令部和军事情报局的负责人。2011 年 5 月 25 日，中国人民解放军海军司令员吴胜利访问以色列，会晤了巴拉克和海军司令埃利泽·马罗姆。2011 年 8 月 14 日，中国中央军委委员、总参谋长陈炳德上将应邀访问以色列，拜会了以色列副总理兼国防部长巴拉克，并与以色列国防军总参谋长甘茨中将举行了会谈。双方均认为中以两国的合作前景非常美好。甘茨表示，“陈炳德此访是中国人民解放军总参谋长首次访问以色列，对促进两国两军关系具有重要意义。以方希望与中方共同努力，促进两军交流合作的新发展。”陈炳德表示，“双边友好合作不断深入，这不仅符合两国人民的利益，也有利于地区的和平与稳定。中国军队愿与以方共同努力，把两军友好关系提高到一个新水平。”① 此次陈炳德总参谋长访问以色列，标志着中以两国军事关系上的回暖，对于中国打破美国技术贸易封锁、拓展两军国际交流空间有着重要意义。美国《赫芬顿邮报》报道称，此次访问本身意义重大：标志着在美国全球影响力衰退和中东持续动荡之际，中国宣告“我们来了”。②

（二）利用以色列这一桥梁，影响中美关系

由于以色列通过美国犹太人对美国政府发挥着重要影响力。我们可以凭借与以色列的友好关系，进而通过以色列对美国的相关政策施加影响。在这一方面，对华友好的以色列人士也持相同看法。“中以学术交流促进协会”（SIGNAL）创始人卡里斯·维特在接受《国际先驱导报》记者访谈时称：“我们也知道过去半个世纪中国和阿拉伯世界的关系很好，和美国的关系则并非一帆风顺。以色列则正好相反。这使得我们可以互补。犹太人在美国的力量强大，而且以色列对美国而言十分重要，我们可以帮助他们了解中国。反过来因为你们得到了阿拉伯世界的信任，有很多相关的论

① 新华社特拉维夫 2011 年 8 月 14 日电，http://news.cntv.cn/20110816/102897.shtml。

② 《外媒总结陈炳德访以意义：以方借此“突破重围”》，载《环球时报》2011 年 8 月 17 日。

坛，你们可以让阿拉伯世界知道真实的以色列。”①

三、运筹军事外交，促进中国国家利益

从美以军事外交关系可以看出军事外交对于促进国家利益的重要作用。作为全球新兴大国，我们尤其可以从现存大国——美国那里获取有益经验，充分运筹军事外交，服务于对外战略，促进中国国家利益。

（一）充分运用军事援助这个杠杆，影响中国军事援助对象国的政策

向广大第三世界国家提供军事援助是中国一贯的政策。但是，与美国等国家的对外军事援助政策不同，我们一般不以军事援助为杠杆向受援国施加压力，影响其政策。而且，中国的军事援助政策受传统文化中的“义”的思想影响较大，往往只是展现中国的无私和讲义气，较少从能否实现自身的对外政策目标来考虑，有时甚至不顾自身的国力，毫无限度地向其他国家提供远远超过自身负荷的军事援助。这在20世纪70年代以前尤其如此。20世纪70年代末，中国实行改革开放，总体对外援助政策有所改变，对外军事援助也随之变化。首先是量力而行，再也不能不顾自身承受能力，为“义”而义，牺牲自己，援助他人。其次是根据具体对象具体情况，合理安排无偿援助和军事贷款的比率。总体来说，援助方式中的无偿援助大幅下降，军事贷款形式的援助大幅增加。再次是意识形态因素不再是主要考虑因素。

虽然如此，中国的军事援助政策还是囿于“不附加任何条件的援助”的限制，不能公开利用军事援助作为政策杠杆为对外政策服务。在中国已崛起为全球性影响的大国之时，我们可以从一定程度上学习美国的对外军事援助政策，应该光明正大地将对外军事援助作为推行外交政策的工具。

习近平主席在2014年11月28—29日召开的中央外事工作会议上指出，“要切实落实好正确义利观，做好对外援助工作，真正做到弘义

---

① 谢来：《以色列希望与中国靠得更近》，载《国际先驱导报》，转引自参考消息网：http：//ihl. cankaoxiaoxi. com/2011/1103/5175. shtml。

融利。”[①] 怎样弘义融利？以军事援助为杠杆，影响受援国的政策，为中国的对外战略服务，这是兼顾他人利益和自我利益的重要选项之一。

（二）充分发展与战略支点国家的军事外交关系，为中国战略利益服务

美国实行的是“地区代理人”方式来为其全球和地区战略服务。以色列就是美国选取的自己在中东地区的“代理人”。同样，欧洲的英国、德国等北约成员国，亚洲的日本、韩国、新加坡，大洋洲的澳大利亚，非洲的埃及等都充当了这种角色，美国与这些国家都存在相当密切的军事外交关系，向它们供了大量先进的武器装备，确立了美国在欧洲、东亚、中东等地区事务的主导权。

随着中国的发展，中国的国家利益不断向全世界拓展，需要与一些战略支点国家加强关系，从而依靠这些战略支点国家，维护中国不断拓展的利益。目前来说，中国的战略支点国家有巴基斯坦、缅甸、柬埔寨、吉布提等国。中国要将对这些国家的军事援助维持在一个较高水平，并许以适当的安全承诺，使这些战略支点国家真正成为中国战略利益的可靠支撑。

（三）拓展军事外交形式，建立更为合理的军事外交机制，提升军事合作内涵

美以之间密切的军事外交关系的一个重要体现就是双方签订了多个《战略合作谅解备忘录》，在从战略到战术，从军事训练到作战行动，从军工生产到技术合作等各层次、各领域都建立了合作机制。同时，其军事外交的形式丰富多样，有军事援助，也有战略磋商；有联演联训，也有情报合作；有军事交流，也有军工合作；等等，这对于提升双方军事外交内涵具有重要意义。

当前，中国的军事外交形式还比较单一，尤其是具有提升军事合作内涵的实质性军事外交形式还较少。除了军事援助、军事访问、联合军事演

---

① 《中央外事工作会议在京举行》，载《人民日报》2014 年 11 月 30 日，第 1 版。

习外，应考虑增加更具有实质性意义的军事外交形式。同时，应考虑与一些与中国的关系达到一定水平的战略支点国家探讨建立各层次各类型的制度化合作机制，如战略磋商、情报合作、反恐合作等，就两国面临的共同威胁、两国关心的全球和地区议题等方面进行深度协商与合作。

附　录

表1　美国对以色列的援助：1949—1996年　（单位：百万美元）

年份	总额	军事贷款	军事赠款	经济贷款	经济赠款	FFP 贷款	FFP 赠款
1949	100.0	—	—	—	—	—	—
1950	—	—	—	—	—	—	—
1951	35.1	—	—	—	0.1	—	—
1952	86.4	—	—	—	63.7	—	22.7
1953	73.6	—	—	—	73.6	—	a
1954	74.7	—	—	—	54.0	—	20.7
1955	52.7	—	—	20.0	21.5	10.8	0.4
1956	50.8	—	—	10.0	14.0	25.2	1.6
1957	40.9	—	—	10.0	16.8	11.8	2.3
1958	85.4	—	—	15.0	9.0	34.9	2.3
1959	53.3	0.4	—	10.0	9.2	29.0	1.7
1960	56.2	0.5	—	15.0	8.9	26.8	4.5
1961	77.9	a	—	16.0	8.5	13.8	9.8
1962	93.4	13.2	—	45.0	0.4	18.5	6.8
1963	87.9	13.3	—	45.0	—	12.4	6.0
1964	37.0	—	—	20.0	—	12.2	4.8
1965	65.1	12.9	—	20.0	—	23.9	4.9
1966	126.8	90.0	—	10.0	—	25.9	0.9
1967	23.7	7.0	—	5.5	—	—	0.6
1968	106.5	25.0	—	—	—	51.3	0.5
1969	160.3	85.0	—	—	—	36.1	0.6
1970	93.6	30.0	—	—	—	40.7	0.4

续表

年份	总额	军事贷款	军事赠款	经济贷款	经济赠款	FFP 贷款	FFP 赠款
1971	634.3	545.0	—	—	—	55.5	0.3
1972	430.9	300.0	—	—	50.0	53.8	0.4
1973	492.8	307.5	—	—	50.0	59.4	0.4
1974	2621.3	982.7	1500.0	—	50.0	—	1.5
1975	778.0	200.0	100.0	—	344.5	8.6	—
1976	2337.7	750.0	750.0	225.0	475.0	14.4	a
TQ	292.5	100.0	100.0	25.0	50.0	3.6	—
1977	1762.5	500.0	500.0	245.0	490.0	7.0	—
1978	1822.6	500.0	500.0	260.0	525.0	6.8	—
1979	4888.0	2700.0	1300.0	260.0	525.0	5.1	—
1980	2121.0	500.0	500.0	260.0	525.0	1.0	—
1981	2413.4	900.0	500.0	—	764.0	—	—
1982	2250.5	850.0	550.0	—	806.0	—	—
1983	2505.6	950.0	750.0	—	785.0	—	—
1984	2631.6	850.0	850.0	—	910.0	—	—
1985	3376.7	—	1400.0	—	1950.0	—	
1986	3663.5	—	1722.6	—	1898.4	—	—
1987	3040.2	—	1800.0	—	1200.0	—	—
1988	3043.4	—	1800.0	—	1200.0	—	—
1989	3045.6	—	1800.0	—	1200.0	—	—
1990	3034.9	—	1792.3	—	1194.8	—	—
1991	3712.3	—	1800.0	—	1850.0	—	—
1992	3100.0	—	1800.0	—	1200.0	—	—
1993	3103.4	—	1800.0	—	1200.0	—	—
1994	3097.2	—	1800.0	—	1200.0	—	—
1995	3102.4	—	1800.0	—	1200.0	—	—
1996	3144.0	—	1800.0	—	1200.0	—	—
Total	68030.9	11212.5	29014.9	1516.5	23122.4	588.5	94.1

注释："a"：少于5万美元，"—"：无，"NA"：无法获得数据（Not Available），"TQ"：预算年度变更时的衔接期（transition quarter），美国财政年度从6月到9月。"FFP"：食品换和平（Food for Peace）。

援助指的是在对外援助类目下的援助。某些特别资助不包括在内，如为"箭"式反导系统的研发提供的1.8亿美元，为安置苏联前往以色列的犹太人而提供的79亿贷款担保等。

来源：CRS Report for Congress7 – 5700：Jeremy M. Sharp，*U. S. Foreign Aid to Israel*，March 12，2012。

表 2　美国对以援助（1977—2013 年）　　（单位：百万美元）

财年	总额	无偿军事援助	无偿经济援助	移民安置援助	ASHA	其他
1949—1996	68030. 9	29014. 9	23122. 4	868. 9	121. 4	14903. 3
1997	3132. 1	1800. 0	1200. 0	80. 0	2. 1	50. 0
1998	3080. 0	1800. 0	1200. 0	80. 0	—	—
1999	3010. 0	1860. 0	1080. 0	70. 0	—	—
2000	4131. 85	3120. 0	949. 1	60. 0	2. 75	—
2001	2876. 05	1975. 6	838. 2	60. 0	2. 25	—
2002	2850. 65	2040. 0	720. 0	60. 0	2. 65	28. 0
2003	3745. 15	3086. 4	596. 1	59. 6	3. 05	—
2004	2687. 25	2147. 3	477. 2	49. 7	3. 15	9. 9
2005	2612. 15	2202. 2	357. 0	50. 0	2. 95	—
2006	2534. 5	2257. 0	237. 0	40. 0	—	0. 5
2007	2503. 15	2340. 0	120. 0	40. 0	2. 95	0. 2
2008	2423. 9	2380. 0	0	40. 0	3. 90	0
2009	2583. 9	2550. 0	0	30. 0	3. 90	0
2010	2803. 8	2775. 0	0	25. 0	3. 80	0
2011	3029. 22	30000. 0	0	25. 0	4. 225	0
2012	3095. 0	3075. 0	0	20. 0	—	0
2013	3115. 0	3100. 0	0	15. 0	—	0
总额	115129. 57	67423. 4	30897. 0	1658. 2	159. 075	14991. 9

注：2000 财年 ESF 专项拨款为 9. 6 亿美元，但最后减少了 0. 38%。2000 财年军事赠款包括为执行《怀伊协议》的 12 亿美元，以及 19. 2 亿美元的年度军事援助。2003 财年最终数额减少了 0. 65%，2004 财年最终数额减少了 0. 59%。

FMF：Foreign Military Financing 对外军事资助。

ESF：Economic Support Fund 经济支持基金。

来源：CRS Report for Congress7 – 5700：Jeremy M. Sharp，*U. S. Foreign Aid to Israel*，March 12，2012。

参考文献

一、中文书籍

1. 樊吉社、张帆著:《美国军事:冷战后的战略调整》,社会科学文献出版社,2011 年版。
2. 李伟建等著:《以色列与美国关系研究》,时事出版社,2006 年版。
3. 赵伟明著:《中东问题与美国中东政策》,时事出版社,2006 年版。
4. 尹常敬主编:《中东问题 100 年(1897—1997)》,新华出版社 1999 年版。
5. 徐向群、宫少朋著:《中东和谈史:1913—1995》,中国社会科学出版社,1998 年版。
6. 彭树智主编:《中东国家和中东问题》,河南大学出版社,1991 年版。
7. 杨曼苏主编:《以色列——谜一般的国家》,世界知识出版社,1992 年版。
8. 陈效卫著:《美国联盟战略研究》,国防大学出版社,2002 年版。
9. 汪伟民著:《联盟理论与美国的联盟战略:以美日、美韩联盟研究为例》,世界知识出版社,2007 年版。
10. 孙德刚著:《多元平衡与“准联盟”理论研究》,时事出版社,2007 年版。
11. 雷钰等编著:《以色列》,社会科学文献出版社,2011 年版。
12. 殷罡主编:《阿以冲突——问题与出路》,国际文化出版公司,2002 年版。
13. 王道伟、陆惠烨编著:《国防建设:生存发展的安全保障》,蓝天出版社,2011 年版。

14. 徐以骅主编：《宗教与美国社会——多元一体的美国宗教》，时事出版社，2004 年版。
15. 肖家虹主编：《国际谍报工作概况》，解放军出版社，2007 年版。
16. 高祖贵著：《冷战后美国的中东政策》，中共中央党校出版社，2001 年版。
17. 李霖著：《国际军火贸易》，解放军出版社，1998 年版。
18. 赵伟明著：《以色列与美国关系研究》，时事出版社，2006 年版。
19. 顾德欣主编：《中国军事百科全书—国际军事关系》（学科分册 II，第二版），中国大百科全书出版社，2007 年版。
20. 钟冬编：《中东问题八十年》，新华出版社，1984 年版。
21. 尹常敬主编：《中东问题 100 年（1897—1997）》，新华出版社，1999 年版。
22. 赵国忠等著：《八十年代中东内幕》，浙江人民出版社，1989 年版。
23. 资中筠主编：《战后美国外交史（下）》，世界知识出版社，1994 年版。
24. 王玮、戴超武著：《美国外交思想史 1775—2005》，人民出版社，2007 年版。
25. 沈威力著：《中东枭雄——以色列》，时事出版社，1997 年版。
26. 徐向群、余崇健主编：《第三圣殿——以色列的崛起》，上海远东出版社，1995 年版。
27. 潘光、汪舒明、罗爱玲主编：《犹太人在美国：一个成功族群的发展和影响》，时事出版社，2010 年版。
28. 尹崇敬主编：《中东问题 100 年》，新华出版社，1998 年版。
29. 张士智、赵慧杰：《美国中东关系史》，中国社会科学出版社，1993 年版。
30. 储永正等著：《军事外交学》，国防大学出版社，2015 年版。

二、中文译著

1.【英】诺亚·卢卡斯著，杜先菊、彭艳译：《以色列现代史》，商务印书馆，1997 年版。

2. 【美】纳达夫·萨弗兰著:《以色列的历史和概况(上)》，北京人民出版社，1973 年版。
3. 【美】纳达夫·萨弗兰著:《以色列的历史和概况(下)》，北京人民出版社，1973 年版。
4. 【美】乔治·F. 凯南著:《当前美国对外政策的现实——危险的阴云》，商务印书馆，1980 年版。
5. 【美】劳伦斯·迈耶著，钱乃复等译:《今日以色列》，新华出版社，1987 年版。
6. 【美】斯蒂芬·沃尔特著，周丕启译:《联盟的起源》，北京大学出版社，2007 年版。
7. 【美】汉斯·摩根索著:《国家间政治——权力斗争与和平》第七版，北京大学出版社，2006 年版。
8. 【美】爱德华·卢特瓦克、丹·霍洛维茨著，庞祖戟译:《以色列国防军》，黎明文化事业公司，1978 年版。
9. 【英】迪利普·希罗著:《中东内幕》，天津人民出版社，1988 年版。
10. 【美】丹·拉维夫、【以】约希·梅尔曼著:《每个间谍都是王子——以色列情报全史》，中国社会科学出版社，1992 年版
11. 【美】斯图尔特·史蒂文著:《以色列间谍大师》，群众出版社，1986 年版。
12. 【美】保罗·芬德利著:《美国亲以色列势力内幕》，中国对外翻译出版公司，1990 年版。
13. 【以】哈伊姆·格瓦蒂著，何大明译:《以色列移民与开发百年史(1880—1980)》，中国社会科学出版社，1996 年版。
14. 【美】兹比格纽·布热津斯基著:《大棋局——美国的首要地位及其地缘战略》，上海人民出版社，1998 年版。
15. 【瑞典】斯德哥尔摩国际和平研究所，中国军控与裁军协会译:《SIPRI 年鉴 2002:军备、裁军和国际安全》，世界知识出版社，2003 年版。
16. 【瑞典】斯德哥尔摩国际和平研究所，中国军控与裁军协会译:《SIPRI 年鉴 1999:军备、裁军和国际安全》，世界知识出版社，2000

年版。

17. 【美】罗纳德·里根著，萨本望等译：《里根回忆录》，中国工人出版社，1991 年版。

18. 【日】田上四郎著，军事科学院外国军事研究部译：《中东战争全史》，解放军出版社，1985 年版。

19. 【美】艾森豪威尔著：《艾森豪威尔回忆录》（四），东方出版社，2007 年版。

20. 【美】艾森豪威尔著：《艾森豪威尔回忆录》（三），东方出版社，2007 年版。

21. 【美】哈里·杜鲁门著：《杜鲁门回忆录（下卷）》，东方出版社，2007 年版。

22. 【美】约翰·J. 米尔斯海默、斯蒂芬·M. 沃尔特著，王传兴译：《以色列游说集团与美国对外政策》，上海人民出版社，2009 年版。

23. 【美】斯皮克曼著，林爽喆译：《边缘地带论》，北京：石油工业出版社，2014 年版。

24. 【美】斯蒂芬·沃尔特著，周丕启译：《联盟的起源》，北京大学出版社，2007 年版。

25. 【以】米迦勒·巴尔—祖海尔著，刘瑞祥、杨兆文等译：《本—古里安传》，中国社会科学出版社，1994 年版。

26. 【日】田上四郎著，军事科学院外国军事研究部译：《中东战争全史》，解放军出版社，1985 年版。

27. 【美】乔恩·金奇、【美】戴维·金奇著：《中东战争（上）》，上海译文出版社，1979 年版。

28. 【英】理查德·艾伦著，艾玮生等译：《阿拉伯—以色列冲突的背景和前途：帝国主义和民族主义在肥沃的新月地带》，商务印书馆，1981 年版。

29. 【法】雅克·德罗日、埃西·卡尔梅尔著，孙昆山等译：《以色列秘史 1917—1977》，群众出版社，1988 年版。

三、中文论文

1. 储永正：《美以结盟性军事外交关系》，载《解放军国际关系学院学报》2010 年第 2 期。
2. 王乔保、储永正：《军事外交功能分析》，载《军队外事工作》2009 年第 2 期。
3. 娄亚萍：《美国华侨华人与中国对美公共外交：作用机制与政策思路》，载《美国问题研究》2011 年第 2 期。
4. 李爱慧：《透视当代美国华人的社会经济地位》，载《东南亚研究》2005 年第 4 期。
5. 叶自成：《中国迈向世界大国之路》，载《国际政治研究》2003 年第 3 期。
6. 许德斌、陶斌：《道路坎坷的中以军事交流合作之路》，载《军事文摘》2006 年第 7 期。
7. 李英：《中国与以色列军事合作秘闻》，载《兵工科技》2011 年第 4 期。
8. 郑治仁：《核武器的过去、现在与未来》，载《兵器知识》2001 年第 11 期。
9. 仝品生：《浅析美国对中东的援助及其影响》，载《西亚北非》2011 年第 2 期。
10. 李雪莲、魏民：《美国国债危机与解决前景》，载《国际问题研究》2011 年第 5 期。
11. 陶文钊：《2011 年美国外交面临的挑战》，载《和平与发展》2012 年第 1 期。
12. 杨曼苏：《以色列主宰美国?》，载《世界知识》2002 年第 8 期。
13. 姚匡乙：《美国中东政策的调整和困境》，载《国际问题研究》2014 年第 1 期。
14. 张业亮、王石山：《奥巴马政府中东政策走向》，载《现代国际关系》，2011 年第 5 期。
15. 牛新春：《中东北非动荡凸显美国对中东政策的内在矛盾》，载《现代国际关系》2011 年第 3 期。
16. 伍珊：《试论美以军事合作关系中的非对称性》，载《解放军国际关系学院学报》2013 年第 1 期。
17. 刘晓馨：《世界主要国家激光武器发展综述》，《外军信息战》2008 年第 5 期。
18. 章雅平：《美国和以色列联合研制“鹦鹉螺”战术高能激光反导武器》，载《现代兵器》1996 年 8 月。
19. 王永寿：《以色列的战区导弹防御计划》，载《现代防御技术》1999 年第 3 期。
20. 阿隆·本·大卫原著，倪海宁编译：《盘点以色列的国防工业》，载《国际展望》2006 年 5 月。
21. 唐保东：《强兵富国的以色列国防工业》，载《现代军事》1999 年 6 月。
22. 雷炎：《美建“战略军火库”帮以军备战》，载《亚洲防务研究》2010 年第 25 期。
23. 朱竟成：《雄视中东的以色列空军》，载《国防科技》2006 年第 8 期。
24. 陈双庆：《美国犹太人对美国中东政策的影响》，载《现代国际关系》2002 年第 6 期。
25. 王小敏：《移民与美国政治——以美国犹太人为中心的考察》，载《法制与社会》2007 年第 11 期。
26. 杨曼苏：《以色列主宰美国》，载《国际政治》2002 年第 4 期。
27. 王京烈：《整体考察美国的中东政策（上）》，载《阿拉伯世界研究》2007 年第 5 期。
28. 顾正龙：《美中东新政遭遇以色列屏障》，载《瞭望周刊》2011 年第 22 期。
29. 唐志强：《美以“父子关系”缘何出现裂痕》，载《大众日报》2010 年 3 月 28 日。
30. 陶文钊：《布什政府的中东政策研究》，《美国研究》2008 年第 4 期。
31. 刘卿、翟东升：《以色列国防工业发展的策略选择》，载《西亚非洲》2004 年第 1 期。

32. 万光：《克林顿上台后的美以关系》，载《西亚非洲》1993 年第 4 期。

33. 钮菊生：《试析美以特殊关系及其原因》，载《解放军外语学院学报》1997 年第 6 期。

34. 白玉广：《美国对以色列的政策及美以关系的发展：1948—1958》，载《世界历史》2000 年第 2 期。

四、英文书籍

1. Aaron S. Klieman, *Israel in American Middle East Policy*, New York: Garland Pub, 1991.

2. Asaf Hussain, *The United States and Israel: Politics of a Special Relationship*, Islamabad: the Area Study Centre, Quidid-I-Azam University, 1991.

3. Cheryl A. Rubenberg, *Israel and the American National Interest: A Critical Examination*, Urbana and Chicago: University of Illinois Press, 1986.

4. Camille Mansour, *Beyond Alliance: Israel in U. S. Foreign Policy*, New York: Columbia University Press, 1994.

5. Jonathan Goldstein ed., *China and Israel, 1948 – 1998: A Fifty Year Retrospective*, Westport: Praeger Publishers, 1999.

6. Seymour M. Hersh, *The Samson Option: Israel Nuclear Arsenal and American Foreign Policy*, New York: Random House, 1991.

7. Michael Karpin, *The Bomb in the Basement: How Israel Went Nuclear and What that Means for the World*, New York: Simon & Schuster, 2006.

8. Henry A. Kissinger, *Years of Upheaval*, Boston: Little, Brown, 1981.

9. Yaacv Lifshitz, *The Economics of Producing Defense: Illustrated by the Israeli Case*, Boston/Dordrecht/New York/London: Kluwer Academic Publishers, 2003.

10. Mohammed Ayoob ed., *Regional Security in the Third World: Case Studies from Southeast Asia and the Middle East*, London and Sydney: Croom Helm, 1986.

11. Aharon Klieman and Reuven Pedatur, *Rearming Israel-Defense Procurement*

through the 1990s, Boulder and San Francisco and Oxford: Westview Press, 1992.

12. Robert Osgood, *Alliance and American Foreign Policy*, Baltimore: The Johns Hopkins Press, 1968.
13. Cheryl A. Rubenberg, *Israel and the American National Interest: A Critical Examination*, Urbana and Chicago: University of Illinois Press, 1986.
14. Cockburn and Leslie Andrew: *Dangerous Liaison-the Inside Story of the U. S. -Israeli Covert Relationship*, Harper Perennial, 1992.
15. Camille Mansour, *Beyond Alliance: Israel in U. S. Foreign Policy*, New York: Columbia University Press, 1994.
16. John E. Lang ed. , *Israeli-United States Relationship*, New York: Nova Science Publisheers, Inc. , 2006.
17. Michael Thomas, *American Policy toward Israel: The Power and Limits of Beliefs*, London and New York: Routledge, 2007.
18. Herbert Druks, *The Uncertain Alliance: The U. S. and Israel from Kennedy to the Peace Process*, Westport, Connecticut · London: Greenwood Press, 2001.
19. Bernard Reich, *The United States and Israel: Influence in the Special Relation*, New York: Praeger, 1984.
20. Yehuda Lukacs and Abdalla M. Battah ed. , *The Arab-Israeli Conflict: Two Decades of Change*, Boulder and London: Westview Press, 1988.
21. Daniel C. Diller, *The Middle East—7th ed.* , Washington: Congressional Quarterly Inc. , 1990.
22. Mohammed E. Ahrari, *Ethnic Groups and U. S. Foreign Policy*, New York: Greenwood Press, 1987.
23. Peter Gross, *Israel in the Mind of America*, New York: Alfrid A. Knopf, Inc. , 1984.
24. Khaled Al-Hassan, *Grasping the Nettle of Peace*, London: Saqi Books, 1992.
25. Gabriel Shelffer ed. , *Dynamics of Dependence: U. S. -Israeli Relations*,

Boulder and London: Westview Press, 1987.

26. Donald Neff, *Fallen Pillars : US Policy toward Palestine and Israel since 1945* , Institute for Palestine studies Washington, DC, 1995.

27. Shai Feldman, *The Future of US-Israel Strategic Cooperation*, Washington Institute for Near East Policy, 1996.

28. Nitza Nachmias, *Transfer of Arms, Leverage, and Peace in the Middle East*, New York · Westport, Connecticut · London: Greenwood Press, 1988.

29. Abraham Ben-Zvi, *Decade of Transition: Eisenhower, Kennedy, and the Origins of the American-Israeli Alliance*, New York: Columbia University Press, 1998.

30. John P. Miglietta, *American Alliance Policy in the Middle East, 1945 – 1992—Iran, Israel, and Saudi Arabia*, Lexington Books, Lanham, Boulder, New York, Oxford, 2002.

31. Peggy Mann, *Golda: The Life of Israel's Prime Minister*, Vallentine, Mitchell-London, 1971.

32. Herbert Druks, *The Uncertain Friendship: The U. S. and Israel from Roosevelt to Kennedy*, Westport, Connecticut · London : Greenwood Press, 2001.

33. Mitchell Geoffrey Bard, *The Water's Edge and Beyond—Defining the Limits to Domestic Influence on United States Middle East Policy*, New Brunswick (U. S. A.) and London (U. K.): Transaction Publishers, 1991.

34. Walter Eytan, *The First Ten Years—A Diplomatic History of Israel*, Weidenfeld and Nicolson (7 Cork Street London WI), 1958

35. Gunther E. Rothenberg, *The Anatomy of the Israeli Army*, London: B. T. Batsford Ltd. , 1979.

36. Khaled Al-Hassan, *Grasping the Nettle of Peace*, London: Saqi Books, 1992.

37. Ze'ev Drory, *The Israel Defence Force and the Foundation of Israel: Utopia in Uniform*, London and New York: Routledge Curzon, Taylor & Francis Group, 2005.

五、英文论文、报告

1. Jeremy M. Sharp, *U. S. Foreign Aid to Israel*, CRS Report for Congress7 – 5700, March 12, 2012.
2. Bishara A. Bahbah, "The U. S. Role In Israel's Arms Industry", *The Link*, Vol. 20, No. 5, December 1987.
3. A. I. Killgom, "US Gets Tough on Israeli Arms Sales to China", *Washington Report on Middle East Affairs*, August 2005.
4. Thomas R. Stauffer, "The Costs to American Taxpayers of the Israeli-Palestinian Conflict: $ 3 Trillion", *Washington Report on Middle East Affairs*, June 2003.
5. Peter Grier | Staff writer, "The US & Israel", *The Christian Science Monitor*, October 26, 2001.
6. Mohamed Rabie, "U. S. Aid to Israel", *The Link*, Vol. 22, Issue 2, May-June 1989.
7. Clyde R. Mark, *Israel: U. S. Foreign Assistance*, CRS Issue Brief IB85066, April 2003.
8. Allan C. Kellum, " U. S. -Israeli Relations: A Reassessment", *The Link*, Vol. 15, No. 5, December 1982.
9. Clyde R. Mark, *Israeli-United States Relations* (Updated April 4, 2003), Issue Brief for Congress (Received through the CRS Web), Congressional Research Service ◆The Library of Congress.
10. Bishara A. Bahbah, "The U. S. Role in Israel's Arms Industry", *The Link*, Vol. 20, No. 5, December 1987.
11. Clyde R. Mark, *Israel: U. S. Foreign Assistance*, CRS, May 1[illegible], 2000.
12. "Washington AP: Ageney Material", *Financial Times*, London (UK), 6 (25): 5.
13. "Israeli Reconnaissance Aid to the U. S. War in Iraq", *Washington Jewish Week*, Sep 25, 2003.

14. Mohamed Rabie, "U. S. Aid to Israel", *The Link*, Vol. 22, Issue 2, May-June 1989.

15. Samir Abed-Rabbo and Mohamed El-Khawas, "U. S. Aid to Israel", *The Link*, Vol. 16, No. 5, December 1983.

16. Jane Hunter, "The Shadow Government", *The Link*, Vol. 20, No. 4, October-November 1987.

17. Cheryl A. Rubenberg, "The Misguided Alliance", *The Link*, Vol. 19, No. 4, October/November 1986.

18. Allan C. Kellum, "U. S. -Israeli Relations: A Reassessment", *The Link*, Vol. 15, No. 5, December 1982.

19. Lewis W. Samuel, "The United States and Israel: Evolution of an Unwritten Alliance", *The Middle East Journal*, Summer 1999.

20. Gregory Orfalea, "Arms Buildup in the Middle East", *the Link*, Vol. 14, No. 4, September/October 1981.

六、政府文件

1. FRUS, 1961 –1963: *Near East, 1962 –1963*, V. XVIII.

2. FRUS, 1964 –1968: *Arab-Israeli Dispute, 1964 –67*, V. XVIII.

3. *United States Security Strategy for the Middle East*, Office of International Security Affairs, Department of Defense, May1995.

4. FRUS, 1964 –1968: *Arab-Israeli Dispute 1967 –1968.* V. 20.

5. FRUS 1947, V: 1300.

6. NSC 43: National Security Council Progress Report by the Under Secretary of State, January 26, 1951.

7. NSC 56: a report to National Security Council, April 7, 1952.

七、报纸

1.《人民日报》

2.《环球时报》

3.《参考消息》

4.《解放军报》

八、网页

1. 人民网：http：//world. people. com. cn。

2. 参考消息网：http：//cankaoxiaoxi. com。

3. 新华网：http：//news. xinhuanet. com。

4. http：//www. csmonitor. com.

5. http：//www. jewishvirtuallibrary. org.

6. http：//www. aipac. org.

7. http：//www. mfa. gov. il.

8. http：//www. us – israel. org.

9. http：//www. idf. il.

10. http：//www. thejerusalemfund. org.

11. http：//www. defensenews. com.

后　　记

早在十几年前，我就对以色列产生了浓厚的兴趣，其悠久厚重的历史、勤劳智慧的民族、独具特色的文化、充满传奇的土地，无不令人钦佩而神往。作为一名军人，更让我惊异和赞叹的是其无与伦比的军事成就。这样一个弹丸小国，如何能够在数十年间与周围人口和国土数十甚至上百倍于己的阿拉伯世界相抗衡？如何能够在几次中东战争中取得骄人战绩并由此屹立于世界军事强国之林？

当时正是攻读硕士学位时期，在与导师戴超武教授商量硕士论文选题时，我提出了上述研究兴趣。戴教授予以肯定，并建议从美国对以色列的军事援助为切入点来展开研究。这样就有了我的硕士论文《试论美国对以色列的军事援助》。由于兴趣所在，并尚且努力，硕士论文得到答辩委员会较高肯定，答辩委员会委员之一翟晓敏教授当时就对我提出殷切希望，鼓励我就此课题继续研究下去，争取“出本书”！后续十几年，翟教授的这句话成为我继续追踪这一问题的动力。

这些年，无论是在驻外使馆工作期间，还是在支援奥运会期间，工作繁忙之余，我利用当时的便利条件搜集了大量外文资料，这为后面的研究打下了较好的基础。

2011 年，本人获评为江苏省第四期 333 高层次人才培养工程“中青年科学技术带头人”，“美以军事外交关系研究”成为该工程的资助项目。2016 年，本书成稿付梓之时，又获得解放军国际关系学院训练部学科建设资金的资助。在此，谨对资助者致以衷心感谢！

经过十数年的努力，当年的愿望似乎可以画上一个阶段性的句号。停笔掩卷之余，不胜感慨。自己学问尚浅，能够坚持完成这本书，不仅是一己之兴趣，更多的是得益于诸多专家教授的鼓励、指导和帮助！戴超武教授是引领我进入学术殿堂的老师，翟晓敏教授的鼓励是我坚持的动力，周桂银教授将我的硕士论文收录入其主编的《战略与外交》也是对我的极大鼓励，宋德星教授十几年中对这一研究提供了很多具体的指导，三乔保教授、刘钊教授、王萍副教授、丁山副教授和汤文峤博士等均给予了很多指导和帮助。在此研究课题成书之时，我谨向他们表示最衷心的感谢！

我也要感谢我的研究生宁涛和伍珊，他们为我搜集了部分材料。伍珊在我指导下撰写的《试论美以军事合作关系中的非对称性》（载《解放军国际关系学院学报》2013 年第 1 期）成为本书第七章的一部分。

当然，由于水平有限，本书尚有很多缺陷，期待着方家、读者的批评指正！

作　者

2016 年 2 月 29 日于南京板桥

图书在版编目（CIP）数据

美以军事外交关系研究：基于军事援助的考察/储永正著．—北京：时事出版社，2016.9

ISBN 978-7-5195-0004-7

Ⅰ.①美…　Ⅱ.①储…　Ⅲ.①军事外交—外交关系—研究—美国、以色列　Ⅳ.①E712.0-05②E382.0-05

中国版本图书馆 CIP 数据核字（2016）第 136765 号

出 版 发 行：时事出版社
地　　　址：北京市海淀区万寿寺甲 2 号
邮　　　编：100081
发 行 热 线：（010）88547590　88547591
读者服务部：（010）88547595
传　　　真：（010）88547592
电 子 邮 箱：shishichubanshe@sina.com
网　　　址：www.shishishe.com
印　　　刷：北京市昌平百善印刷厂

开本：787×1092　1/16　印张：18.75　字数：288 千字
2016 年 9 月第 1 版　2016 年 9 月第 1 次印刷
定价：80.00 元